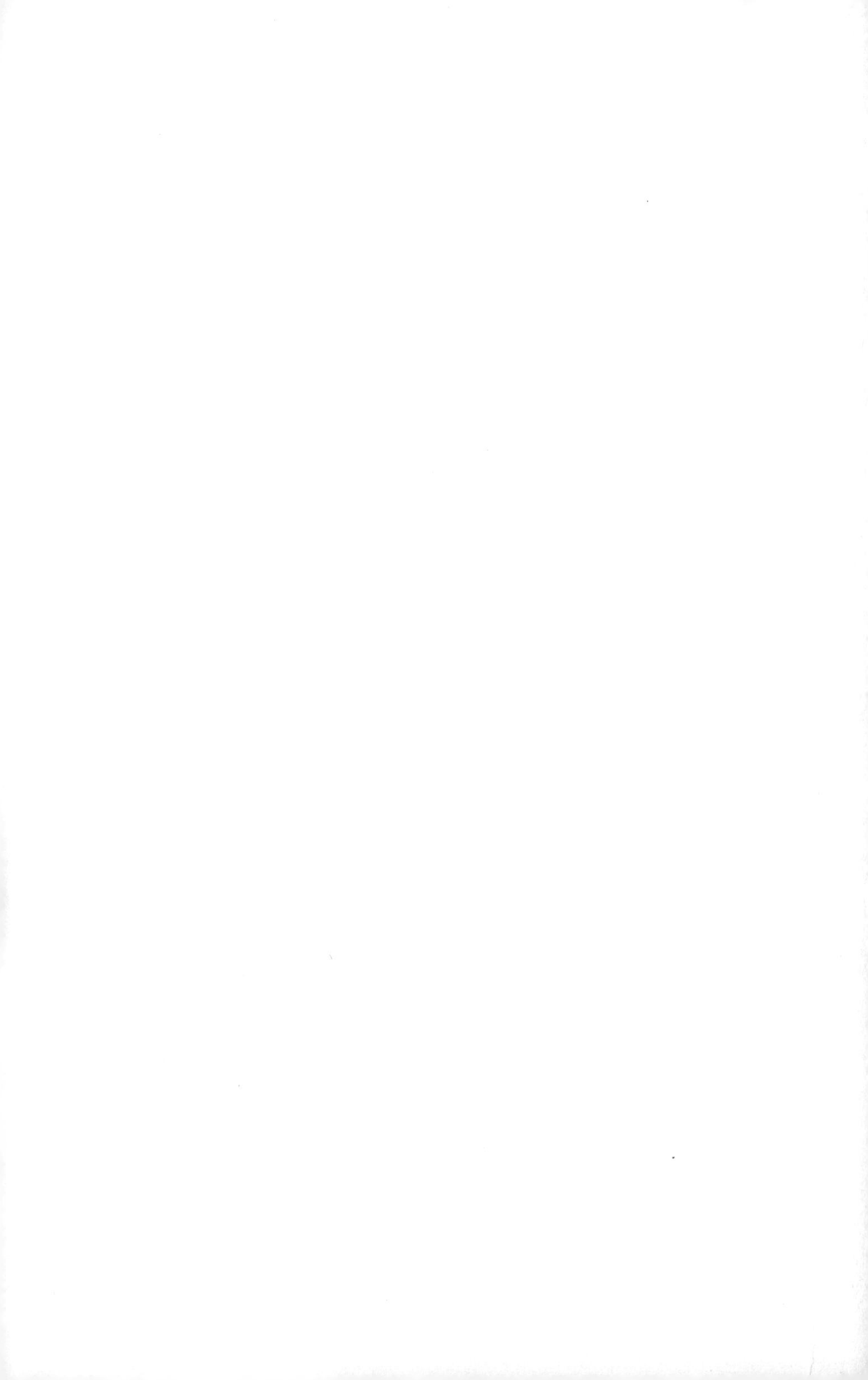

Hamburger Köpfe

Herausgegeben von der ZEIT-Stiftung
Ebelin und Gerd Bucerius

Volker Plagemann (1938-2012)
geboren in Hamburg, hat Architektur, Musik und Kunstwissenschaften studiert; 1973 Habilitation an der TH Aachen und 1975 an der Universität Hamburg. Seit 1973 hat er als Senatsrat die Bremer Kulturbehörde, von 1980 bis 2003 als Senatsdirektor die Hamburger Kulturbehörde geleitet. Er lehrte seit 1975 als Privatdozent und ab 2001 als Professor für Kunstgeschichte an der Universität Hamburg. Zahlreiche Publikationen zur Museumsgeschichte, Denkmalgeschichte, Kunst im öffentlichen Raum, hamburgischen Kunstgeschichte vom Mittelalter bis zur Gegenwart sowie zur Geschichte der Künstlerreisen nach Italien.

Eduard Bargheer

Volker Plagemann

Ellert & Richter Verlag

Inhalt

Geleitwort

Diese Biografie Eduard Bargheers ist der erste Band in der Reihe der Hamburger Köpfe, der einem Maler gewidmet ist. Der 1901 in Finkenwerder geborene Maler, Zeichner und Grafiker prägte in den 20er und 30er Jahren des 20. Jahrhunderts das Hamburger Kulturleben. Im Kreis der Hamburgischen Sezession feierte er erste Erfolge. Seine Freundschaft mit Erwin Panofsky, dem Begründer der kunstwissenschaftlichen Ikonologie in Hamburg und späteren Professor in Princeton, war nur eine jener Begegnungen mit Personen der Geistesgeschichte, die sein Leben und seine Kunst bereicherten und seine Biografie zu einem spannend zu lesenden Zeitdokument machen.
Bargheer, der schon 1925 zu einer Florenz-Reise aufbrach, dessen frühe Paris-Aufenthalte die Kunst der Hansestadt mit zeitgenössischen Positionen der internationalen Kunst ins Verhältnis setzten, dessen persönliche Beziehungen zu den Wissenschaftlern am Kunsthistorischen Institut in Florenz ihm Rückhalt für eine dauerhafte Bleibe in Italien während des Nationalsozialismus gewährten, zählte neben den für sein Werk so bedeutenden Künstlern wie Paul Klee auch Schauspieler, Intendanten, Musiker und Journalisten zu seinen Vertrauten.
Bargheer besaß die Gabe, die norddeutsche Landschaft mit der Erfahrung des südlichen Lichts zu Kompositionen zu verbinden. In der diesen Bildern eigentümlichen Schwermut verstand es der Künstler, den deutschen Impressionismus mit dem Expressio-

nismus zu versöhnen. In den 1950er Jahren entwickelte er Abstraktionen mit jenem universellen Anspruch, wie ihn die junge Bundesrepublik 1955 auf der ersten Documenta der Weltöffentlichkeit präsentierte.
Vor diesem Hintergrund bleibt die Deutung von Bargheers malerischem Werk gültig, wie Heinz Spielmann sie aus Anlass der Ausstellung in Cismar im Jahr 1996 formuliert hat: „Bargheer hat in dem Jahrzehnt zwischen 1930 und 1940 die Landschaft des Nordens neu gedeutet, ihre archetypische Erscheinung als ein Phänomen der Gegenwart erfaßt und wohl gerade dadurch die Sicherheit gefunden, die politische Tagesrealitäten, Verfolgung und Unterdrückung, ihm nicht gewähren konnten."
Für den vorliegenden Band hat Volker Plagemann zahlreiche neue Quellen erschlossen. Von großer Bedeutung ist der Briefwechsel mit der Hamburger Künstlerin Gretchen Wohlwill, die Bargheer seit 1928 auf zahlreichen Reisen begleitete. Der Austausch mit der älteren Freundin erschließt neue Perspektiven auf die Künstler der Hamburgischen Sezession. Er wirft darüber hinaus Schlaglichter auf das Schicksal der durch den Nationalsozialismus erzwungenen Emigration, die für Wohlwill wie für viele Juden in Bargheers Freundeskreis unausweichlich wurde.

Die ZEIT-Stiftung Ebelin und Gerd Bucerius dankt allen, die mit Rat und Tat an der Verwirklichung des Hamburger Kopfs über Eduard Bargheer mitgewirkt haben: dem Autor Prof. Dr. Volker Plagemann, den Mitgliedern des wissenschaftlichen Beirats Prof. Dr. Franklin Kopitzsch, Prof. Dr. Hans-Dieter Loose, Dr. Theo Sommer und Dr. Ernst-Peter Wieckenberg und – aus dem Haus der ZEIT-Stiftung – der Projektleiterin Christine Neuhaus. Zu danken ist auch Marita Ellert-Richter und Gerhard Richter für ihr verlegerisches Engagement sowie den Mitarbeitern ihres Verlags.

Michael Göring
Vorsitzender des Vorstands
der ZEIT-Stiftung Ebelin und Gerd Bucerius

Im Spannungsfeld zweier Inseln sind die beiden Lebenspole eines Künstlers unseres Jahrhunderts, Eduard Bargheer, zu finden. Die erste, Finkenwerder, duckt sich flach im Norden in der Nähe Hamburgs – die andere, eine vulkanische Eruption, ragt dem Vesuv gegenüber aus den Wassern der Bucht von Neapel: Ischia, wo die Antike die Pforten des Hades wähnte.

Detlev Rosenbach[1]

Vorwort

Eduard Bargheer ist 1901 in Finkenwerder geboren worden und liegt – als wäre er auf seiner wechselvollen 78-jährigen Lebens- und Künstlerreise nie weg gewesen – in Finkenwerder begraben. Schon in der Kindheit gab es erste künstlerische Anregungen. Sein Lebensweg führte ihn zunächst nach Hamburg, dann brachte er ihm viele Aufenthalte im Ausland, die Übersiedlung nach Blankenese und schließlich in der Nazizeit ein dauerhaftes Ausweichen nach Italien. Danach wurde ihm Forio auf Ischia zur zweiten Heimat. Auf die späte Rückkehr nach Deutschland folgte ein langes künstlerisches Wechselleben zwischen Blankenese und Ischia. Aber – nachdem er sich schon eine Grabstelle im Camposanto von Forio gekauft hatte – kam er in seinen letzten Lebensjahren dann doch zu der Vorstellung zurück, im Finkenwerder Grab seiner Familie beerdigt zu werden.
Sein intensives Naturerleben auf Finkenwerder, das damals noch eine Fischerinsel war, die Begegnung mit Künstlern, die die Landschaft um Hamburg im Bild festhielten, schließlich ein Besuch mit dem Vater in der Hamburger Kunsthalle haben in dem Lehrersohn die Neigung geweckt, Maler zu werden. Nach dem frühen Tod des Vaters und dann auch der Mutter rückte dieses Ziel aber erst einmal in die Ferne. Bargheer begnügte sich mit der Ausbildung zum Zeichenlehrer und erlebte die Entwicklung der Kunstszene in der aus Hamburg und Altona entstehenden Millionenstadt. Volljährig geworden und im „Malen und

Zeichnen" ausgebildet, ging er dann aber doch das Wagnis freier Künstlerschaft ein und vertraute sich zwei Lehrern einer privaten Kunstschule am Glockengießerwall an, Paul Kayser und Friedrich Ahlers-Hestermann. Nachdem ihm ein Mäzen eine erste Italienreise finanziert hatte, begann er, seine künstlerische Entwicklung mit einer Folge von Reisen zu stimulieren.

Schon 1927 wurde er Lehrer an jener Kunstschule am Glockengießerwall. Daraus bezog er über Jahre ein Grundeinkommen. In der gleichen Zeit gelang ihm auch ein künstlerischer Durchbruch. Freundlich gefördert durch den Kunsthallendirektor Gustav Pauli hatte er erste Ausstellungserfolge. Die Bankiersfamilie Warburg stellte ihm ein Atelier in ihrem Bankhaus zur Verfügung, der Kunstgeschichtsprofessor Erwin Panofsky und seine Frau vermittelten ihm sogar ein Atelier am Jungfernstieg. Vor dieser Zeit erhielt er außerdem bereits durch den Oberbaudirektor Fritz Schumacher mehrere Aufträge für Wandmalereien, darunter zwei in seinem Heimatort Finkenwerder. Unerwartet schnell schienen sich ein künstlerischer Erfolg und ein wirtschaftliches Auskommen anzubahnen.

Von Bargheer und seiner Künstler- und Kunsthistoriker-Umgebung unbeachtet, hatte sich mittlerweile in seinem Reiseland Italien der Faschismus durchgesetzt. Von der „Machtergreifung" der Nationalsozialisten erfuhr er, als er mit einem Reisestipendium in Paris war. Immer öfter musste er erleben, welche Gefahren für das kulturelle Geschehen in Deutschland und für seine künstlerische Arbeit heraufzogen. Die Ausstellung der „Hamburgischen Sezession", in deren Vereinigung er 1927 aufgenommen worden war, wurde 1933 geschlossen. Als die Sezession die Künstlerinnen und Künstler jüdischer Herkunft ausschließen sollte, löste sie sich auf. Museumsdirektoren, darunter Gustav Pauli, leitende Beamte, darunter Fritz Schumacher, Künstler und Kunstgelehrte, darunter Erwin Panofsky, wurden noch 1933 aus dem Amt entfernt. Mutig setzte Bargheer sich in einer öffentlichen Diskussion für seine Kunst ein und beteiligte sich auch an einer Lehrveranstaltung des Dozenten Ludwig Heinrich Heydenreich über „Gegenwartskunst" an der Universität Hamburg. Aber er musste bald erfahren, dass seine Kunst für „entartet" erklärt wurde, seine Wandmalereien übermalt und seine Werke aus der Kunsthalle entfernt wurden. 1934 brachte er das Ehepaar Panofsky in Southampton an den Dampfer zur Emigration in die Vereinigten Staaten, 1940 dann, ganz zum Schluss der Ausreisemöglichkeiten, seine lebenslange künstlerische Vertraute Gretchen Wohlwill in Neapel an das Schiff nach Portugal.

In den 1930er Jahren muss im Verschwiegenen sein Plan gereift sein, unter dem Anschein der Legalität nach Italien auszuweichen und so dem kunstpolitischen Druck der Nazis zu entkommen. Nachdem er jährlich das Land auf Reisen erkundet hatte, setzte er sich 1939 dorthin ab.

Schon 1935 hatte er Ischia für sich entdeckt und die Überzeugung gewonnen, dass seine künstlerische Arbeit hier besondere Anregungen erhielt. Auch wenn er im Krieg meist in Florenz lebte, blieb Ischia sein Ziel. 1947 zog er ganz dorthin.

Nach 1946 erlebte Bargheer anfangs in Italien, dann im Nachkriegseuropa und schließlich auch im Nachkriegsdeutschland eine beispiellose Serie von Ausstellungserfolgen, unter denen die Teilnahme an der Biennale in Venedig 1948 und 1950 und an den ersten Documenta-Ausstellungen in Kassel 1955 und 1959 die größten darstellten.

Seit 1953 stellte er auch wieder in Hamburg aus. Er erhielt sein in der NS-Zeit beschlagnahmtes Haus zurück und lebte sich zögernd wieder in der Hansestadt ein. Aber er war inzwischen zu sehr auf Ischia verwurzelt. Fortan stellte er sich auf einen Lebensrhythmus ein, der ihn den Sommer auf Ischia und den Winter in Hamburg erleben ließ. Diesen Rhythmus hat er bis zu seinem Tod 1979 in Hamburg beibehalten.

Bargheers Werk hat sich aus den Vorstellungen der Impressionisten des „Hamburgischen Künstlerclubs von 1897“[2] entwickelt. Danach konzentrierte sich künstlerische Arbeit auf die Darstellung der Natur, der Landschaft, des Menschen und der Gegenstände um den Menschen herum, das Stillleben. Der Farbauftrag war flüssig, pointillistisch bis kräftig pastos. Unter dem Einfluss von Edvard Munch und Oskar Kokoschka, mithilfe seiner Lehrer Kayser und Ahlers-Hestermann und in Gemeinschaft mit den Expressionisten der „Hamburgischen Sezession“[3] gelang Bargheer in den 1920er und 1930er Jahren – bei gleich bleibenden Themen – eine neue Bildanlage mit zusammengefassten Farbflächen. Das ist als „Sezessions-Stil“ bezeichnet worden.

Dann aber, nach dem Ausweichen vor den Nazis und nach dem Zweiten Weltkrieg, ist er einen eigenen Weg gegangen. „Er entwickelte daraus jenen zauberischen Raster aus Farblicht und konstruktivem Gitterwerk“ (Werner Haftmann)[4], den „Klang der Farben und das abstrahierte Gefüge der Komposition“ (Paul Vogt)[5]. Soweit die Abstraktion darin auch ging, immer brauchte er dazu die Eindrücke aus der Natur. Unter dem Eindruck des Lichtes in Italien hellte sich um 1937 in seinen Aquarellen und Ölbildern zunächst seine Palette auf. Dann entstand in den späten 1940er Jahren eine Bildstruktur kubischer Formen mit neuer Farbigkeit. Dahinter mögen Vorbilder wie Paul Klee, August Macke und Robert Delaunay gestanden haben. Auslöser mag seine Begegnung mit den Modernen auf der Biennale 1948 gewesen sein. Titelgebende Themen waren die südliche Stadt und die mediterrane Landschaft. Auf die visuellen Eindrücke dieser Umgebung ist es zurückzuführen, dass Bargheer nun die Kunst schuf, mit der er in die Geschichte der modernen Malerei eingegangen ist.

Die Techniken, in denen Bargheer dieses Werk künstlerisch realisierte, waren von Anfang an das Aquarell, das er zeitlebens pflegte und zu seinem wichtigsten Ausdrucksmittel machte, und die Ölmalerei, die er für besondere Kompositionen einsetzte. Neben der Landschaft beschäftigte ihn weiter das Porträt. Immer stärker nutzte er auch druckgrafische Techniken. Für öffentliche und private Auftraggeber, auch für die katholische Kirche, führte er monumentale Wandmalereien und Mosaiken aus. Daneben war er aber auch als Zeichner tätig, illustrierte Bücher und entwarf Bühnenausstattungen.

Bargheers besondere Lebensumstände, seine Jugendzeit in Finkenwerder, seine frühen Reisen und die Begegnung mit dem Süden, seine Flucht vor den Nazis nach Italien, seine wechselnden Aufenthalte in Blankenese und auf Ischia, zuletzt dann noch Reisen nach Afrika haben sein Werk bestimmt und geformt. Es ist der wichtigste Beitrag Hamburgs zur Malerei der Moderne geworden. Seine von Hamburg ausgehende und wieder in Hamburg endende Lebens- und Künstlerreise wird als Teil der hamburgischen Kunstgeschichte in Bargheers Künstlerbiografie deutlich werden.

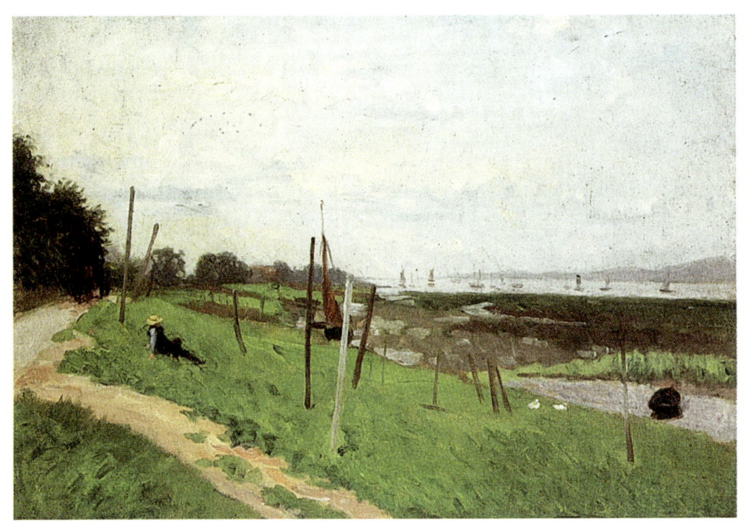

Pleinairmalerei des Hamburgischen Künstlerclubs von 1897:
Julius von Ehren, „Am Finkenwerder Elbdeich mit Blick über die Elbe“,
Öl, 1900

Kindheit in Finkenwerder

Das Finkenwerder, in dem Eduard Bargheer am 25. Dezember 1901 geboren wurde, war ein abgelegenes Dorf auf einer der Inseln im Delta zwischen Norder- und Süderelbe. Es lag auf einem eingedeichten Werder, der nach einer Besitzerfamilie Vynck benannt worden war, und konnte nur zu Schiff erreicht werden. Halb war die Insel in hamburgischem, halb in preußischem Besitz. Von einigen verstreuten, reetgedeckten Bauernhäusern auf Warften aus wurde das Land bewirtschaftet. Der Großteil der Bewohner aber lebte entlang den Deichen im Osten und Norden in Katen und betrieb seit dem 17. Jahrhundert Fischfang in der Niederelbe, im Wattenmeer und dann auch auf der Nordsee. Mittelpunkt der Fischerei auf Finkenwerder war um 1900 noch der Kutterhafen im Nordosten. Von hier aus gab es eine Schiffsverbindung nach Hamburg und Altona. Geistliches Zentrum war die neugotische Kirche in der Mitte der Insel. Am Norderkirchweg befindet sich auch der Friedhof, auf dem Eduard Bargheer begraben liegt. Hinter dem Deich liegt noch heute das alte Gebäude der Norderschule, die von Bargheers Vater geleitet wurde und in der die Familie wohnte.

Für den Lebensweg vorgezeichnet war den Bewohnern des Fischerortes, dass sie in der Kirche getauft wurden, die Volksschule besuchten und dann Hof, Kate oder Kutter erbten und dem gleichen Beruf nachgingen wie die Eltern. Gehörten sie zu

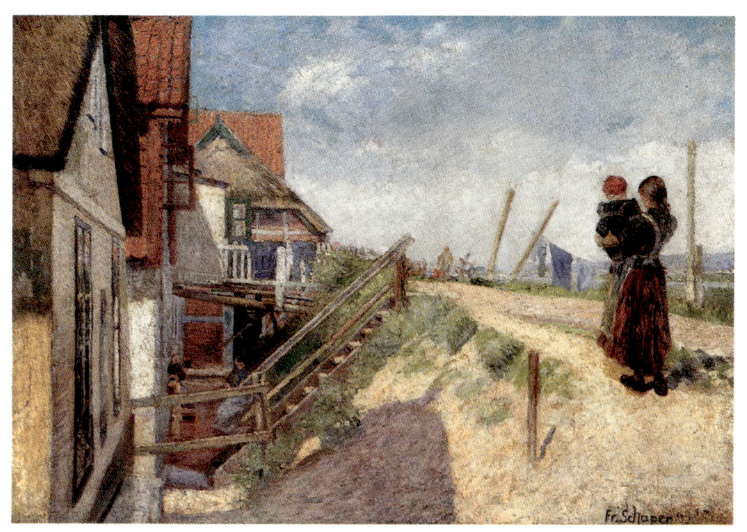

Hamburgischer Künstlerclub von 1897:
Friedrich Schaper, „Sommertag auf Finkenwerder",
Öl, 1895

den Geschwistern, die nicht erbten, blieb ihnen meist eine Berufsaussicht als Seemann, Hafen- oder Werftarbeiter, Fischfrau oder Magd. Pastoren- oder Lehrerskinder konnten ihre Augen auf eine qualifiziertere Ausbildung in Hamburg oder Altona, an höheren Schulen und seit 1919 an der neu gegründeten Hamburger Universität richten.

Ein Schiffersohn machte zu dieser Zeit aber auch vor, wie man sich von Finkenwerder aus kulturell profilieren konnte: Johann Wilhelm Kinau, mit Künstlernamen Gorch Fock, ursprünglich Buchhalter der HAPAG, publizierte – wie sein Bruder Rudolf Kinau – nebenher als Heimatschriftsteller und legte 1913 mit seinem viel gelesenen Roman „Seefahrt ist Not“ eine literarische Überhöhung des Finkenwerder Fischerlebens vor. Er muss auch den damals zwölfjährigen Eduard Bargheer bewegt haben. Bis dahin hatten die Bewohner Hamburgs und Altonas jene Fischer und ihre Frauen vor allem wahrgenommen, wenn sie in den Fischereihäfen ihren Fang anlandeten und verkauften. „Scholle Finkenwerder Art“, wusste man, wurde mit Speck gebraten, weil die Kutterfischer in ihren Katen nebenbei auch ein Schwein mästeten.

In den Kindheitsjahren Bargheers hatte der Überlebenskampf der Finkenwerder Ewer- und Kutterfischerei bereits begonnen. Ende des 19. Jahrhunderts hatte die Entwicklung der Dampferfischerei eingesetzt. 1890 gab es an Elbe und Weser 19 Fischdampfer, um 1900 waren es schon 134. Während die hölzernen Segelschiffe nur im Sommer ausgelaufen waren, fischten die Dampfer das ganze Jahr über. Anfangs war es noch ehrenrührig, auf einem der Dampfer anzuheuern, dann aber zogen diese das qualifizierte Personal ab. Fischer und Werften reagierten mit Verbesserungen der Kutter, gaben ihnen Hilfsmotoren, damit sie seetüchtiger für die Winterfischerei würden. Die Folgen waren katastrophal: zwischen 1882 und 1905 gingen 106 Finkenwerder Ewer und Kutter im Sturm verloren. Seit 1903 setzten Hilfsmaßnahmen des „Deutschen Seefischerei-Vereins“ ein. Dennoch blieben 1909 in einem schweren Dezembersturm noch einmal acht Kutter mit 29 Mann Besatzung auf See. Das war der Auslöser für den Roman von Gorch Fock. Nach 1905 wurden keine neuen Kutter mehr gebaut. 1914 gab es noch 68 Schiffe, 1925 nur noch 40. Heute kriegt man eine Scholle in

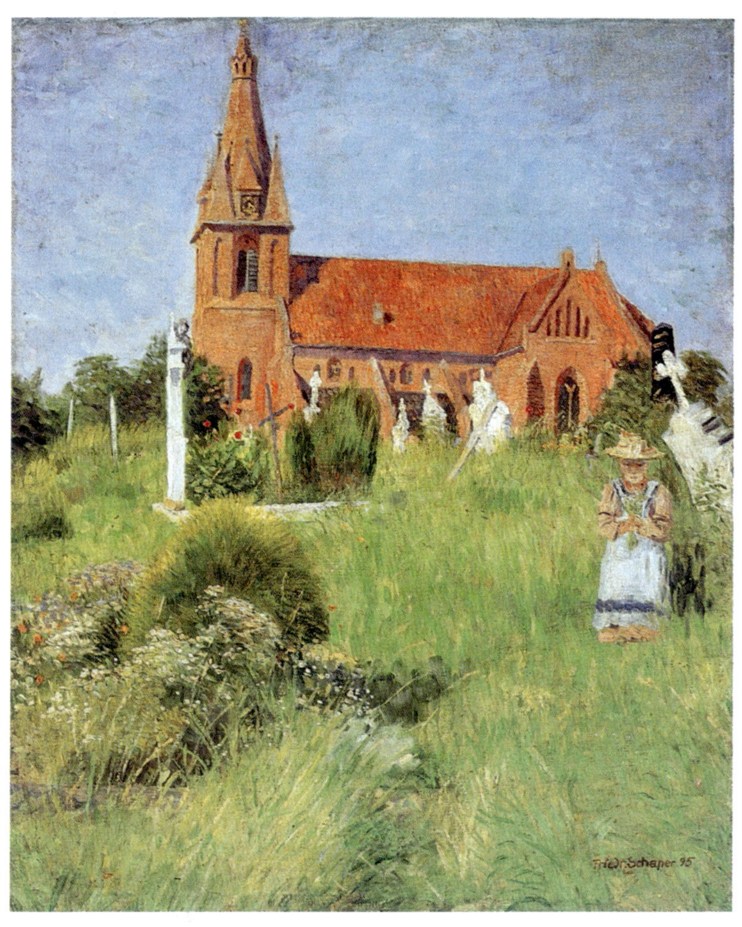

Friedrich Schaper, „Die 1881 erbaute
neue Kirche in Finkenwerder und der Friedhof“,
Ort des Familiengrabes Bargheer,
Öl, 1895

einem Finkenwerder Fischgeschäft nur noch auf Vorbestellung. Von Hamburg aus waren Insel und Dorf Finkenwerder kaum sichtbar. Aber von den Anhöhen der Nachbarstadt Altona und den damals ebenfalls noch preußischen Elbvororten konnte man auf die Insel hinabblicken. Von 1900 an wurden die Elbwatten vor dem Deich der Inseln Steinwerder, Waltershof und dann auch vor Finkenwerder aufgeschüttet, damit ein neues Hafenindustriegebiet entstehen konnte. Hinter diesem verschwand der Anblick des alten Ortes. Am Norderdeich und Neßdeich standen noch einige Zeit alte Katen. Später, nach 1920, wurden auf dem aufgespülten Vorland die Werft- und Flugzeugfabrikanlagen der Deutschen Werft errichtet. 1929/1930 entstand in dem inzwischen von Industriegebäuden umgebenen und von Wohnbauten für ihre Arbeiter besiedelten Ort ein von Fritz Schumacher entworfenes Kulturzentrum, die Gorch-Fock-Halle, ein Volkshaus mit Veranstaltungssaal, das neben der Benennung nach dem Finkenwerder Schriftsteller auch eine Ausmalung von dem Finkenwerder Maler Eduard Bargheer erhalten sollte.

Vater Adolf Otto August Bargheer war aus Bielefeld als Lehrer nach Finkenwerder gekommen und hatte Rebecka Marie von Staden aus Wischhafen geheiratet. Er war gebildet, aber niedrig bezahlt. Die Kinder, der älteste Sohn Ernst, die Töchter Mathilde, Therese, Mimi, Lilly, Eduard, von seinen Geschwistern lebenslang liebevoll „Edat" genannt, und Elisabeth als die jüngste, pflegten einen engen Zusammenhalt, der auch später nicht abbrach.

Die Kinder des Schulleiters mögen sich in einer besonderen Rolle gegenüber den Bauern-, Fischer- und Arbeiterkindern gefühlt haben. Der junge Eduard jedenfalls hatte Klavierunterricht und vertrat später sogar gelegentlich den Organisten in der Kirche. Bach und Mozart habe er gespielt, erinnerte er sich 1974.

Die Söhne Ernst und Eduard besuchten nach der Volksschule eine Schule auf der anderen Elbseite, wo Hamburg und Altona damals zu einer Millionenstadt zusammenwuchsen. Beide Söhne wurden erfolgreich – der älteste erst als Volksschullehrer, dann als promovierter Pädagoge, der später Professor wurde und den Rang eines Ministerialrates bekleidete; der jüngere als freier Künstler. Die Töchter kamen mit der Heirat an andere Orte, nur Lilly blieb in Finkenwerder.

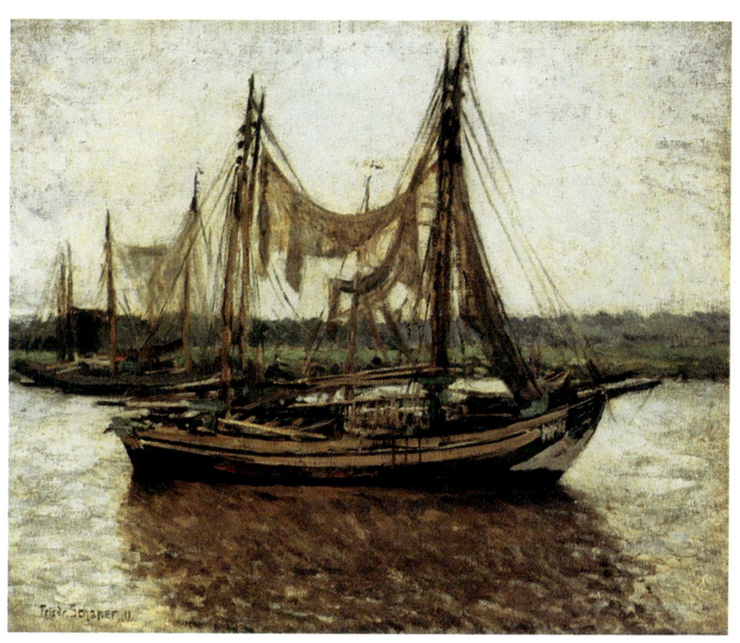

Friedrich Schaper, „Fischerboote in Finkenwerder“,
Öl, 1911

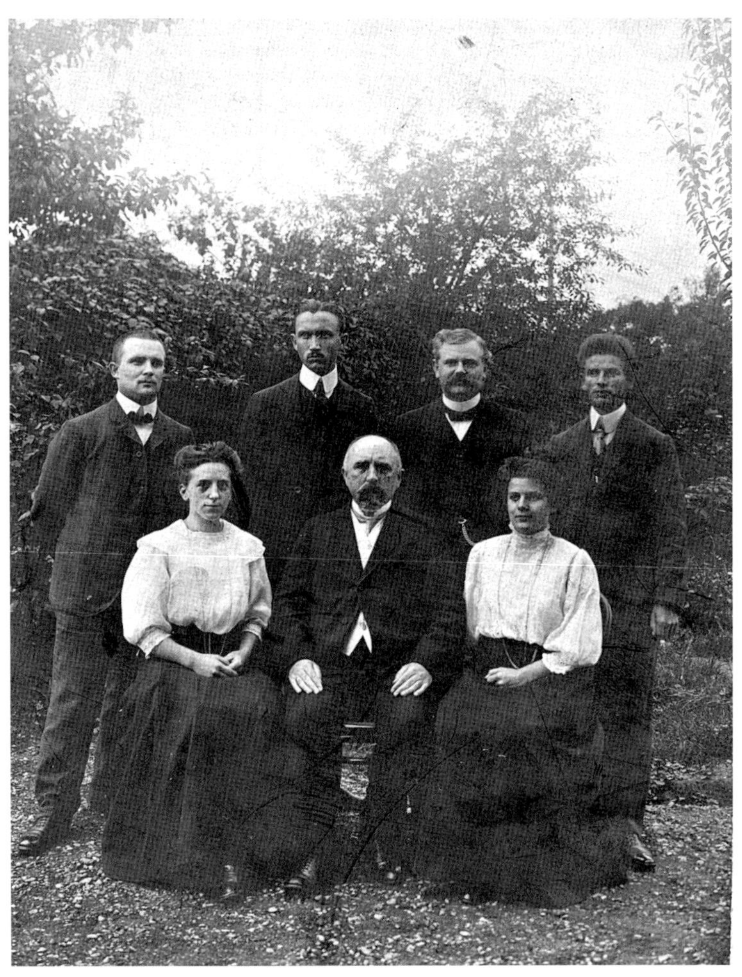

Der Vater: Adolf Otto August Bargheer,
Hauptlehrer an der Norderschule in Finkenwerder
mit Lehrerkollegium, Foto, um 1909

Wie es seit Giorgio Vasaris Künstlerviten des 16. Jahrhunderts üblich war, Geschehnisse im Leben von Künstlern legendenhaft auszuschmücken, ist dies auch für Eduard Bargheer geschehen. Der spätere Maler hat selbst für zwei „Künstlerlegenden" gesorgt: Nach der einen soll er in einem Kinderversteck zwischen Ofen und Schrank mit einer Nadel bildliche Darstellungen in das Mahagoni des Schrankes geritzt haben und dafür von der Mutter gescholten worden sein. Nach der anderen ist er an der Hand des Vaters als Elfjähriger in die Bilderlandschaft der Hamburger Kunsthalle eingeführt worden.

In der Kaufmannsstadt Hamburg hatte es keine Kunstakademie gegeben. Noch Philipp Otto Runge, den es aus Wolgast nach Hamburg gezogen hatte, musste in auswärtigen Residenzen Akademien besuchen, ehe er in Hamburg sein bedeutendes Werk schuf. Spätestens er machte auch für andere Hamburger ein Künstlerleben erstrebenswert, sodass sich schon 1832 ein Künstlerverein in Hamburg bildete. Unter dem ersten Kunsthallendirektor, Alfred Lichtwark, dem Vorgänger und Freund von Gustav Pauli, wurde eine Künstlerförderung betrieben, die die Gründung des Hamburgischen Künstlerclubs von 1897 zur Folge hatte. „Meine Herren, malen Sie hamburgische Landschaft!" ist ein überliefertes Gebot, das Lichtwark den Mitgliedern zugerufen haben soll.

Anders als das Stillleben waren Porträt und Landschaft auch im Sinne eines regionalen Patriotismus einzusetzen. Porträts von Hamburger Bürgerinnen und Bürgern und Ansichten „hamburgischer Landschaft" wurden Sujets, die die kulturelle Bedeutung Hamburgs heben sollten. Von den Mitgliedern des Künstlerclubs wird berichtet, dass sie schon seit 1894 in die Umgebung der Stadt zogen. Maler wie Ernst Eitner, Julius von Ehren, Arthur Illies, Arthur Siebelist, Friedrich Schaper und andere um den älteren Thomas Herbst wanderten ins Alstertal, an die Lühe, nach Neugraben, nach Finkenwerder und malten die anfangs verächtlich so genannten grünen Bilder der bäuerlichen Umgebung und des einfachen Lebens der Menschen auf dem Lande. Von Schaper, von Ehren und Siebelist ist überliefert, dass sie 1895 in Finkenwerder waren. Ihre Bilder führen uns die Welt vor, in die Eduard Bargheer hineingeboren wurde.

Im Jahr 1895 zeigte der Hamburger Kunstverein französische Impressionisten, ein Jahr später kaufte Lichtwark gar einen

Monet, und bei der ersten Ausstellung des Künstlerclubs gab es einen kleinen Eklat nach französischem Vorbild. Aber schon 1900 erhielt Paul Kayser den Auftrag für ein großes Wandbild-Triptychon „Das Alstertal". Lichtwark begann in dieser Zeit, Künstler nach Hamburg einzuladen – darunter Max Liebermann, Wilhelm Trübner, Fritz von Uhde, Lovis Corinth und Max Slevogt, 1913 sogar Pierre Bonnard und Edouard Vuillard aus Frankreich. Zugleich fing er an, eine „Sammlung von Bil-

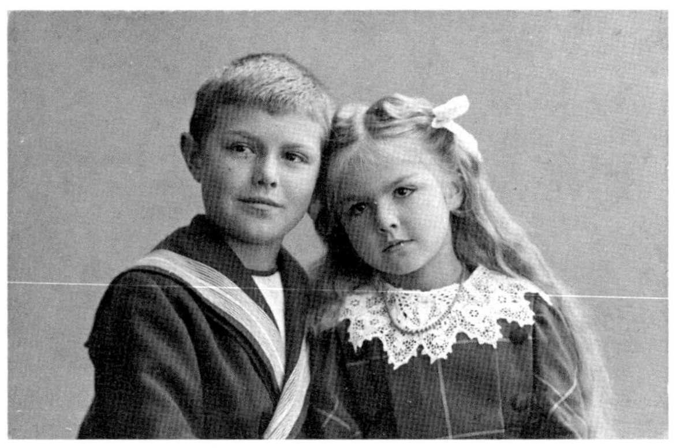

Eduard Bargheer mit seiner jüngeren Schwester Elisabeth, Foto, um 1910

dern aus Hamburg" anzulegen. Es entstand in der Stadt eine neue Sensibilisierung und Nachfrage nach solcher Malerei.

Dies spielte sich in den Jahrzehnten nach der Gründung des Künstlerclubs von 1897 ab, in der Zeit, in der der Finkenwerder Schüler Eduard Bargheer seit 1912 allmorgendlich mit dem Dampfer zur Schule aufbrach. Später erinnerte er sich, schon vor der Schulzeit einer Malerin begegnet zu sein, „Fräulein Irke", die ihn porträtiert habe. Dies schmückte er zu der „Künstlerlegende" aus, nach der er angeregt von dieser Begegnung nach Leinwand und Farbe verlangt habe. Vor allem aber war sein eigenes Landschaftserlebnis, noch bevor er seine Neigung zur Malerei erkannt hatte, bei der täglichen Flussüberquerung angeregt worden. Er selbst hat dies 1958 formuliert: „Der Ausgangspunkt meiner Erlebnisse, die zur Gestaltung in der Malerei drängten, war die Elbe, der große Strom mit seinen

Gezeiten, der Ebbe und Flut, welcher mein Leben reich machte mit der ganzen Riesenskala seines Temperaments."[6] Bildnerische Zeugnisse aus der Kindheit Bargheers haben sich nicht erhalten.

In den 1920er Jahren begann er, die Finkenwerder Umgebung, die er auf seinen Fahrten auf dem Fluss intensiv erlebte, malerisch zu verarbeiten. „Durch den Strom erlebte ich auch schon früh, dass nicht nur visuelle Erlebnisse für die Darstellung wichtig waren, sondern die Gleichzeitigkeit aller Sinne ... Ich erinnere mich daran, wie sehr der Geruch des bei Ebbezeit vom Wasser freigegebenen Sandes sich deckte, zusammengehörte mit dem Geschrei der Wasservögel und dem Glucksen in den Schlammprielen, wenn die Flut einsetzte ... Staunend beobachtete ich die Gleichzeitigkeit, die Wiederkehr ein und derselben Formenelemente. Der Strom rundete gelassen die Sandinseln, wie der Wind die weißen Wolkengebilde, die dann bei Sturm im gleichen Duktus gezähnt und zerfetzt waren wie die gischtgekrönten Wellenberge, die am Meer nochmal in fester Form in den Dünenbergen wiederkehrten. Himmel, Wasser, Erde, die innige Verwobenheit und Gleichzeitigkeit dieser drei, das war es, was mich erregte, was ich überall wieder erkannte. Wo aber viel Wasser war, da gab es auch viel Licht."[7]

Es nimmt angesichts dieser Texte, die einem förmlich die Bilder des „Sezessions-Stils" vor Augen führen, nicht wunder, dass Bargheer, der sich in seinem 78-jährigen Leben als von den Umständen Getriebener ebenso wie als selbstbestimmt Reisender oft und weit wegbewegt hat, von seinen Ursprüngen in Finkenwerder nie ganz losgekommen ist. Das Haus in Blankenese, das er 1935 erworben hat und in dem er 1979 gestorben ist, liegt etwas erhöht am Elbabhang und Finkenwerder so gegenüber, dass er die flache Insel täglich überblicken konnte. Begraben ist er in dem bescheidenen Familiengrab der Bargheers auf dem Finkenwerder Friedhof. Die Inschriften auf dem mittleren Stein nennen den Vater und die Mutter. Eduards Name ist direkt unter die Namen der Eltern gesetzt worden.

Ausbildung und Tod der Eltern

Der Junge aus dem Fischerdorf wird es 1912 in einer Hamburger Schule auf St. Pauli zunächst nicht leicht gehabt haben. Er fuhr – wie schon sein älterer Bruder Ernst – mit einem Dampfer namens „Harmonie“ bis St. Pauli Landungsbrücken und machte sich dann auf den Fußweg zum Hamburger Berg, quer durch das Vergnügungsviertel des Spielbudenplatzes in die Realschule in der Seilerstraße, einer Parallelstraße zur Reeperbahn. Das erhaltene Gebäude ist 1885–1886 „im italienischen Renaissance-Stil“ errichtet worden. Doch offenbar hat Bargheer sich dort unter den städtischen Mitschülern schnell durchgesetzt. Denn später berichtete er stolz, er sei einmal Primus gewesen und habe vom Vater ein Goldstück dafür erhalten.

Im Jahr nach der Einschulung in Hamburg fand auch sein erster Besuch mit dem Vater in der Kunsthalle statt. Bargheer berichtete später darüber, dass der Vater ihm erklärt habe, die auf Gemälden in Schwarz und mit Halskrause dargestellten Herren seien keine Pastoren, „nein, das seien unsere Stadtväter, die Bürgermeister Hamburgs, die für Alles sorgten, welche all die großen Schiffe, die ich so liebte, bei uns vorbeifahren ließen, welche die Stadt regierten und Ordnung hielten … und mein Vater erklärte mir weiter, dass man es diesen Herren auch zu danken habe, dass all die vielen Bilder hier seien.“[8] Wir können aus dieser Erinnerung Bargheers schließen, dass er durch den offenbar geliebten und geachteten Vater nicht nur in die Samm-

lung der Kunsthalle eingeführt worden ist, sondern auch, dass die Kinder durch den Vater eher zu einer „unpolitischen“, die Obrigkeit akzeptierenden Haltung erzogen worden sind.
Das erklärt, warum sich in den Überlieferungen zum Leben der Familie bestimmte Geschehnisse, die sich unweit von Finkenwerder in Hamburg abgespielt haben, nicht widerspiegeln. Weder ist dabei etwas von der rasanten Entwicklung der Industrialisierung in Hafenerweiterung, Schiffbau und Schiff-

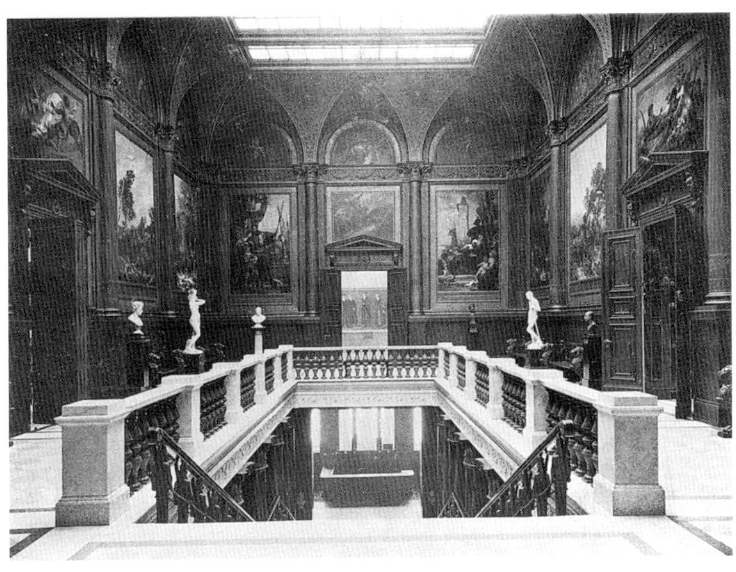

Das Treppenhaus der Hamburger Kunsthalle,
das Vater und Sohn Bargheer um 1912 betraten,
Foto, nach 1904

fahrt um 1900 zu spüren, die sich auf die Bevölkerung in Finkenwerder und auf die Umgebung der Realschule in St. Pauli ausgewirkt hat, noch von den Arbeitskämpfen der Hafen- und Werftarbeiter nach 1890, noch von der Entwicklung der Gewerkschaften und der Sozialdemokratie. Bargheer beschrieb später, als er über einen Konflikt mit seinem älteren Bruder sprach, dessen Entwicklung in die Nähe der Nationalsozialisten. Schon 1931 war Ernst Bargheer nämlich in die NSDAP eingetreten und hatte 1933 im Reichserziehungsministerium reüssiert. Später, 1941, allerdings sagte er sich von den Nationalsozialisten los und erlebte dadurch berufliche Nachteile. Im Laufe der Jahre hat sich unter den Geschwistern offenbar eine größere Distanz zur NS-Partei entwickelt. Sich selbst attestierte Bargheer eine nicht näher konkretisierte Neigung zur Sozialdemokratie. Erst nach Kriegs- und Nachkriegszeit ist er spät, 1970, dieser Neigung nachgegangen und auch in die SPD eingetreten.

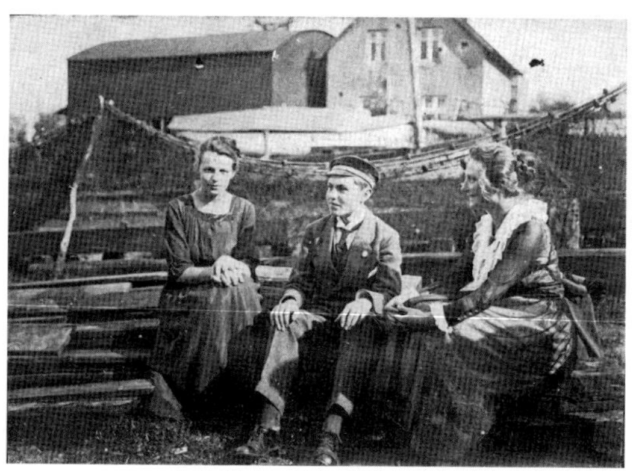

Eduard Bargheer mit zwei seiner älteren Schwestern,
Foto, um 1915

Der Vater starb 1914 in Finkenwerder, im Jahr des Kriegsbeginns. Vier Jahre lang konnte die Mutter die Kinder noch in Finkenwerder halten. Die Familie wurde dann auch vom Kriegsdienst des ältesten Sohnes betroffen: Er wurde als Kriegsfreiwilliger Matrose, Leutnant zur See und Bataillonsadjutant bei der kaiserlichen Marine; 1919 kehrte er aus dem Militärdienst zurück. Im selben Jahr starb nun auch die Mutter, und der 24-jährige Ernst wurde zum Vormund für den noch 18-jährigen Bruder Eduard eingesetzt. Die älteste Schwester Mathilde heiratete nach Cuxhaven und zog dort die jüngste Schwester Elisabeth auf, die beim Tode der Mutter erst 13 Jahre alt war.
Ernst Bargheer, der von 1912 bis 1914 das Lehrerseminar besucht und vor dem Krieg noch die Lehrerprüfung abgelegt hatte, wurde nun Lehrer an der Norderschule in Finkenwerder, trat die Nachfolge seines Vaters an und ermöglichte den übrigen

Geschwistern für einige Zeit den Verbleib in der Schulwohnung. Sein Bestreben musste es sein, seinem Bruder ebenfalls eine Ausbildung anzuraten, die ihm – im Sinne seines Vaters – eine finanziell gesicherte Zukunft ermöglichte. In seinem Bestreben, Künstler zu werden, musste sich Bargheer dagegen auflehnen. Jedenfalls hat er dies später als eine Bewährungsprobe für sein Durchsetzungsvermögen dargestellt. Bargheer berichtete, dass er bereits in der Realschule vor Lehrer und Schülern in St. Pauli den Berufswunsch, Maler zu werden, genannt habe und dafür verspottet worden sei.

Eine Künstlerbegegnung in Finkenwerder mag ihn zu einem solchen Wunsch angeregt haben: Harry Reuß-Löwenstein, später Künstler und Kunstkritiker in Hamburg, hatte als junger Mann zeitweise auf einem Fischkutter gearbeitet, war zur See gefahren und hatte schließlich ein Studium der Kunst, der Kunstgeschichte und der Literatur aufgenommen. Er siedelte sich 1910 in einer Kate am Neßdeich in Finkenwerder an. Auch die aus München stammende Malerin Emma Gertrud Eckermann zog 1912 nach Finkenwerder. Sie soll Reuß-Löwenstein zu eigener Malerei bewegt haben. Um diese beiden herum bildete sich in den folgenden Jahren in Finkenwerder ein Treffpunkt von Künstlern. Eduard Bargheer muss Kontakt zu Reuß-Löwenstein und Eckermann gefunden haben. Vielleicht hat er dabei einen ersten Begriff von Künstlerschaft erhalten. Auch das Leben in einer Kate mag für ihn vorbildhaft geworden sein. Später erinnerte er sich, dass Reuß-Löwenstein ihm ermöglicht habe, zeitweise eine Hälfte seines Atelierraums für sich abzuteilen. Offenbar hat er bei ihm die Anfangsgründe künstlerischer Techniken erlernt.

Noch im Jahr 1918 schloss Eduard die Realschule ab. Bis 1924 besuchte er das Lehrerseminar und folgte damit erst einmal dem Vorbild des Vaters und des Bruders. Aber er kombinierte damit im Rahmen des Lehrerseminars an der Kunstgewerbeschule am Lerchenfeld eine Ausbildung in „Malen und Zeichnen“.

Eduards Entwicklung hat große Ähnlichkeit mit der des Malers Werner Gilles, der sich später wie er in Ischia aufhielt. Auch Gilles war Sohn eines Volksschullehrers mit vielen Kindern, und auch er musste seinem Vater versprechen, nicht Künstler, sondern Zeichenlehrer zu werden. Erst von 1914 an hat er dann Kunst studiert.

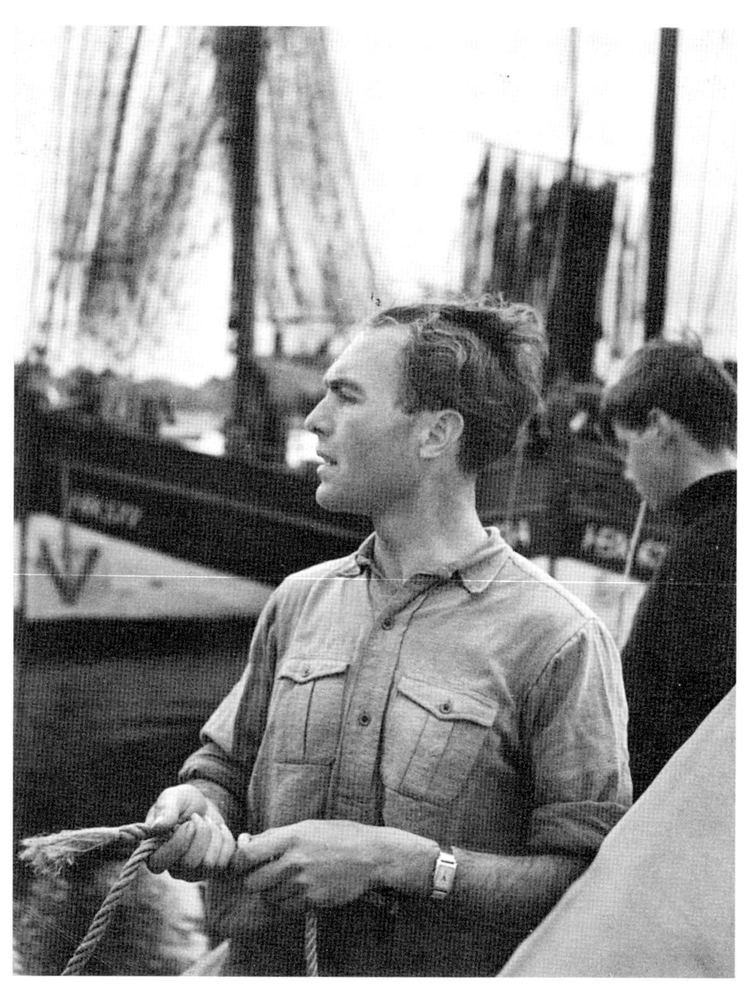

Eduard Bargheer an Bord eines Kutters, Foto, um 1920

Eduards Zeichenlehrerstudium sprach sich im Fischerdorf herum. Es gab in der Generation nach Bargheer die vergleichbare Entwicklung eines anderen Jungen. Heinrich Wriede aus Finkenwerder trat – nach Bargheers Vorbild – ebenfalls ein Studium als Kunsterzieher an der seit 1928 so genannten Landeskunstschule am Lerchenfeld an, blieb aber bei der Kunsterziehung, wurde Studienrat in Rahlstedt, Direktor der Walddörferschule und betrieb seine an der Bargheers orientierte künstlerische Arbeit nur nebenher.[9]

Die Ausbildung zum Zeichenlehrer oder Kunsterzieher war keineswegs ein nicht erstrebenswertes Studium. Besonders in der Generation der Frauen, die sich ein Kunststudium erkämpften, war diese Zielsetzung eine Möglichkeit, aus künstlerischer Neigung eine berufliche Tätigkeit zu entwickeln. Gretchen Wohlwill, die spätere Freundin Bargheers, hatte schon 1909 in Berlin ein Zeichenlehrerexamen abgelegt und unterrichtete an drei Tagen in der Woche Kunsterziehung an der Emilie-Wüstenfeld-Schule in Hamburg. Auch Emma Gertrud Eckermann, der Bargheer in Finkenwerder begegnet war, legte ein solches Examen ab und arbeitete dann als Kunsterzieherin.

Doch Eduard Bargheer erschien sein Studium offenbar schon damals als kompromisslerisch. Er hat es dennoch verstanden, zwischen seinem 17. und 23. Lebensjahr die sich bietenden Studienmöglichkeiten in Hamburg dazu zu nutzen, sich zu der intellektuell, literarisch und künstlerisch wohlausgebildeten Persönlichkeit zu entwickeln, als die er später seiner Umgebung erschienen ist. Offenbar hat er mit großer Energie das Brotstudium am Lehrerseminar und daneben die künstlerischen Fächer betrieben, an Vorlesungen in Kunstgeschichte teilgenommen, auch Museen und Ausstellungen in Hamburg besucht. Vermutlich hatte er bereits Kontakt zu Lehrenden des Künstlerclubs und Einblick in die damalige Künstlerszene. Dabei beobachtete er auch die Künstlerfeste, nahm selbst daran teil und veranstaltete eigene kleine Künstlerfestivitäten. Dem ehrgeizigen Studenten mit den Fächern „Malen und Zeichnen“ gelang es, sich langsam in die Kunstszene zu integrieren.

Das Vertrauen in die eigene Kraft, den Weg als freier Maler fortzusetzen, war in Eduard Bargheer nach dem Abschluss 1924 so stark geworden, dass er sich gegen den Rat des Bruders durchsetzte, aus der Schulwohnung auszog und ein eigenes Quartier suchte. Vieles deutet aber darauf hin, dass die Geschwister nun nach der Lehrerausbildung die künstlerische Tätigkeit des Bruders akzeptierten. Aus den zahlreichen frühen Porträts der Geschwister und einer Reihe von anderen künstlerischen Arbeiten Eduards, die sich heute noch im Besitz der Nachfahren befinden, lässt sich durchaus ein gewisser Stolz auf den Künstler in der Familie herauslesen. In der Norderschule des Bruders Ernst fanden in Bargheers Anfangsjahren sogar kleine Ausstellungen statt. Erzählungen lassen ahnen, dass die Geschehnisse um den Tod der Eltern, das Auseinandergehen der Familie und seine Entscheidung für den Künstlerberuf an dem jungen Eduard Bargheer nicht spurlos vorübergegangen sind. Doch es blieb ein Zusammenhalt unter den Geschwistern, der ihn noch 1974 auf einer Familienfeier hat sagen lassen, dass es etwas Schönes sei, „wenn man unter Verwandten auch Freunde findet".[10] Auch eine Trennung von Finkenwerder sollte daraus nicht werden. Bargheer hatte die Welt des Jungen aus dem Fischerdorf inzwischen nur erweitert um die des Kunststudenten in Hamburg.

Das künstlerische Leben in Hamburg zur Zeit des Studiums

Die Entwicklung des kulturellen Lebens in Hamburg, die Bargheer zuerst als Schüler und dann als Student bewusst geworden sein müsste, wird in zwei Büchern der Zeit geschildert: „Hamburg, von Gustav Falke mit acht Vollbildern von Hamburger Künstlern", 1908, und „Hans W. Fischer, Hamburger Kulturbilderbogen, eine Kulturgeschichte 1909 bis 1922". Der jugendliche Bargheer dürfte sie gekannt haben.
Gustav Falke, Freund der Dichter Richard Dehmel und Detlev von Liliencron, und der Kulturkritiker Hans W. Fischer, Feuilletonchef der „Neuen Hamburger Zeitung" am Gänsemarkt, waren in jener Zeit Exponenten des geistigen Hamburg. Beide waren sie von außen gekommen und in Hamburg tätig geworden, zeichneten deshalb mit Distanz, aber mit dem Engagement von Beteiligten ein Bild der sich entwickelnden Millionenstadt.
Falke bebilderte sein Buch mit Darstellungen von Mitgliedern des Künstlerclubs von 1897, Eitner, von Ehren, Illies, Kayser, Schaper und Siebelist. In der Beschreibung der Stadt wird „Finkenwärder" mit Schapers Zeichnung „Finkenwerder Deich" abgebildet. Neben den anderen Kunstsparten werden „Kunst und Wissenschaft" behandelt und an erster Stelle Lichtwark und die Kunsthalle gewürdigt: „Die Sammlung von ‚Bildern aus Hamburg' ist die vielseitigste und bedeutendste deutsche Sammlung lebender Meister." Für die Wissenschaft werden die „Wissenschaftlichen Vorträge" gelobt, die Stiftungen für ein

„Vorlesungsgebäude“, das demnächst entstehen solle, und es wird die Hoffnung auf baldige Gründung der Universität ausgedrückt.

Fischer konzentrierte sich als Feuilletonist auf das Kulturleben, hob aus der Sicht von 1922 besonders auf die neue Entwicklung nach 1918 ab. Ihm gelang eine Würdigung der neuesten Entwicklung der Künstlerschaft, der Künstlervereine, der Kunstgewerbeschule und ihrer Lehrer, des Kunstvereins, der Galerien, der Ausstellungen neuer Kunst, auch der Künstlerfeste, sowie der Museen und Kustoden, soweit sie sich um die aktuelle Kunst bemühten. Er bezog auch kritisch zu Kultur- und Wissenschaftspolitik Stellung. Dabei würdigte er besonders die unter dem Einfluss Lichtwarks gewachsenen Aktivitäten der Volksschullehrer im Bereich des „künstlerischen und Werkunterrichts“.

An den Anfang seines Kapitels „Die Künste“ stellte Fischer den „Malerkreis, der unter Lichtwarks Augen und in seinem Schutze wuchs, jetzt eine Generation der Fünfzigjährigen“, und hob Siebelist, Illies, Schaper und Eitner hervor. „Alle diese Künstler sind keine Experimentatoren, aber sichere Könner.“ „Wer von den Jüngeren ... ihnen zu eng nachfolgt, erreicht natürlich ihre Höhe nicht mehr, er wird Epigone der Lichtwarkzeit“. Eher negativ erwähnte er den 1832 gegründeten „Hamburger Künstlerverein, der außer den fertigen Meistern fast nur Nachfahren umfasst.“ „Die Künstler aber, die ausgesprochen jüngeren Geistes sind, sollten sich scheiden und ganz dahin treten, wohin sie gehören: zur Hamburger Sezession.“ Diese hatte sich 1919 gegründet und mit ihrem Namen die Abwendung von der Naturbezogenheit der beiden anderen Künstlervereinigungen andeuten wollen.

Fischer arbeitete zwei Strömungen der Sezession heraus, die einen Einfluss aus Wien oder Paris erkennen ließen. Die Herkunft aus Wien sah er in den Professoren der Kunstgewerbeschule vertreten. Den Maler Friedrich Ahlers-Hestermann, der zu Fischers „Tafelrunde“ gehörte und einen Aufsatz „Pariser Schilderungen“ in der Zeitschrift „Kunst und Künstler“ publiziert hatte, hob Fischer als Paris-Vertreter besonders hervor und bezeichnete ihn als „kultiviertesten Künstler Hamburgs und sehr feinen, kenntnisreichen Kunstschriftsteller“. Paul Kayser,

der neben Ahlers-Hestermann der einzige aus dem Kreis des Künstlerclubs war, der die Sezession mitbegründet hatte, nannte er in diesem Zusammenhang nicht. Er wandte sich aber auch weiteren Mitgliedern der Sezession zu und nannte – in dieser Reihenfolge – unter den Bildhauern Friedrich Wield und Carl Opfermann, unter Malerinnen und Malern Alma del Banco, Gretchen Wohlwill, Erich Hartmann, Dorothea und Emil Maetzel, Anita Rée, Franz Breest, Heinrich Stegemann, Franz Radziwil, Tetjus Tügel und Hans Leip. Damit hatte er 1922 schon einen fast kompletten Überblick über die Sezessionisten gegeben, dem sich etwa Karl Kluth, Fritz Kronenberg und Willem Grimm hinzufügen ließen.[11]
Die von Fischer genannten Künstler waren die, die ein junger Besucher von Ausstellungen und Leser von Kunstkritiken kannte. Aussagen von 1954 über frühere Kunsthallenbesuche, wohl während seiner Studienzeit, lassen Bargheers Neigungen zu bestimmten überregionalen Künstlern erkennen: „Und welches waren nun damals meine Lieblingsbilder? Die Modernen! Wobei ich allerdings präzisieren muss, dass mich die Impressionisten entzückten, die ganz Modernen aber ebenso sehr anzogen wie beunruhigten." „Ging man dann weiter in die Nachbarsäle, so fand man die schöne weite Landschaft im Schnee von Munch, die einem so nahe lag. Man kannte diese Landschaft, welche gut unsere Marsch hätte sein können; den sich in Feldern verlierenden Fahrweg mit seinen hochroten frischen Furchen im weißen Schnee, einem sehr lockeren Schnee, dem man das Tauwetter anfühlte." „Ganz in der Nähe aber, auf der Mitte der Wand, Kokoschkas Windsbraut, diese atemraubende Wildheit anscheinend formloser Blaus, die sich erst nach manchen Besuchen und intensiver Bemühung zur Festigkeit verdichteten." „Im Nachbarsaal Picassos Absinthtrinkerin; ich könnte von diesem Bilde sagen: es war Liebe auf den ersten Blick. Und so blieb es auch ..."[12]
Noch einmal wies Bargheer 1974 auf diese Ausführungen von 1954 hin. Doch dabei setzte er einige andere Akzente: Wohl sei die „Windsbraut" von Kokoschka immer ein Lieblingsbild von ihm geblieben, ebenso Blumen von Nolde. Dann aber habe er die Klee-Ausstellung in der Galerie Commeter in Hamburg gesehen, das sei „das größte Erlebnis meines Lebens" gewesen.

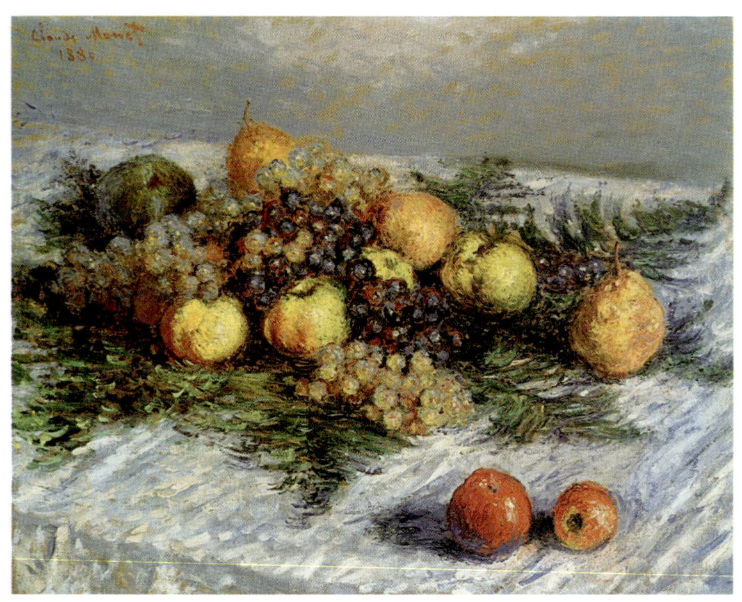

Die „Impressionisten entzückten“ ihn:
Claude Monet, „Birnen und Trauben“, Öl, 1880,
seit 1896 in der Hamburger Kunsthalle

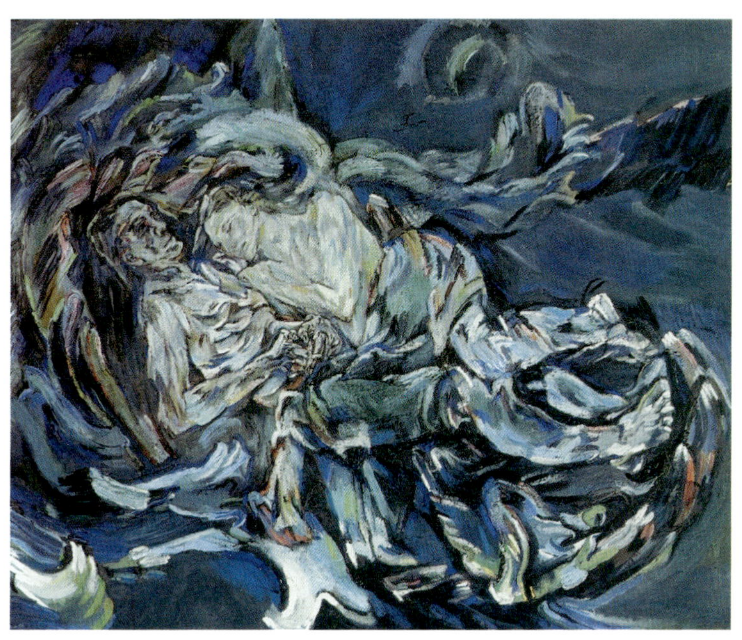

Bargheers Lieblingsbild:
Oskar Kokoschka, „Die Windsbraut“, Öl, 1914,
seit 1924 in der Hamburger Kunsthalle,
1937 als „entartet“ beschlagnahmt

Und schließlich habe er bei seinem Parisaufenthalt 1926 in der Galerie Rosenberg „die wunderbaren Picassos“ entdeckt, „Stillleben am Fenster“, die ihn dazu gebracht hätten, selbst Blicke aus dem Fenster zu malen. Um seiner Neigung zur Kunstgeschichte gerecht zu werden, fügte er aber hinzu, dass ihn neben den Modernen immer auch die alten Maler interessiert hätten: „Es gab für mich die beiden Dinge, die Lebendigkeit und die Historie.“[13]

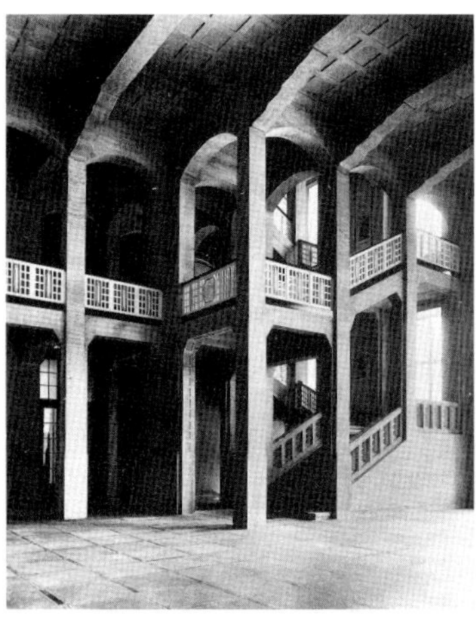

Am Ort des Unterrichtes der Lehrerseminaristen im Malen und Zeichnen: Foyer der 1913 eröffneten Kunstgewerbeschule am Lerchenfeld, Foto, um 1980

Alfred Lichtwarks Anregungen zur Reform der Kunsterziehung hatten schon 1896 in Hamburg zur Gründung einer „Lehrervereinigung für die Pflege der künstlerischen Bildung“ geführt, die eigene Malkurse gegründet und damit einen anhaltenden Aufschwung der Kunsterziehung gerade in den Volksschulen zur Folge hatte. Die Künstlerclubmitglieder Eitner, Schaper und Siebelist, später Illies, zu dieser Zeit junge fortschrittliche Künstler, übernahmen auf Vorschlag Lichtwarks die Kurse und reformierten den Unterricht des Abzeichnens von Gegenständen durch Übungen vor der Natur: Kopf, Akt, Stillleben, Blumen, Landschaft. Ort des Unterrichts war anfangs das Atelier von Siebelist. Seit 1902 fand er aber in den Volksschulen Angerstraße, Norderstraße und Seilerstraße statt. In diesen Schulen wurden sogar kleine Ausstellungen der Kurse gezeigt. Deutlich wird hier, woher der junge Bargheer die Idee zu seinem Studium hatte: In seiner Schule in der Seilerstraße fanden anfangs abends die Mal- und Zeichenkurse statt; auch stellten dort die zukünftigen Zeichenlehrer aus. Nach der Fertigstellung des Neubaus der Kunstgewerbeschule am Lerchenfeld 1912 wurden die Kurse dann dorthin verlegt.

Die Kunstgewerbeschule bot die beste künstlerische Ausbildung in Hamburg und entwickelte sich später zur heutigen Kunsthochschule. Anfangs hatte sie zur Gewerbeschule gehört, die seit der Fertigstellung des Museums für Kunst und Gewerbe im großen Haus am Steintor untergebracht war. 1896 war sie verselbstständigt worden und hatte 1907/1908 ein eigenes künstlerisches Professorenkollegium unter dem Leiter Richard Meyer erhalten, das aus von auswärts gekommenen Kräften bestand, darunter der Bildhauer Richard Luksch, die Maler Carl Otto Czeschka, Anton Kling und Franz Delavilla, alle aus Wien, sowie der Maler Willy von Beckerath und der Kunstgewerbler Friedrich Adler, beide aus München, sowie der ehemals in Berlin tätige Bildhauer Johann Michael Bossard. Als Hamburger kamen Julius Wohlers und Arthur Illies dazu; diese aber blieben lange Zeit nur „Zeichenlehrer". Erst seit 1906 durfte die Schule auch von Frauen besucht werden. 1911–1912 stellte Fritz Schumacher das neue Gebäude am Lerchenfeld fertig. In diesem imposanten Bau traf der Seminarist Eduard Bargheer bei dem von ihm besuchten Unterricht im „Malen und Zeichnen" seit 1918 jenes Kunstprofessoren- und Zeichenlehrer-Kollegium an. Nie hat Bargheer sich über seine Lehrer an der Kunstgewerbeschule geäußert. Vieles spricht dafür, dass er von den Arbeiten der Mitglieder des Künstlerclubs geprägt worden ist. Aber eine feste Schüler-Lehrer-Bindung scheint Bargheer am Lerchenfeld nicht eingegangen zu sein. Aus ein paar Bemerkungen des Jahres 1974 lässt sich schließen, dass er gegen diese Schule aus alter Zeit stammende Vorbehalte in sich trug. Als er 1957–1958 dort Gastdozent war, habe er den herrschenden „Schlendrian" verabscheut. Dieser habe auch früher schon geherrscht. Es ist zu vermuten, dass Volksschullehrerseminaristen unter den Künstlern nicht gerade willkommen geheißen worden sind.

Auch mag die spätere Entwicklung einiger Dozenten, vor allem von Arthur Illies, der 1933 Mitglied des „Kampfbundes für Deutsche Kultur“ wurde, Bargheer davon abgehalten haben, sie je als seine Lehrer zu erwähnen.

Nach Abschluss seines Studiums und seiner Hinwendung zur Karriere eines freien Malers hat Eduard Bargheer sich selbst einen weiteren Ausbildungsort gesucht, das „Atelier für Zeichnen, Malen und Modellieren“ von Gerda Koppel. Dieses war 1891 von Valesca Röver als „Malschule für Damen“ gegründet worden, zu einer Zeit, als Frauen zum Studium an Akademien nicht zugelassen waren. In Berlin, 1867, München, um 1882, und Karlsruhe, 1885, hatte es vorher „Damenakademien“ gegeben, die Ausbildung meist für höhere Töchter durch „vertrauenswürdige“ Künstler anboten. Valesca Röver war eine der Frauen, die Unterricht bei Künstlern in Paris genossen und die Nachfrage nach Unterricht durch Künstler bei bürgerlichen Töchtern selbst erlebt hatten. Ihre Schule hatte sie provokativ direkt gegenüber der Kunsthalle in zwei Stockwerken eines Hauses am Glockengießerwall, Ecke Ferdinandstraße, eingerichtet. Für die sofort gut angenommene Ausbildung hatte sie, die 1898 auch dem Vorstand der „Lehrervereinigung für die Pflege der künstlerischen Bildung“ angehörte, als erste Künstler des späteren Künstlerclubs engagiert, nämlich Eitner und Illies. Die ehemalige Schülerin Gretchen Wohlwill berichtete von ihnen: „Wir alle ... schwärmten für die jungen Eitner und Illies.“ Bald betreute Lichtwark das Unterrichtsprogramm, dann malte Illies den Empfangsraum aus, und schon 1896 fand eine erste Ausstellung statt. Jährlich gingen die Künstler nun mit ihren Schülerinnen drei Wochen zum Malen aufs Land. Und es verwundert nicht, dass sie – wie später Paul Kayser – schon bald mit Frauen verheiratet waren, die sie beim Unterricht kennengelernt hatten.

1904 übernahm Gerda Koppel die Schule von Valesca Röver. 1906 begann Paul Kayser, 1910 Friedrich Ahlers-Hestermann hier eine Lehrtätigkeit. Wegen der Teilnahme vieler junger Damen aus bürgerlichen Häusern war die „Malschule für Damen“ zugleich eine Art Börse für die Vermittlung von häuslichem Kunstunterricht, sodass Künstler auch aus diesem Grund deren Kontakt suchten. Als aber 1906 Frauen auch auf

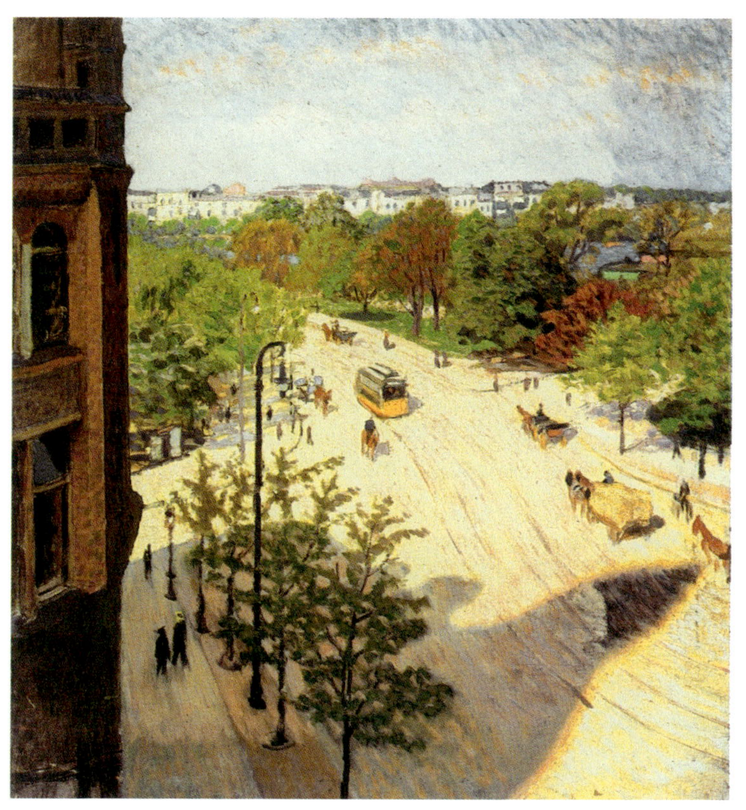

Ort des weiteren Studiums, 1925–1926,
und der Lehrertätigkeit, 1927–1940:
Paul Kayser, „Blick aus dem Atelier der Malschule Koppel
auf den Glockengießerwall“, Öl, 1910

der Kunstgewerbeschule zugelassen wurden, öffnete sich umgekehrt die inzwischen in „Atelier für Zeichnen, Malen und Modellieren“ umbenannte ehemalige „Malschule für Damen“ nun auch für männliche Schüler, die gezielt ihre Ausbildung bei den dortigen Lehrern vertiefen wollten. Als weitere Lehrer arbeiteten dort später Eduard Bargheer selbst, Erich Hartmann, Karl Kluth und Fritz Kronenberg. Gerda Koppel leitete die Schule am Glockengießerwall bis zu ihrer Emigration im Jahr 1939. Danach wurde sie von Gabriele Stock-Schmilinsky weitergeführt, nach der Ausbombung des Hauses am Glockengießerwall 1943 als „Kunstschule Schmilinsky“ am Mittelweg 169.

Interessant ist, dass Bargheer in einer in seinem Nachlass erhaltenen Notiz von 1926 doch zwei Künstler genannt hat, Paul Kayser und Friedrich Ahlers-Hestermann, zu denen er 1924–1925 eine Schüler-Bindung gehabt habe. Es liegt nahe, dass er sie sich gezielt als Lehrer gesucht hat. Paul Kayser war eines der Künstlerclubmitglieder, die in der Hamburger Umgebung malten. Als solcher wird Kayser Bargheer besonders nahe gewesen sein, weil er seine Motive an den Ufern der Elbe, im Hafen und in den Fischerorten Cranz und Finkenwerder fand. Bei ihm hat Bargheer seine Ausbildung fortsetzen können. Kayser hatte sich allerdings seit seiner Begegnung mit dem Pariser Fauvisten Albert Marquet in Hamburg 1909 weiterentwickelt und gehörte 1919 zu den Begründern der Hamburgischen Sezession. 1941 übersiedelte er nach Donaueschingen, wo er 1942 starb. In Hamburg erhielt er eine posthume Ehrung dadurch, dass große Teile seines Nachlasses durch das Altonaer Museum angekauft und dort 1960 und 1976 in größeren Ausstellungen gezeigt wurden.

Friedrich Ahlers-Hestermann war eines der jüngsten Mitglieder des Künstlerclubs und gehörte ebenfalls zu den Gründern der Sezession. Ihn hatte Fischer 1922 besonders gewürdigt. Für Bargheer muss er damals eine besondere Autorität gewesen sein. Auffällig ist an ihm seine frühe Reisetätigkeit. Nach 1945 wurde er als beinahe 60-Jähriger zum Direktor der Landeskunstschule am Lerchenfeld berufen. Von ihm stammt eine Autobiografie, die er in der Zeit des Malverbots in der NS-Zeit verfasst hat und die 1949 im Druck erschien.

Hamburg, d. 7. III. 26.

An die Direktion der Kunsthalle

zu Hamburg.

Sehr geehrter Herr Doktor Dirksen,

auf Ihre Anfrage teile ich Ihnen mit, daß ich am 25. Dezember 1901 zu Finkenwärder bei Hamburg geboren wurde, von Ostern 1924 bis Ostern 1925 als Mitglied der Kunstschule von Gerda Koppel Schüler war von Friedrich Ahlers-Hestermann und Paul Kayser, im Anschluß daran ein Vierteljahr in Florenz war.

Mit ergebenem Gruß

Eduard Bargheer

Eduard Bargheer, Brief an den Kunsthallenkustos
Viktor Dirksen vom 7. März 1926

Es ist heute nicht mehr genau zu bestimmen, wie intensiv der Kontakt zwischen Bargheer und der Schule Gerda Koppels am Glockengießerwall zu dieser Zeit war. Aber 1939 erzählte Bargheer seinem Schüler Volker Detlef Heydorn: „Ich ging zu Gerda Koppel, die damals die Schmilinsky-Schule leitete, zeigte ihr meine Malereien und bat sie um einen Freiplatz ... Nun, ich bekam den Freiplatz und besuchte einige Zeit lang die Schule, machte auch eine Studienreise im Rahmen der Klasse mit, und dann hatte ich das Glück, dass mir wohlwollende Leute zwei Bilder zu einem Preis abkauften, der weit höher war als der tatsächliche damalige Wert. Mit diesem Geld fuhr ich nach Paris, besuchte dort immer wieder den Louvre und merkte bald, dass man vor den Werken alter Meister weitaus mehr lernt als im Unterricht bei irgendwelchen Lehrern." Als Konsequenz dieser Entwicklung schilderte er: „Nach Hamburg zurückgekehrt, wurde ich dann Dozent auf der Schule, welcher ich vor kurzem noch als Schüler angehört hatte."[14] Der „Freiplatz" könnte auch ein loser Kontakt mit Korrekturen durch Kayser und Ahlers-Hestermann gewesen sein. Vor allem von Ahlers-Hestermann könnten die Hinweise auf die Notwendigkeit des Reisens gekommen sein. Denn 1925 und 1926 setzten Bargheers Reisen nach Italien und nach Paris ein, wohin auch Ahlers-Hestermann als 24-Jähriger aufgebrochen war. Ganz sicher hat Bargheer den Kontakt zur Schule von Gerda Koppel aber auch gesucht, weil es dort Verdienstmöglichkeiten gab. Der ausgebildete Zeichenlehrer könnte während dieser ersten Zeit auch Lehraufgaben wahrgenommen haben. Nach seinen Reisen war er dann von 1927 bis 1940 als Dozent an der Schule tätig.

An Bargheers Entwicklung ist bemerkenswert, dass er über kunsthistorische Kenntnisse verfügte und stets den Kontakt zu Kunsthistorikern suchte. Dies muss durch Vorträge angeregt worden sein, die er schon als Lehramtsstudent besuchte. Orte solcher Vorträge können damals die Kunsthalle zur Zeit Gustav Paulis (1914 bis 1933) und das Museum für Kunst und Gewerbe zur Zeit von Max Sauerlandt (1919 bis 1933) gewesen sein. Seit 1921 entwickelte sich auch das kunstgeschichtliche Seminar an der 1919 gegründeten Universität und fand seinen Platz in der Kunsthalle wie in der Bibliothek des Kunsthistorikers Aby M. Warburg. Im Privathaus Warburgs fanden die von Fritz

Saxl, dem Leiter von dessen Bibliothek, organisierten „Vorträge der Bibliothek Warburg“ statt. Vortragende waren unter anderem Adolph Goldschmidt und Gustav Pauli; 1922 sprach Pauli über „Dürer, Italien und die Antike“. Seit 1921 war Erwin Panofsky Professor für Kunstgeschichte, seit 1922 Saxl Privatdozent an der Universität. Auch im 1926 fertiggestellten neuen Gebäude der „Kulturwissenschaftlichen Bibliothek Warburg“ in der Heilwigstraße wurden Seminare durchgeführt. Spätere

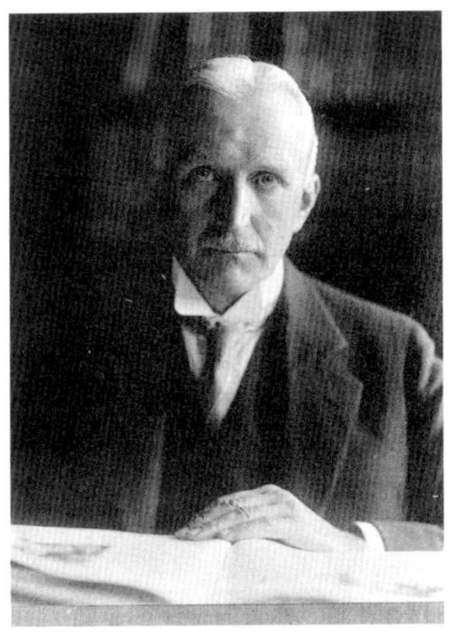

Gustav Pauli,
seit 1914 Direktor der Hamburger Kunsthalle, Foto, 1926

persönliche Bekanntschaften mit den Warburgs, den Paulis und dem Ehepaar Panofsky sowie auch mit den Panofsky-Studenten Ludwig Heinrich Heydenreich und Heinrich Brauer lassen vermuten, dass Bargheer zu den Besuchern solcher Vorträge gehörte. Die Besucherinnen und Besucher der Vorträge und der des 1916 von Rosa Schapire gegründeten „Frauenbundes zur Förderung deutscher bildender Kunst“ sowie der Künstlerkurse der Schule von Gerda Koppel kamen aus den gleichen bürgerlichen, in vielen Fällen jüdischen Familien.

Eine weitere Besonderheit war Bargheers Interesse für das bedeutende Hamburger Theaterleben. Seine Kontaktfreude führte dazu, dass er schon in den frühen 1920er Jahren Bekanntschaften in der Schauspielerszene hatte; so auch zu

Gustaf Gründgens. Auch der junge Fotograf Herbert List, dem wir frühe Fotos von Bargheer verdanken, gehörte in dieser Zeit zu dem Kreis. Besonders hatte Bargheer sich mit dem Schauspieler Friedrich Siems angefreundet, der ihn offenbar so nachhaltig in die Welt des Theaters eingeführt hat, dass er zeitlebens zahlreiche Kontakte zu Schauspielerinnen und Schauspielern pflegte. Siems wurde der Begleiter auf Bargheers ersten Reisen.

Künstlerische Anfänge

Aus Bargheers späteren Erzählungen stammt die seine Begabung pointierende „Künstlerlegende“, dass der jugendliche Eduard viel aquarelliert habe. Von einem ersten „Tuschkasten“ als Weihnachtsgeschenk ist die Rede, der von größeren Wasserfarbkästen abgelöst worden sei, die ihn später auf den Reisen begleiteten. Die spätere Leichtigkeit, mit der Technik des Aquarellierens umzugehen, lässt sich daraus erklären.
Bargheer hatte bereits als Junge mit Fischkuttern und Segelbooten Törns gemacht und die Elbe nicht nur vom Deich und vom Hafen aus oder von den Dampferfahrten nach St. Pauli kennengelernt. Eine wesentliche Horizonterweiterung waren Segelfahrten, die er seit seiner Studentenzeit bis nach Cuxhaven unternahm, das bis 1938 – wie heute wieder die Meeresinsel Neuwerk – zu Hamburg gehörte. Fotos zeigen ihn auf Kuttern im Hafen und an Bord von Segelbooten. Begeistert hat er später von Regatten nach Cuxhaven erzählt, bei denen er einen „Senatspreis“ und sogar einen „Preis der Marine“ gewonnen habe. Immerhin stammte seine Mutter aus Wischhafen an der Niederelbe, und seine Schwester Mathilde heiratete nach Cuxhaven, sodass er dahin Kontakte knüpfen konnte. Da der Mann der Schwester, Jacob Lührs, Stadtkämmerer in Cuxhaven wurde, waren das durchaus auch beruflich förderliche Kontakte. Die manchmal tage- und nächtelangen Fahrten auf der Niederelbe bis an die Küste und der Anblick der Nordsee waren die

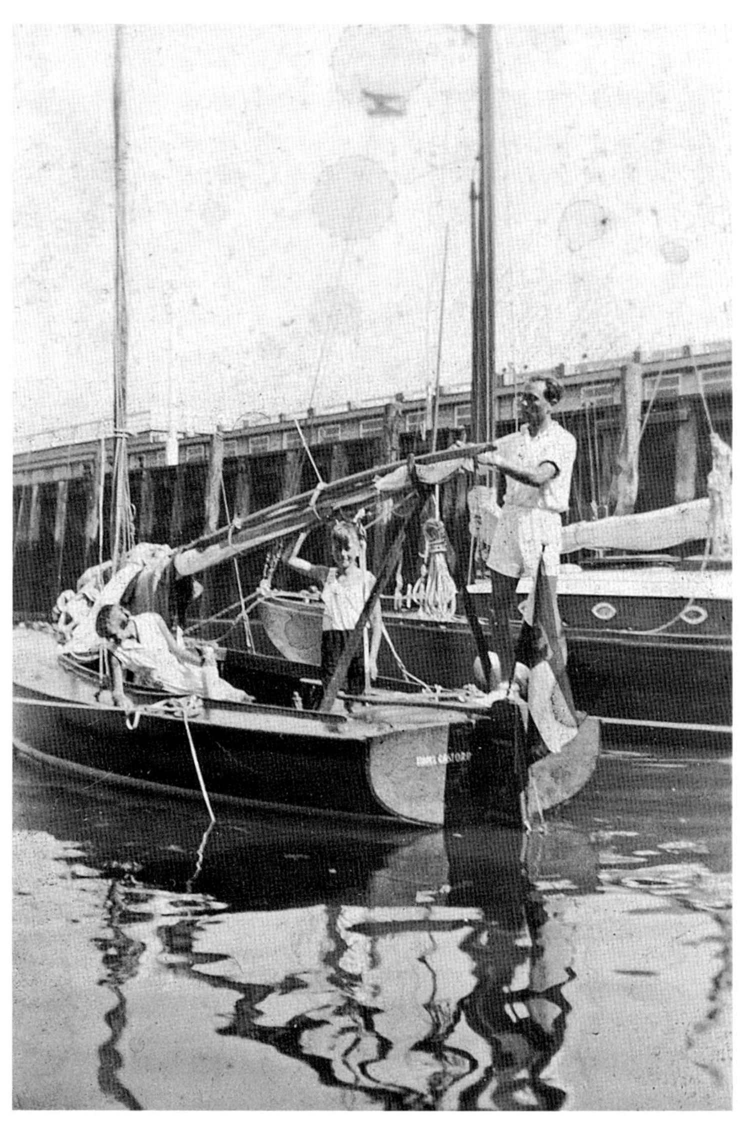

Er fuhr bis an die Elbmündung:
Bargheer auf dem Segelboot in Cuxhaven,
vermutlich mit seiner Schwester Mathilde,
Foto, um 1931

ersten Reiseerlebnisse des angehenden Künstlers, wie sie sich auch in seinem Frühwerk spiegeln. Auch seine Schwestern und später deren Kinder begleiteten Bargheer gelegentlich. 1931 entstand bei einem Bootsbauer eine Jolle nach seinen Vorstellungen, von der seine Freundin Gretchen Wohlwill schrieb: „Inzwischen hatten wir uns auch ein schönes Boot von Karl Feltz bauen lassen, mit dem wir unvergesslich schöne sommerliche, manchmal acht Tage dauernde Fahrten, gelegentlich bis Cuxhaven, unternahmen. Das Boot war für mich ein ganz neues Erlebnis, ein Quell des Glücks."[15]

Spätestens seit 1920 versuchte Bargheer sich in der Ölmalerei, wohl als Folge der Lehrerausbildung im „Malen und Zeichnen". Diese ersten Versuche legen Zeugnis von noch schulmäßigem Fortschreiten ab. Weitere Landschaften entstanden bis zum Ende des Studiums 1924 und spiegeln nun auch die Finkenwerder Umgebung wider: „Neßkanal mit Booten", „Neßkate mit Pappel", „Neßpappel mit Blick auf den Elbstrom". Bargheer blieb bei den Landschaften aus der Hamburger Umgebung, arbeitete aber mit stärker pastosen Pinselstrichen als im Künstlerclub üblich.

Seine Anfänge in anderen künstlerischen Techniken sind uns erst aus Bargheers Erzählungen von 1974 bekannt: Die ersten Radierungen habe er wegen „der Billigkeit des Materials" (so Bargheer wörtlich) auf Zink gemacht, anfangs mit einer Schere und Nägeln. Als Motive nannte er Porträts, Landschaften, seinen „Fischerhafen in Finkenwerder", und er erwähnte den Namen eines Druckers, Rembert Richard, dessen Presse er später erworben habe. In alte Holzbretter habe er geschnitten, nachdem die Familie in Finkenwerder sich einen neuen Fußboden habe legen lassen, mit dem Messer und dem Hohleisen. Die Technik der Lithografie dagegen habe er erst nach dem Krieg angefangen, als er einen Auftrag für die Hamburger Griffelkunst-Vereinigung erhalten habe. Auch farbige Radierungen und Aquatintadrucke seien erst später entstanden. In seinem Frühwerk waren andere Techniken neben dem Aquarell und der Ölmalerei die Ausnahme.

1921 bekam Bargheer seinen ersten „Brotauftrag". Das Nordseebad Cuxhaven, im Hintergrund sein Schwager, der Stadtkämmerer, vertraute ihm den Entwurf illustrierter Notgeldscheine an. Der 25-Pfennig-Schein zeigt einen Fischdampfer und einen Leuchtturm in Holzschnitt. Auf der Vorderseite der 50-Pfennig-Scheine erscheinen in Holzschnitt die Wappen von Cuxhaven und Hamburg zusammen mit einem plattdeutschen Spruch. Die Wappen nehmen das Holzschnittporträt eines pfeiferauchenden Fischers mit Südwester in die Mitte. Auf der Rückseite stellt ein signierter Holzschnitt den Anleger „Alte Liebe“ mit Leuchtturm und Segelboot dar. Dies sind Bargheers erste Druckgrafiken.[16]

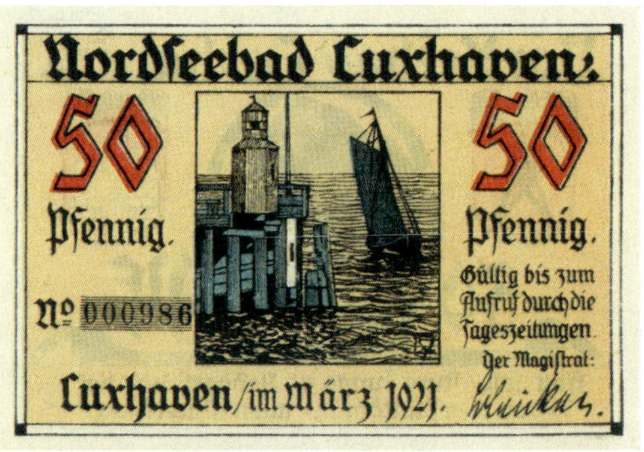

Der erste „Brotauftrag“: Eduard Bargheer,
Notgeldschein über 50 Pfennig für Cuxhaven,
Druck, 1921

Ebenfalls noch in seiner Studentenzeit, 1923, kam auch ein erstes Porträt hinzu. Bargheer malte seinen Freund, den Schauspieler Friedrich Siems, als Oswald in Ibsens „Gespenstern“. Das Bild überhöht die Erscheinung des Schauspielers durch seine Darstellung in der Rolle. Bei aller frühen Sicherheit der Porträtähnlichkeit zeigt es andererseits in der Farbbehandlung des Hintergrunds die Unsicherheiten eines Anfängerwerkes: Zu der Zusammenziehung von Farbflächen im Sinne des späteren „Sezessions-Stils“ stößt er noch nicht vor.

Die ersten Versuche des Zeichenlehrerstudenten lassen die Bemühungen um das Erlernen der Techniken einer Kunst erkennen, der es um das Abbilden geht. Das Aquarellieren und Malen mit Öl standen vor den anderen Techniken im Vordergrund. Wie seine späteren Äußerungen bekräftigen, war es bereits die Landschaftsdarstellung, um die er sich am meisten

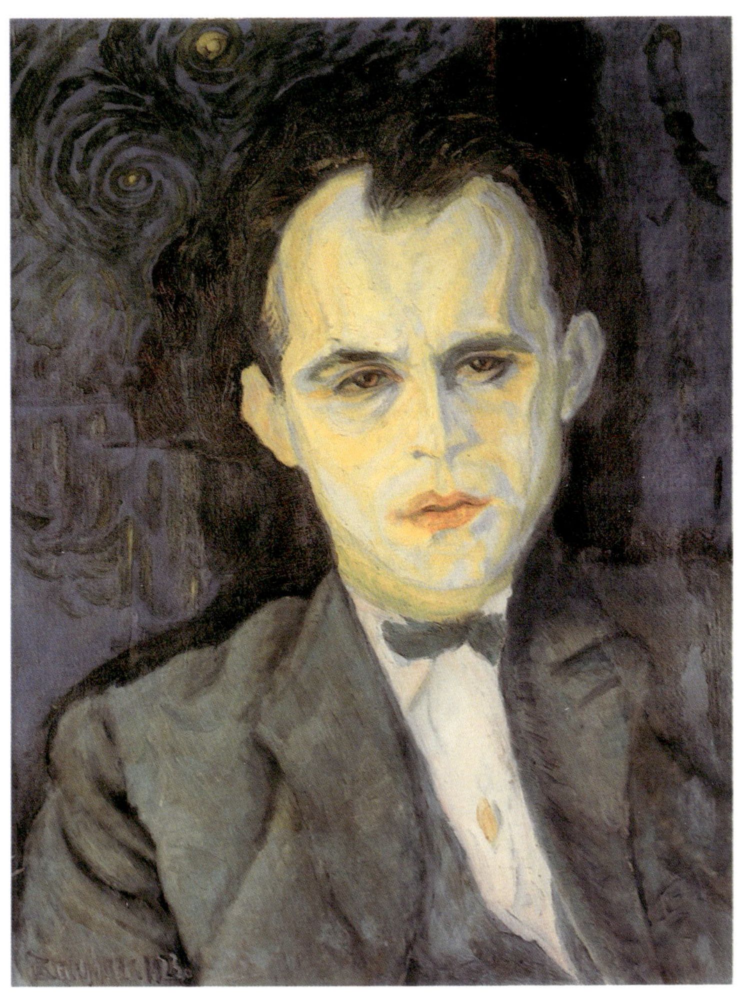

Ein frühes Porträt: Eduard Bargheer,
„Der Schauspieler Friedrich Siems als Oswald in Ibsens
‚Gespenstern'", Öl, 1923

bemühte, bevor er sich auch auf die Porträtkunst verlegte. Noch waren andere ihm Vorbilder. Vor der Beendigung seiner Ausbildung 1924 lässt sich noch nicht von einem „Frühwerk" sprechen. Dieses sollte sich erst in den Jahren 1924 bis 1927 entwickeln. Es mag sein, dass sich darin der Einfluss Kaysers und Ahlers-Hestermanns auswirkte.

Mit Siems unternahm Bargheer dann 1925 seine erste Italienreise, 1926 und 1927 waren sie zusammen in Paris. Dort hat Bargheer den Freund noch einmal porträtiert. Außerdem erscheint Siems auf einem Doppelporträt zusammen mit Bargheer selbst, einem Aquarell.

„Mit diesem ‚Doppelporträt' muss es eine besondere Bewandtnis haben, denn Bargheer hat es mit der Signatur auf den Tag genau datiert ‚Paris, 6. 1. 1927'", schrieb der Biograf und Betreuer des künstlerischen Nachlasses, Dirk Justus, später.[17] Vielleicht ist dieses dichte Zueinander der Porträts der beiden jungen Männer ein frühes Bekenntnis im Werk von Bargheer zu seiner Homosexualität. Später hat es solche Hinweise nicht mehr gegeben. Es hat den Anschein, als hätte Bargheer jeden Hinweis darauf bewusst vermieden. In seinem Verhalten zeigt sich, dass er seit 1928 andere Freundschaften pflegte. Seit dieser Zeit suchte er den Kontakt zu der 23 Jahre älteren Malerin Gretchen Wohlwill. Sie wurde seine Reisebegleiterin. Aus den erhaltenen Briefen an sie lässt sich ablesen, dass er mit ihr als Künstlerkollegin einen Grad der Vertraulichkeit erreichte, wie er ihn mit anderen Partnern später niemals gefunden hat. 1934 lernte er eine weitere ältere Freundin kennen, Valentine Tietgens. Sie hat ihn vor allem als Sammlerin finanziell gefördert und ihn bei seinen Fluchtmanövern nach Italien unterstützt.

Inzwischen war er zu einem kontaktfreudigen Mann geworden inmitten eines großen Kreises von Freundinnen und Freunden in Deutschland wie in Italien. Das hat ihm auch später auf Ischia die regelmäßigen Begegnungen mit den Malern Werner Gilles und Hans Purrmann ermöglicht, wie sie unter Bildkünstlern selten sind. Das Thema Homosexualität ist von Bargheer in seiner späteren Entwicklung niemals mehr angesprochen worden. Auch in unveröffentlichten Texten und in Briefen hat Bargheer das Thema vermieden. Es wirkt, als hätte er dieses Schweigen auch von anderen erwartet. Später hat er für seine

Haltung eine Erklärung gegeben: „Die Kunst ist eine unbarmherzige Geliebte, sie duldet keinen Nebenbuhler neben sich."
Gleich mehrere Porträtaufträge erhielt der junge Maler 1924 und 1925. In Finkenwerder sollte er die Eltern von Gorch Fock porträtieren. Beide hat er vor einen Hintergrund gesetzt, der eine Finkenwerder Stube assoziieren lässt. Ihre verschlossenen Gesichter hat Bargheer offenbar naturgetreu gezeichnet, auch das eine halb geschlossene Auge der Mutter. Als die Brüder Kinau aber verlangten, es geöffnet darzustellen, hat sich Bargheer geweigert, sodass beide Bilder nicht abgenommen wurden. Anders ein Hamburger Auftraggeber, der Kaufmann Fred Lafrentz. Dieser war mit dem Porträt seiner Gattin so zufrieden, dass er Bargheer zwei weitere Bilder abnahm und versprach, ihm dafür einen Wunsch zu erfüllen. Daraus ist die mäzenatische Finanzierung von Bargheers Italienreise des Jahres 1925 geworden. Überdies schenkte Lafrentz dem jungen Maler einen maßgeschneiderten Anzug, den dieser auf der Reise gern getragen hat.
Nach den ersten Porträtaufträgen hatte Bargheer auch den Mut zu einer frühen Serie von Selbstporträts: 1926 im Pullover vor der Leinwand, ein Versuch in pastosen Pinselstrichen, 1927 das Pariser Doppelbildnis in Krawatte und Weste mit Friedrich Siems, flüssig aquarelliert, 1927 in Abendkleidung, mit Öl auf Karton in Szene gesetzt, 1929 das Porträt in Hut und Mantel, geradezu klassisch ausgeführt. Diese Reihe von Selbstporträts führt besonders deutlich vor, wie der junge Maler sein Handwerk zu beherrschen begann, zu einer Reifung seiner Ausdrucksweise kam und seine eigene Erscheinung darzustellen lernte.
Bargheers Trennung von der Schulwohnung der Geschwister in Finkenwerder hatte in dieser Zeit begonnen. 1924 wurde er einige Monate bei Hamburger Mäzenen aufgenommen, zuerst bei einer Frau Steinhardt in der Hochallee und dann bei einer Familie Aaron in der Parkallee, deren Sohn er zum Dank Mathematikunterricht gab. Dann kam der Porträtauftrag des Ehepaars Lafrentz. Dies scheinen die ersten Kontakte Bargheers zu Förderern gewesen zu sein, an die er sich später dankbar erinnert hat. Dazu gehört auch eine Empfehlung, die Frau Steinhardt ihm für Signora Mozzana in Florenz gab, bei der er bald auf seiner ersten Künstlerreise wohnte.

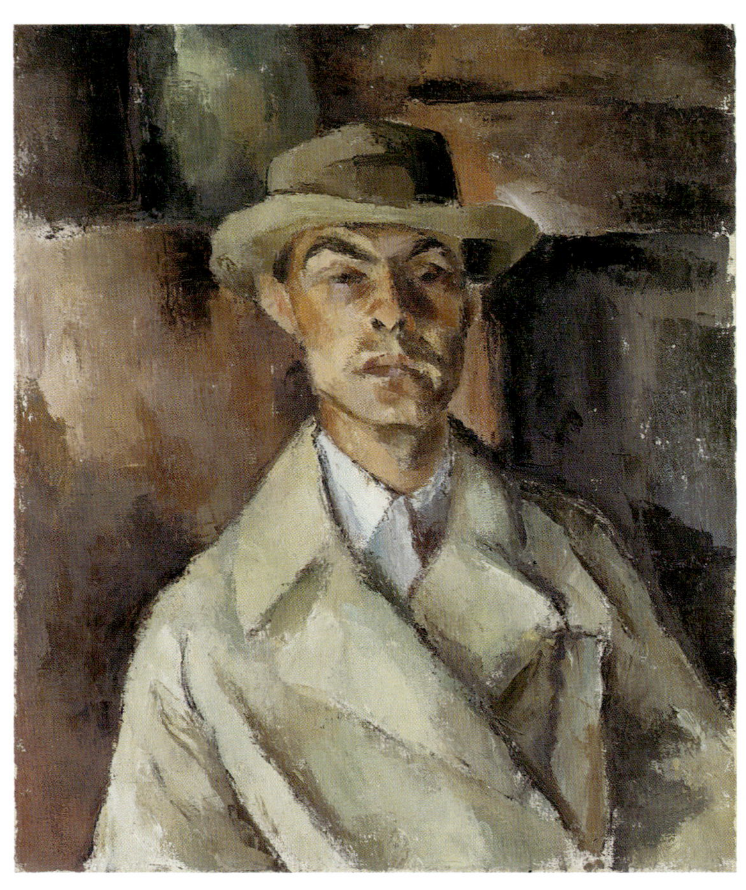

Eduard Bargheer, „Selbstporträt“, Öl, 1929

Um 1925 ist ein Werk des dritten Genres in der frühen Malerei Bargheers entstanden, ein Stillleben in Öl auf Leinwand. Bargheer kombinierte darauf eine Vase mit Blumen in einem Arrangement von Palette und künstlerischen Arbeiten. Dies ist vermutlich die erste Darstellung aus einem Atelier in eigenen Räumen. Die für längere Zeit endgültige Wohnung hatte der junge Maler in einer reetgedeckten Kate auf dem Neßdeich gefunden, deren Besitzer, dem „Neßbauern", sein Vater einst bei der Buchhaltung behilflich gewesen war. Ein frühes Foto zeigt Bargheer im Malerkittel davor. In der Kate hatte er zwei kleine Räume, in denen er 1927 von Herbert List fotografiert worden ist: Der junge Mann steht in einem kleinen Zimmer von eigenen Werken umgeben. Er stellte sich stolz als Künstler im eigenen Atelier vor. Später hat er sich für das Atelier ein gesondertes kleines Holzbauwerk mit Blick über die Elbe geschaffen.

Neben solcher Verwurzelung in Finkenwerder orientierte sich Bargheer nun aber doch auch nach Hamburg. Seine Freundschaft mit dem Schauspieler Friedrich Siems blieb der Mittelpunkt seiner Kontakte zum Hamburger Theater- und Schauspielerleben. Ab 1924 wurde sein künstlerischer Mittelpunkt die Schule von Gerda Koppel am Glockengießerwall, gegenüber der Kunsthalle. In diesen Jahren lernte er die Künstlerinnen und Künstler kennen, die zur Hamburgischen Sezession gehörten, in die er 1927 aufgenommen wurde. Seine Bekanntschaft mit Gretchen Wohlwill seit 1925 signalisiert, dass er unter den Künstlern Anschluss fand. Sie schrieb über ihre Bekanntschaft: „Auf einem Kostümfest bei Gerda Koppel habe ich ihn zum ersten Mal gesehen. Damals gewann er mein Herz nicht nur durch seine strahlende Ausgelassenheit, sondern auch durch die kurzen Worte: ‚Ich mug din Krom so girn lieden.' Von einem so viel jüngeren Künstler ein ermunternder Ausspruch. Bald fuhr er nach Italien, und wir haben uns lange Zeit hindurch nicht gesehen …"[18]

Der Kontakt zu Gretchen Wohlwill wurde später, seit 1927, zu einer engen Künstlergemeinschaft. Sie schilderte deren Beginn: „… bis er eines Tages bei Frau Durrieu auftauchte, wo wir allwöchentlich zum Porträtzeichnen irgendeiner prominenten oder jedenfalls markanten Persönlichkeit zusammenkamen. Diesmal war das Modell Eduards älterer Bruder Ernst." Das

Porträt, das Eduard bei dieser Sitzung von seinem Bruder gemacht hat, befindet sich noch heute im Besitz von dessen Tochter. Margret Durrieu, die diese Treffen organisierte, war eine bürgerliche Kunstfreundin, zu deren regelmäßigen Künstlertreffen auch Lehrer und Schülerinnen der Kunstschule Koppel erschienen; neben Gretchen Wohlwill und Bargheer waren Alma del Banco, Anita Rée und die Herren Ahlers-Hestermann, Hartmann, Kluth, Kronenberg, Maetzel und andere dabei.

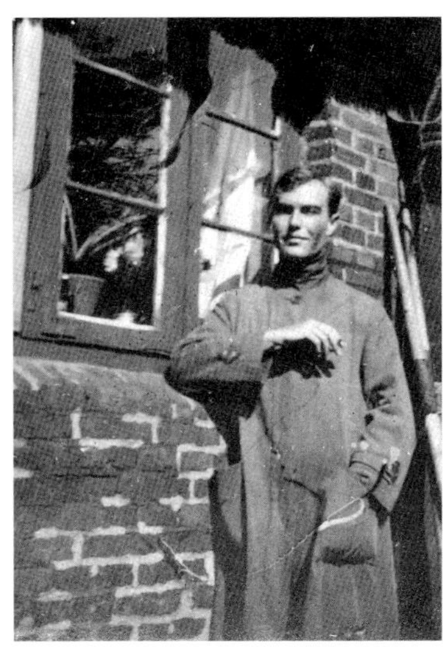

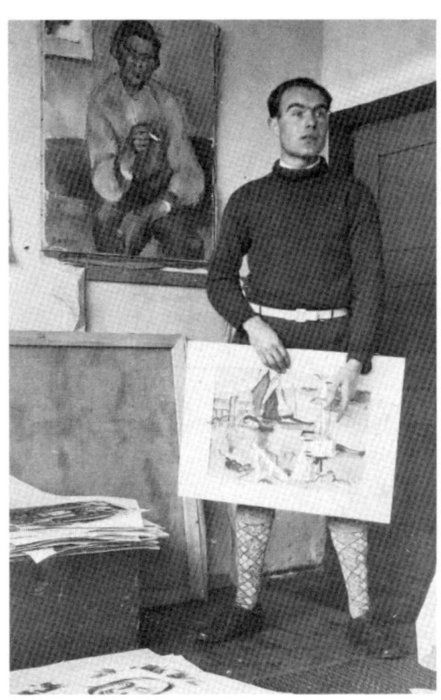

Endlich ein eigenes Haus: Bargheer im Malerkittel vor der „Neßkate“ in Finkenwerder, Foto, um 1925
Bargheer in seinem Atelier in der „Neßkate“, Foto von Herbert List, 1927

Wohlwill warf mit ihrer Schilderung ein Schlaglicht auf die künstlerische Welt, in der Bargheer sich damals bewegte: „Nach der Sitzung, zu der immer eine ausgedehnte Teepause gehörte, gingen Bargheer und ich dann gemeinsam zu einer Tanzvorstellung im Curiohaus von Mary Wigman.“

Die Gemeinsamkeit mit Gretchen Wohlwill nahm mit einer Einladung nach Finkenwerder ihren Lauf. „An einem Vormittag der darauf folgenden Woche setzte ich mich also auf den Finkenwerder Dampfer, und dort an der Station erwartete er mich in seinem dunkelgrauen mit Grün abgesetzten Sweater. So strahlend wie damals habe ich ihn immer vor Augen, obwohl später noch manche weniger glückliche Stunden folgen sollten.“ Sie hat ihn wenig später auch gemalt und ihm das Porträt geschenkt. Als beide ab 1928 regelmäßig zusammen reisten, zog Gretchen Wohlwill nach Finkenwerder. Nach ihrer Entlassung aus dem Schuldienst 1933 baute sie in Finkenwerder ein Wohnhaus und ergänzte Bargheers Atelier um einen weiteren

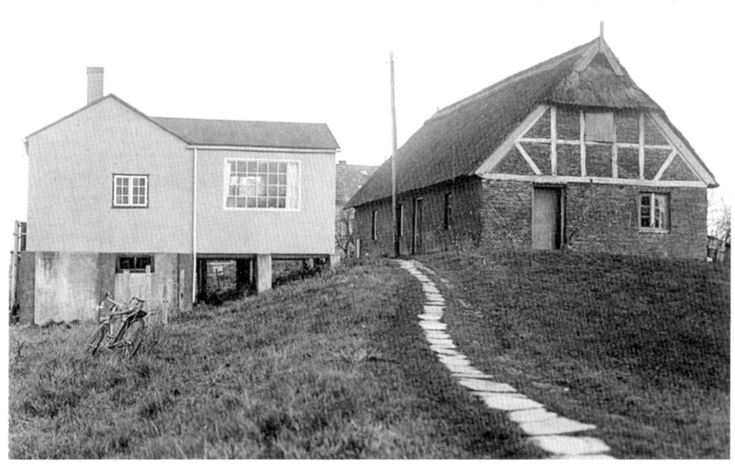

Neben der „Neßkate“:
hölzerne Atelierbauten für Bargheer
und Gretchen Wohlwill,
Foto, um 1933

eigenen Atelierbau, sodass beide dort bis zur Aufkündigung der Pacht um 1935 in benachbarten Ateliers arbeiten konnten. Gretchen Wohlwill war durchaus auch in den Kreis der Geschwister Bargheers integriert.

Die ältere Freundin hat sich, als sie Bargheer kennenlernte, über das künstlerische Stadium, in dem er sich befand, ein Bild gemacht und dies später festgehalten: „Was mir der damals 26-Jährige ... von seinen Arbeiten zeigte, war noch unentwickelt, aber immerhin schon persönlich ... Er hatte damals auch schon eine kleine Ausstellung im Salon Maria Kunde gehabt ... Es hat aber noch eine gewisse Zeit gedauert, bis er sich durchsetzen konnte." Trotz dieser Distanz der damals künstlerisch weiter Entwickelten, die Gretchen Wohlwill damit andeutete, wurden Freundschaft und Gemeinschaft unter den beiden intensiver. Wohlwills Erinnerungen stellen, soweit sie ihre Gemeinsamkeiten betreffen, auch für Bargheers Biografie eine aufschlussreiche Quelle dar. Darüber hinaus sind die erhaltenen Briefe, die Bar-

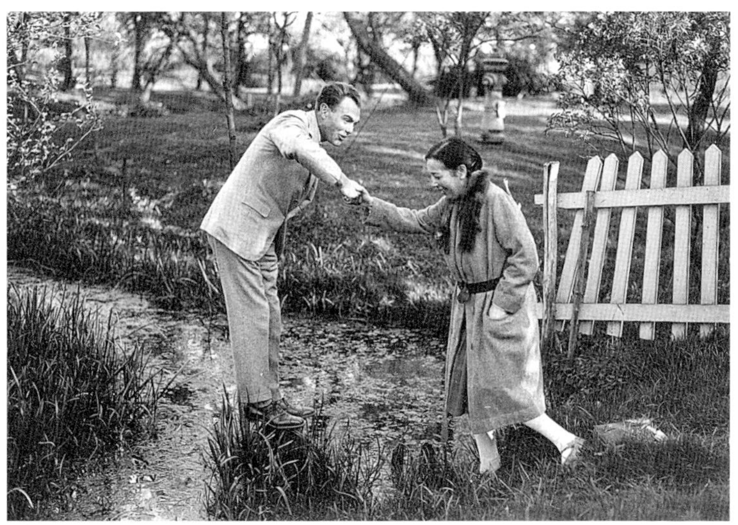

Gretchen Wohlwill besucht Bargheer in Finkenwerder,
Foto, um 1926

gheer seit 1929 an sie geschrieben hat und deren Folge erst mit ihrer Rückkehr aus der Emigration 1952 abriss, häufig die einzigen Belege für Bargheers Geschichte während der Zeit von 1929 bis 1947. Daneben gibt es nur noch einige unveröffentlichte Briefe im Besitz der Nachfahren seiner Geschwister.

Bargheer antwortete 1926 auf eine Anfrage des Kunsthallenkustos Viktor Dirksen nach seiner künstlerischen Herkunft, dass er „von Ostern 1924 bis Ostern 1925 Mitglied der Kunstschule von Gerda Koppel, Schüler von Friedrich Ahlers-Hestermann und Paul Kayser, im Anschluss daran ein Vierteljahr in Florenz" war. Ein Brief von Paul Kayser aus dem Jahr

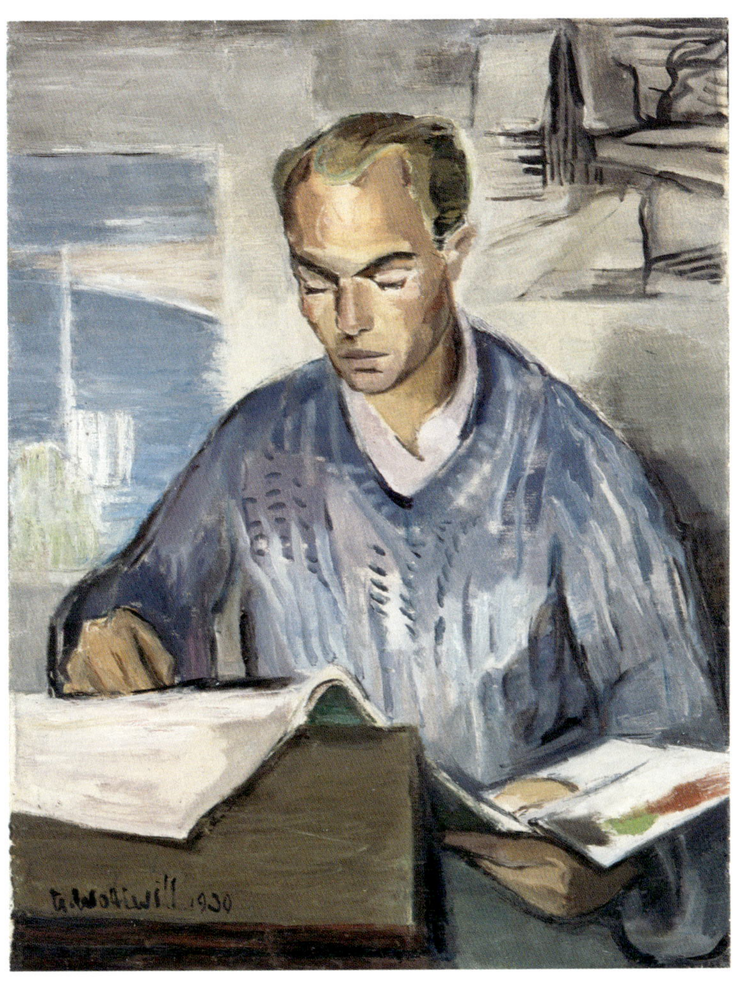

Gretchen Wohlwill, „Bildnis Eduard Bargheers“, Öl, 1930

1927 formulierte unumwunden dessen Hochschätzung für den jungen Maler: „Weil mir die Art, wie Sie arbeiten, … die einzig richtige scheint." „Vielleicht werden Sie dann eines Tages einer von denen, … die als Norddeutsche für das Viele, was landschaftlich und figürlich bei uns noch der künstlerischen Auslegung harrt, einen Ausdruck finden, der persönlich, aber auch allgemein menschlich ist, wie alle echte Kunst. Ich denke dabei nicht an Heimatkunst im philiströsen Sinne; aber etwa an Schaper, Nolde, van Gogh, die ihre Abstammung nicht verleugnen, auch wenn sie in der Schweiz oder in der Südsee oder in der Provence malen."[19]

Zur künstlerischen Verselbstständigung kamen in dieser Zeit die ersten Ausstellungsmöglichkeiten. Der Regisseur Ludwig Benninghoff, den Bargheer über Friedrich Siems kennengelernt hatte, war der Herausgeber der „Zeitschrift für künstlerische Kultur – Der Kreis". Er veröffentlichte im April 1927 einen Aufsatz des Schriftstellers Otto Alfred Palitzsch mit drei Abbildungen, der den Maler erstmals vorstellte. Er berichtete von einer Begegnung mit Bargheer in Paris und empfahl ihn mit den Worten: „Ich behaupte lediglich, dass er dem Generalmotiv Paris auf kluge, hellsichtige Art zu Leibe gerückt ist und dass seine … Bilder und Aquarelle dem heutigen Menschen mehr zu sagen vermögen als die dekorationsseligen Duseleien begabter Nachimpressionisten."

Das mag neugierig gemacht haben. Im Mai folgte die Ausstellung im „Graphischen Kabinett Kunde" in Hamburg. Neben der Einzelausstellung bei Maria Kunde wurde Bargheer 1927 bereits im Kunsthaus Schaller in Stuttgart ausgestellt. Die Privatgalerien begannen sich also wie die ersten privaten Förderer für den jungen Maler zu interessieren. Im selben Jahr nahm Bargheer an der alljährlichen Ausstellung der Hamburgischen Sezession teil, immerhin einer jurierten Ausstellung; er wurde von einer Jury von Künstlerkollegen akzeptiert, war bald selbst Mitglied der Jury und stellte bis 1933 regelmäßig dort aus. 1974 erinnerte er sich vor allem an die Kollegen und Freunde Karl Kluth, Fritz Kronenberg und Willem Grimm – „Das waren die Hauptsächlichsten" – sowie an Gretchen Wohlwill. Zur gleichen Zeit hatte er bereits die Aufmerksamkeit der Kunsthalle, wie die Anfrage von Kustos Dirksen von 1926 zeigt. Die

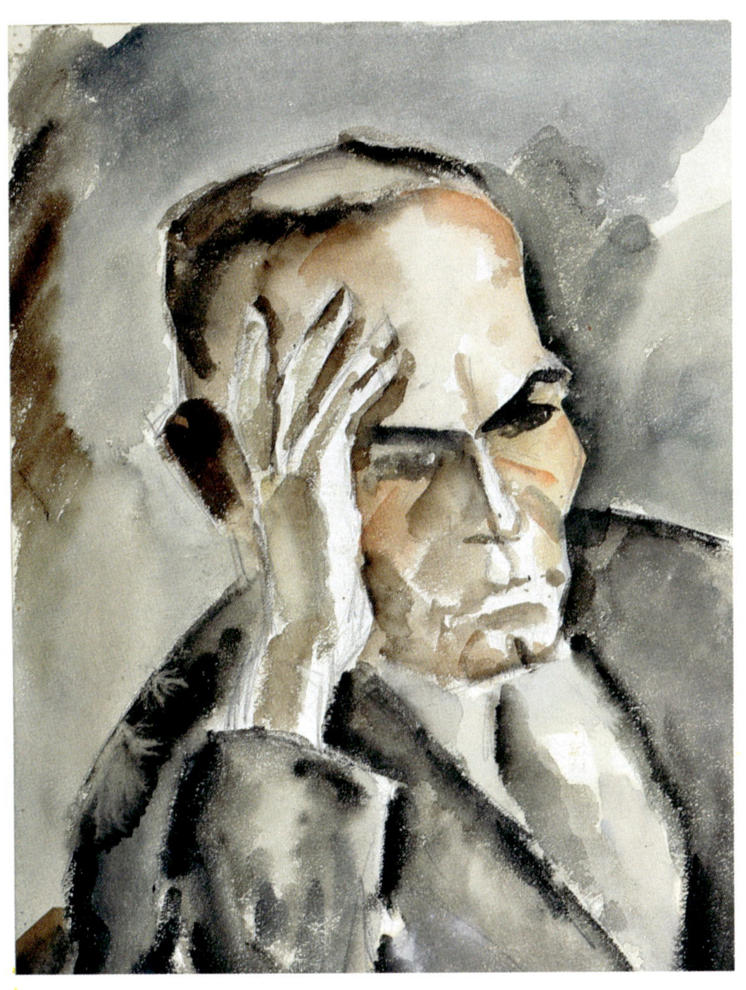

Eduard Bargheer, „Porträt des Bruders Ernst Bargheer“,
Aquarell, um 1928

Kunsthalle kaufte 1927 ein Bild, das Gustav Pauli später gegen das Selbstporträt von 1929 tauschte. Einer handschriftlichen Aufstellung Bargheers ist zu entnehmen, dass er außerdem im Dezember 1927 in der Finkenwerder Norderschule ausgestellt hat. 1928 war er zudem an einer Aquarellausstellung „Von Menzel bis Nolde“ bei der renommierten Hamburger Galerie Commeter beteiligt, für die Gustav Pauli einen Text über „Aquarelle“ beigesteuert hatte. Für all diese ersten Ausstellungen hat Bargheer kleinere Verkaufserfolge notiert.
Als 26-Jähriger war Eduard Bargheer zu einem Künstler geworden, der durch Förderer, Galerien, Künstlergemeinschaft und sogar die Kunsthalle ermutigt wurde und in bescheidenem Rahmen von Verkäufen sein Leben finanzieren konnte. In den folgenden Jahren festigte sich dieses künstlerische Ansehen. 1930 hatte er dann eine große Einzelausstellung in der Galerie Commeter. Der „Kreis“-Herausgeber Ludwig Benninghoff hielt die Eröffnungsrede. Dem war vorausgegangen, dass nach Palitzsch nun auch Gustav Pauli, immerhin der Kunsthallendirektor, für den „Kreis“ einen Aufsatz über Bargheer geschrieben hatte, der diesen unter dem Titel „Eduard Bargheer – ein Werdender“ als einen vielversprechenden Maler vorstellte, der „Landschaften, Bildnisstudien, Stillleben, in Öl und Aquarell breit und scheinbar rasch gemalt“ zeige: „Der Kampf um die Kunst, d. h. um sich selbst, hat für ihn erst begonnen, doch da er frisch ist, guten Mutes und der eigenen Kraft ohne Überheblichkeit vertraut, so glauben wir, dass er sein Versprechen halten werde.“ Das war zumindest in der gebildeten hamburgischen Öffentlichkeit der Durchbruch.
Es verwundert deshalb nicht, dass Bargheer auch zu den Künstlern gehörte, die von der Hamburgischen Kunstpflegekommission öffentliche Aufträge erhielten. Gustav Pauli und Oberbaudirektor Fritz Schumacher gaben dort den Ton an. Bereits 1928 hatte Schumacher Bargheer den Auftrag zu zwölf Wandbildern im Wasserturm seines Geburtsortes Finkenwerder erteilt. Im selben Jahr sollte er in der Cuxhavener Seewarte ein Wandbild ausführen. Beide sind leider zerstört. 1929 bis 1930 folgten aber die beiden Bilder in der Gorch-Fock-Halle. Bargheer wählte – wohl in Abstimmung mit dem Auftraggeber Schumacher – die Titel „Segeln der Fischer“ und „Segelsport“ und machte

damit die Arbeit der Fischer und seine eigenen Segelerlebnisse zu Themen des Handelns von Figurengruppen. In der malerischen Ausführung deutete sich die Zusammenziehung von Farbflächen an, die sich kurz darauf im sogenannten Sezessions-Stil noch verstärkte. Einen Steinwurf weit von Bargheers Geburtshaus hatte er diese Malereien vor den Augen der Finkenwerder Öffentlichkeit auszuführen. Alle Bilder wurden etwa zu der Zeit publik, in der auch die Commeter-Ausstellung und

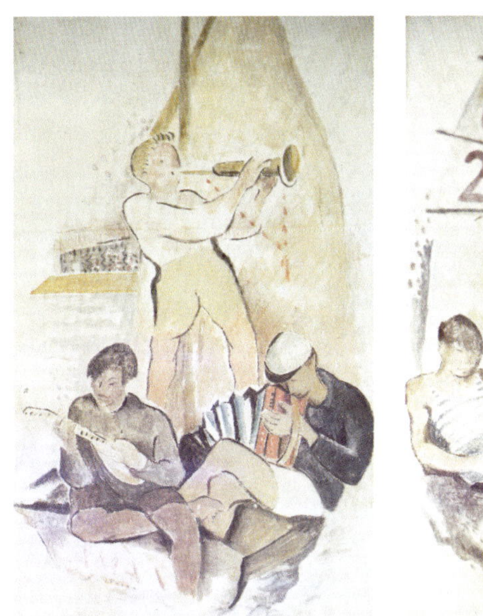

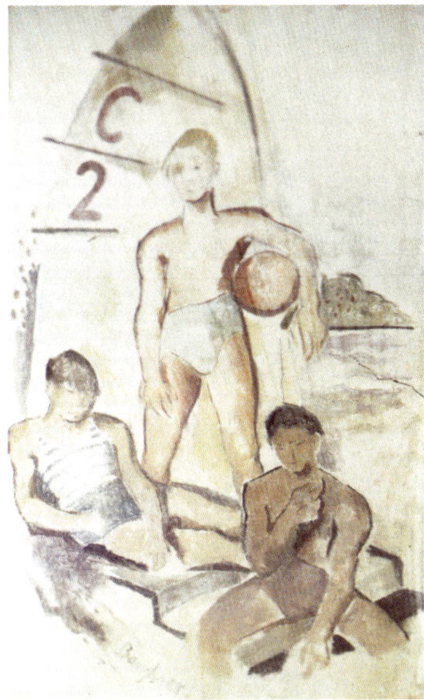

Ein früher Wandmalereiauftrag in der Gorch-Fock-Halle:
Eduard Bargheer, „Segeln der Fischer“ und „Segelsport“,
1929–1930, 1936 übermalt, 1978 restauriert,
Fotos von Claudia Franz, 2003

der „Kreis“-Aufsatz des Kunsthallendirektors auf Bargheer verwiesen. Die Ausführung eines 1933 für die Hammer Volksschule Pachthofsweg geplanten Wandbildes kam allerdings nicht mehr zustande.

In der Folge der Rezession in den 1920er Jahren waren in Hamburg halb staatliche, halb private Künstlerförderungsmaßnahmen entstanden, die Gustav Pauli unterstützte. Dazu gehörte

die Aufforderung an das hamburgische Bürgertum, Künstlern Atelierräume zur Verfügung zu stellen. 1931 erhielt Eduard Bargheer innerhalb dieses Programmes ein Atelier im Bankhaus Warburg an der Ferdinandstraße, also unweit der Schule Gerda Koppels und der Kunsthalle. Es ist zu vermuten, dass auch hier Gustav Pauli eine Empfehlung ausgesprochen hat.
Aus dieser „Einquartierung" entwickelte sich ein Kontakt zu Mitgliedern der Bankiersfamilie Warburg, der sich offenbar ausweitete. Der Kunsthistoriker Aby M. Warburg, mit Pauli befreundet, war zwar schon 1929 gestorben. Aber Bargheer verkehrte mit dessen Familie und begegnete hier Pauli, Panofsky und dessen Doktoranden Heydenreich und Brauer, die er später in Paris und Florenz näher kennenlernen sollte. Ein Aquarell Bargheers zeigt einen Abend bei Dora und Erwin Panofsky, dem später weltberühmten Kunsthistorikerpaar. Anwesend waren neben den Gastgebern unter anderem Fritz Warburg und der Museumsdirektor Max Sauerlandt.
In dieser Zeit, 1932, entstand das Bild „Die Ankunft der Harmonie". Es enthält verschlüsselte Botschaften, die eine ikonologische Interpretation herausfordern. Der Künstler, der sein Atelier im Bankhaus Warburg hatte und Gespräche mit Erwin Panofsky und seinen Schülern führte, hatte offenbar etwas von der sogenannten ikonologischen Methode verstanden, einer Methode der Bildinterpretation, für die die Namen Warburg und Panofsky bis heute stehen, und vertraute seinem Bild Botschaften an, die Panofsky und seine Schüler interpretieren sollten. „Harmonie" hieß der Raddampfer, mit dem er als Jugendlicher die Elbe überquert hatte. Der Bildtitel scheint zunächst nur dies anzusprechen. Auch die Fahne am Heck des Schiffes, die Schwarz-Weiß-Rot-Flagge des Kaiserreichs, spielt noch auf jene Zeit an. Aber er kündet wohl auch von der Ankunft einer Harmonie in der Entwicklung der Malerei des Künstlers. Die beiden Flaggen im Topp sollen eine weitere Botschaft hinzufügen: Verde-Bianco-Rosso, die italienische Fahne, vielleicht aus kompositorischen Gründen in falscher Farbreihenfolge, hängt zuoberst, darunter die französische Trikolore. Der Künstler will darauf hinweisen, dass sein Schiff auf dem Weg nach Italien und Frankreich ist. Deutlich wird auch, dass Italien das wichtigere Ziel für ihn war. Vielleicht wusste er zu diesem Zeitpunkt

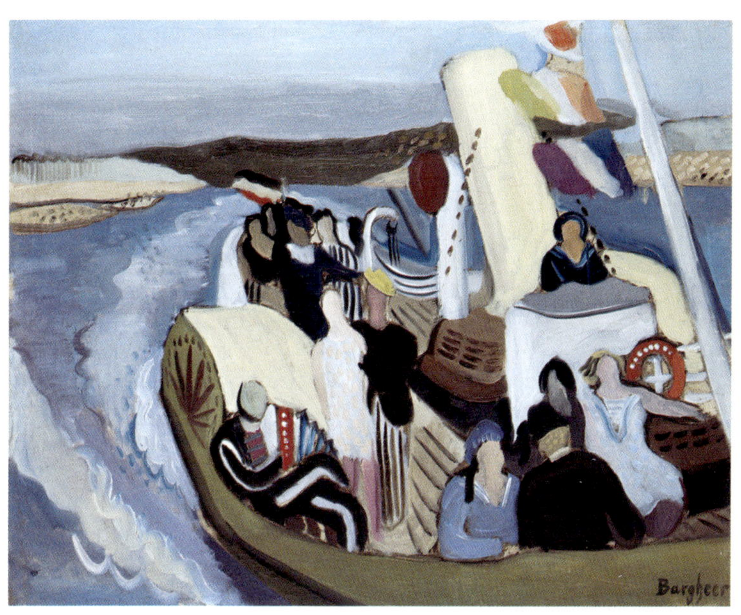

Eduard Bargheer, „Die Ankunft der Harmonie“,
Öl, 1932

schon von seinem bevorstehenden Frankreich-Stipendium, dann wäre der Mann mit dem Akkordeon an der Steuerbordreling ein zusätzlicher Hinweis. Zugleich kann das Bild verstanden werden als eine Ankündigung seines späteren Weges nach Italien.

Das Ansehen Bargheers führte 1932 dazu, dass ihm ein Stipendium der Stadt für einen mehrmonatigen Parisaufenthalt zugesprochen wurde, den er Ende 1932 antreten konnte. Auch hier muss Gustav Pauli als Fürsprecher gewirkt haben.

Eine noch prominentere Atelieradresse in Hamburg sollte folgen. 1933 vermittelten Dora und Erwin Panofsky dem jungen Maler den Umzug aus dem Atelier im Bankhaus an der Ferdinandstraße in ein Atelier am Jungfernstieg, damals, vor dem Bau des gegenüber stehenden Gebäudes, mit Blick auf die Binnenalster.

In diese Zeit, in der Bargheer trotz des Beginns der NS-Zeit anhaltende künstlerische und auch wirtschaftliche Erfolge hatte, fielen die Hafenaufrüstungsarbeiten vor Finkenwerder. Die Deutsche Werft dehnte sich aus, die Flugzeugfabrik, der Flugplatz und die Wasserflugzeuglandebahn auf der Elbe vor Finkenwerder entstanden. Das gepachtete Grundstück mit Bargheers Neßkate und den Atelierbauten von Bargheer und Gretchen Wohlwill wurde gekündigt. Bargheer verlor damit nicht nur sein altes Finkenwerder Atelier, sondern mit der Neßkate auch sein Finkenwerder Wohnhaus.

Seine Freundin schrieb dazu: „Es waren weitgehende Veränderungen auf dem Neß entstanden; sowohl Eduard wie mir waren unsere Grundstücke, die wir vom Hamburger Staat in Pacht hatten, gekündigt. Eduard hatte schon vor mir das Feld räumen müssen und sich ein entzückendes altes Strohdachhaus in Blankenese an der Rutsch gekauft.“[20] Die historische Kate in Finkenwerder war wohl das Vorbild für das neue Wohnhaus. Aber Bargheer hatte damit die Seite gewechselt vom Fischerdorf in den Elbvorort. Die alte zweigeteilte Klöndör aus der Neßkate nahm er mit. Die Einrichtung soll er über die Elbe gerudert haben, jedenfalls die beiden Teile eines Barockschrankes, der noch heute an der Rutsch steht. Als 1939 auch seine Freundin Finkenwerder verlassen musste, schrieb er ihr am 31. Mai: „... Wie schön, dass Du bei strahlendem Wetter weggingst; auch ich

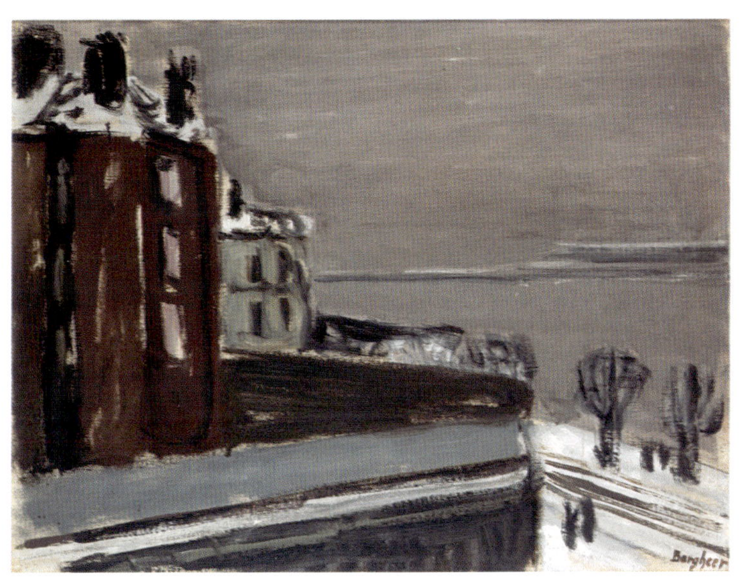

Eduard Bargheer,
„Blick aus dem Atelier am Jungfernstieg auf die Binnenalster“,
Öl, 1935

tat das damals am Umzugstag und weiß noch immer ganz genau, wie der Neß aussah, als ich mich zuletzt umsah."[21]

Nach der Emigration der Förderer aus jüdischen Familien fand Bargheer jedoch auch andere, die an der Person und dem Werk des Künstlers interessiert waren. Noch auf den ersten Höhen seines künstlerischen Erfolges lernte er im Jahr 1934 die wohlhabende Familie Tietgens kennen, die ihn künftig über viele Jahre der Schwierigkeiten in der NS-Zeit finanziell unterstützt hat. In Gretchen Wohlwills Erinnerungen heißt es dazu mit einer gewissen Bitterkeit: „Nachdem Eduard die Familie T. kennengelernt hatte, zog er es öfter vor, diese auf seinen (Segel-) Fahrten mitzunehmen. Ich hätte es mir nicht so zu Herzen nehmen sollen, da diese ja im Alter so viel besser zu ihm passten. Später habe ich mich selbst mit den T.s befreundet, und in dem letzten Sommer in Deutschland habe ich beglückend in dem Gartenpavillon ihres Grundstücks an der Östmannstreppe [recte: Oestmanns Treppe] in Blankenese verlebt und dort viel und auch nicht schlecht gearbeitet."[22] Die Familie T., das waren die verwitwete Mutter Valentine Tietgens, älter als Bargheer, und ihre drei Söhne Rolf, Ditmar und Gert. Bargheer hat die Förderung und Freundschaft der Familie genossen und sie in mehreren Aquarellen und Bildern mit dem Titel „Familie T." dargestellt. Sie muss ihn an das eigene Familienleben erinnert haben, nachdem sein Vater gestorben war.

Der Maler Volker Detlef Heydorn schilderte seine erste Begegnung mit Bargheer bei dieser Familie und den Eindruck, den die damals entstandenen großflächig farbigen Bilder auf ihn machten: „Bargheer war im Sommer 1934 in den Kreis der Familie getreten ... Ich erlebte, wie die faszinierende Persönlichkeit des Malers fast ein Jahrzehnt lang das geistig-künstlerische Sein dieser Gemeinschaft prägte, sah aber auch, dass Bargheer selber dabei starke menschliche Anregungen erfuhr, die sich in wichtigen Bildern niederschlugen." Der Sohn Rolf hatte den mit ihm befreundeten Heydorn eingeladen. „‚Hier ist unsere Galerie', sagte er, und in der Tat: alle Möbel waren entfernt, und an den Wänden hingen große, stark farbige Bilder von einer ganz neuen Art. Sie stammten alle von Eduard Bargheer ... Form und Farbe schienen mir plakathaft vereinfacht zu sein, aber gerade dadurch an suggestiver Ausdruckskraft zu gewinnen. Ich war fasziniert."

Bargheer hatte nicht nur menschliche Kontakte zu den Tietgens gewonnen. Über alle bisherigen Verkäufe und Förderungen hinaus hatte er mit der Familie ein bis dahin nicht gekanntes unbedingtes Mäzenatentum gefunden. 1937 zog die Familie aus ihrer alten Villa in ein großes Gebäude an der Oestmanns Treppe in Blankenese; das Fischerhaus Bargheers lag nicht weit davon. Bei der Einrichtung des Hauses wurde Bargheer hinzugezogen, Lampen und weitere Gegenstände wurden nach seinen

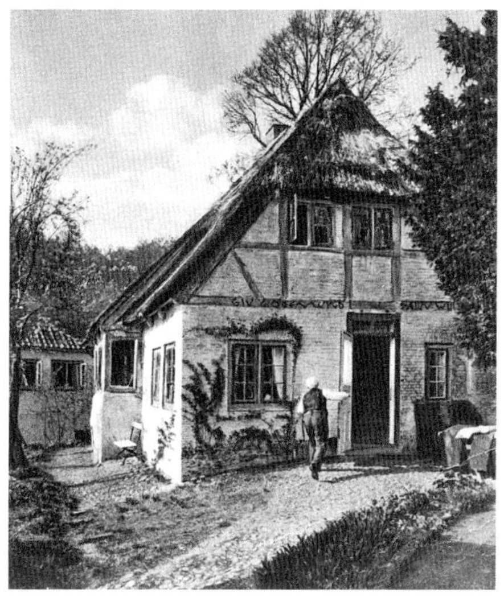

Das reetgedeckte Haus in Hamburg-Blankenese,
Rutsch 2, mit dem Vorbesitzer,
Postkarte, um 1935

Entwürfen angefertigt. Die „Bargheergalerie" weitete sich auf das ganze Haus aus, „kein Zimmer ohne echte Bargheers". „Wohl nur in Ausnahmefällen hat ein Künstler in so jungen Jahren eine vergleichbar großartige Präsentation seiner Werke in einer Privatsammlung gefunden", notierte Heydorn 1938.[23] 1935 luden die Tietgens Bargheer zum Ski-Urlaub in die Schweiz ein. Dort lernte er Paul Klee kennen. 1936 reiste er mit Frau Tietgens durch Italien. 1939 war sie es, die ihn auf der Umzugsfahrt nach Ischia begleitete. Sie hat ihn in der Zeit des Aufenthaltes in Italien weiterhin finanziell unterstützt.

Angesichts dieser anfänglichen künstlerischen Erfolge des jungen Bargheer bis weit in die NS-Zeit hinein setzen die Erinnerungen des 73-Jährigen von 1974 in Erstaunen: „Es war doch ursprünglich so, dass ich weder Erfolg in einer Ausstellung, noch Erfolg in der Sezession hatte, noch Erfolge überhaupt ... Ursprünglich hatte ich überhaupt keine Erfolge."[24] Dieser Ausspruch zeigt vermutlich, wie verdunkelnd sich die nun folgenden Erfahrungen der NS-Zeit über seine Erinnerungen gelegt haben.

Frühe Reisen

Die Reise am Ende einer Künstlerausbildung hatte zu Bargheers Zeiten eine kaum gebrochene Tradition; die seit Dürer verbreitete Künstlerreise nach Italien war immer noch üblich. Dies ist Bargheer schon während der Lehrerausbildung, im Kontakt mit Künstlern und bei den kunsthistorischen Vorträgen vermittelt worden. Noch wirkte die Malerei der Künstler nach, deren Italieneinfluss ihnen den Ehrentitel „Deutschrömer" eingebracht hatte. Schon Arnold Böcklin reiste allerdings zuerst nach Paris, bevor er nach Rom ging, eine Italienerin heiratete, dann ein Leben lang Aufenthalte in Italien aneinanderreihte und schließlich in Fiesole starb. Böcklin war einer derjenigen, die Ischia als Ort künstlerischer Inspiration propagiert haben. Aber auch Anselm Feuerbach war 1851–1852 zuerst in Paris gewesen, bevor er 1855 nach Venedig aufbrach, 1856 nach Florenz reiste und sich dann 1856–1873 in Rom aufhielt, um danach bis zu seinem Tode in Venedig zu leben. 1906, auf der Jahrhundertausstellung in Berlin, auf der Feuerbach mit 70 Gemälden vertreten war, wurde er als wichtigster deutscher Künstler des 19. Jahrhunderts bewertet. Ähnliche Aufmerksamkeit erreichte Hans von Marées auf der Ausstellung. Nachdem er 1864 nach Italien gegangen war, lebte er mit Unterbrechungen fast ausschließlich dort und ist wie Böcklin und Feuerbach auch in Italien gestorben.

Allerdings waren die konkreten Anlässe, Motive und Ziele, die im Laufe der Geschichte der Künstlerreisen nach Italien eine

Rolle gespielt hatten, kaum noch ausgeprägt: Rompilgerfahrt, Antikenstudium, Einübung von Proportionen und Perspektive, Begegnung mit Künstlern und Werken der Renaissance, später des Barock und Klassizismus, Erleben der italienischen Landschaft, Beobachtung des italienischen Volkslebens, aber auch Erfolg bei Italien bereisenden Auftraggebern und auf dem italienischen Kunstmarkt. Es ging nun allgemeiner um ein kunsthistorisches Aufarbeiten und um ein umfassenderes „Italienerlebnis". Seit Langem war allerdings als Reiseziel das künstlerisch immer wichtiger werdende Frankreich mit Paris als Zentrum neben Italien getreten. Spätestens seit den Impressionisten war Paris das wichtigere Ziel geworden.

Bargheer wusste von den Italienaufenthalten der Kunsthistoriker, die er kannte. Aby Warburg hatte mit seiner Frau, der Bildhauerin Marie Hertz, zehn Jahre lang bis 1902 in Florenz gelebt. Ihm wurde auch bekannt, dass es in Florenz und Rom deutsche kunsthistorische Institute, aber auch Künstlerhäuser wie die Villa Romana in Florenz und die Villa Massimo in Rom gab.

Typischen Vertretern der Künstlerreise nach Italien ist Bargheer später mehrfach begegnet, nämlich Hans Purrmann und Werner Gilles. Ihre unabhängig voneinander unternommenen Italienreisen bestätigen, wie geläufig solche Künstlerfahrten waren, aber auch, dass verfemte Künstler in der NS-Zeit eine Möglichkeit des Ausweichens nach Italien fanden.

Vor allem in der Reisekultur der bürgerlichen Malschülerinnen erlebte Bargheer Vorbilder. Die neue Generation von jungen Malerinnen, der noch nicht gestattet war, Akademien zu besuchen, und die sich privaten Malunterricht suchen musste und leisten konnte, zog es neben Italien in erster Linie nach Paris. Ihre berühmteste Vertreterin, Paula Modersohn-Becker, reiste offenbar gegen den Willen ihres Mannes mehrfach nach Paris. Auch die Gründerin der Hamburger „Malschule für Damen" und ihre Nachfolgerin waren in Paris gewesen. Ihre Schülerinnen reisten an die gleichen Ziele: Alma del Banco war 1911 und 1922 in Italien, dazwischen in Paris, und fuhr auch später nach Frankreich und Italien. Anita Rée reiste 1912 nach Paris und arbeitete im Atelier von Fernand Léger, 1922 reiste sie nach Italien und ließ sich bis 1925 in Positano nieder. Gretchen Wohlwill war schon 1904–1905 in Paris an einer Privatakademie, erneut 1909–1910 im Atelier von Henri Matisse, wo sie Ahlers-Hestermann und Hans Purrmann kennenlernte. 1922 war sie mit Alma del Banco in Italien. Dann ging sie noch einmal nach Frankreich, bevor sie Bargheer kennenlernte und mit ihm weitere Reisen unternahm.

Bei den Mitgliedern des Hamburgischen Künstlerclubs hatte mit der Orientierung auf die norddeutsche Landschaft eine Bewegung gegen Reisen ins Ausland eingesetzt. Sie konzentrierten sich auf die heimische Natur. Lichtwark verfolgte in seinen späteren Jahren sogar eine Politik des Fernhaltens der Künstler von Einflüssen aus Frankreich. Hatten sich die Künstler unter seinem Einfluss noch für die Impressionisten geöffnet, so galten für ihn schon Cézanne und Matisse als „die großen Verführer". Bargheers Vorbild kann Friedrich Ahlers-Hestermann gewesen sein. Dessen frühe Reisen sind in seiner Autobiografie „Pause vor dem dritten Akt" gut dokumentiert. Er schilderte dort seine Erlebnisse, „Erste Reise nach Paris", „Winter 1907/1908 in Paris", „Bei Henri Matisse", „Schwarzwaldsanatorium, Ajaccio, Italien", „Paris – Petersburg – Hamburg". Ans Ende stellte er „Krieg, Heirat, Tod der Gefährten: Finis Juventutis". Reisen betrachtete er als Teil seiner Entwicklung. Ähnliches hat er offenbar Bargheer vermittelt.

Ahlers-Hestermann war in einer anderen Situation als Bargheer. Seine Familie hatte seine Künstlerschaft früh akzeptiert, und er erhielt schon in jugendlichem Alter ein Atelier in einer kleinen Villa an der Blumenau in Hamburger Stadtteil Eilbek. Auch seine Reisen wurden von der Familie finanziert. Selbst als er sich ein Atelier in Paris einrichten wollte, machte die Familie ihm dies möglich. Er hatte so über Jahre ein Atelier in Hamburg und eines in Paris. Er entwickelte dieses Leben an zwei Orten zu einer solchen Selbstverständlichkeit, dass er nach seiner Verbindung mit der russischen Malerin Alexandra Povórina schreiben konnte: „Wir hatten uns als eine Lösung der Zukunftsfragen ausgedacht, dass wir die eine Hälfte des Jahres hier in Paris, die andere in Hamburg verbringen würden."[25] Ohne Zweifel stellten für ihn die Parisaufenthalte und die dortige künstlerische Arbeit das für seine Entwicklung Wichtige dar. Er hatte die erste Parisreise gegen die Intention Lichtwarks, des Förderers der hamburgischen Künstlerschaft, unternommen. An ihm vorbei hatte er in Berlin Julius Meier-Graefe aufgesucht und von diesem, dem großen Propagandisten der Impressionisten, eine ausdrückliche Paris-Empfehlung erhalten.

Es ist zu vermuten, dass Ahlers-Hestermann seinem Schüler Bargheer die Reiselust weitergegeben hat. Vielleicht hat er ihm auch den Traum vermittelt, eine Hälfte des Jahres in Hamburg, die zweite anderswo zu verbringen, den Bargheer später auf seine Weise verwirklicht hat. Auf keinen Fall aber hat Ahlers-Hestermann eine Italien-Empfehlung ausgesprochen, denn der Text über seine Italienreise liest sich wie ein frustrierter Bildungserlebnisbericht. Er hat sie offenbar als Pflicht empfunden, deren Lästigkeit er nicht verbergen konnte.

Andere Einflüsse, darunter seine Kontakte zu den Kunsthistorikern, müssen angeregt haben, dass Eduard Bargheer seinem eigenen Italienerlebnis eine solche Bedeutung beigemessen hat. In hohem Alter hat er von seiner „Reise ins Licht“ im Jahr 1925 nach Italien gesprochen und betont, dass diese Reise die wichtigste für sein Leben und sein Werk gewesen sei. Die späteren Reisen, also auch die darauf folgenden nach Paris, seien weniger bedeutungsvoll gewesen. Gerade weil das Thema „Licht“ erst danach von Wichtigkeit für Bargheer und für sein Werk geworden ist, beeindruckt die Bedeutung, die er selbst dieser Reihe gegeben hat. Mit den „späteren Reisen“ hat Bargheer alle Fahrten von Hamburg aus gemeint, bis er schließlich vor den Nazis nach Italien auswich. Ihr Charakter ist uns in den Texten von Gretchen Wohlwill überliefert. Sie schildern zugleich, wie für beide das Ende der freizügigen Reisemöglichkeiten mit der NS-Herrschaft nahte. Erst danach ist den Reisen Bargheers anzumerken, dass sie immer zielgerichteter nach Italien gingen.

Die erste Fahrt 1925 war die klassische Künstlerreise nach Italien. Sie brachte dem für neue Eindrücke offenen jungen Maler nicht nur eine Begegnung mit der Kunst- und Künstlergeschichte. Dass er sie zusammen mit Friedrich Siems, dem Schauspieler, unternahm, mag ihn an einer vorzeitigen Festlegung auf die Wahrnehmung des Bildkünstlers gehindert und für eine breitere Sicht Italiens geöffnet haben. Damit war die Grundlage geschaffen für seine spätere Integration in das Leben in Florenz, La Spezia und auf Ischia.

Die Begleitung von Siems hatte wohl auch zur Folge, dass beide sich – wie die Mehrzahl der Deutschen – von der Lektüre der „Italienischen Reise“ Goethes haben leiten lassen. Bargheer und Siems werden diese als den Roman einer Bildungsreise durch Italien aufgenommen haben. Sie werden sich wie viele andere schwärmerisch an Goethes Bildungserlebnis orientiert haben. Bargheer wird sich umso mehr damit identifiziert haben, als Goethe sich für einen reisenden Maler ausgegeben hatte.

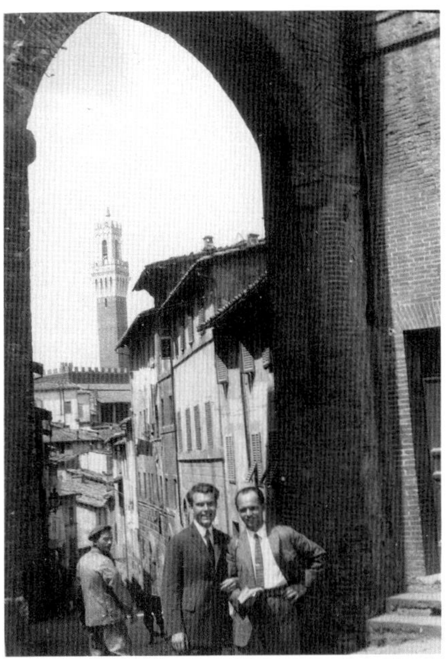

Aus dem Fotoalbum der ersten Italienreise, 1925:
Bargheer und Friedrich Siems in Florenz,
im Hintergrund der Turm des Palazzo Vecchio

Je nach Heimatland nutzten die Europäer verschiedene Varianten der Anreise für die sogenannte Grand Tour durch Italien: zu Schiff über Triest nach Venedig, über den Brenner, über die Schweiz und Piemont, auch zu Schiff nach Genua. Aber die Hauptziele einer Grand Tour standen fest. Die Reise nahm vom 16. bis zum 18. Jahrhundert selten weniger als die zwei Jahre in Anspruch, die auch Goethe benötigte. Dieser kam über den

Brenner und nahm eine Route, die neben zahlreichen Zwischenstationen den Besuch des Gardasees und der Städte Verona, Vicenza, Padua, Venedig, Ferrara, Bologna, Florenz und Perugia, einen ersten längeren Romaufenthalt, eine Reise nach Neapel, eine Schifffahrt mit Rundreise in Sizilien und zurück nach Neapel, dann einen zweiten längeren Romaufenthalt und schließlich die Rückreise ermöglichte. Das war schon vorher Standard und sollte auch nach dem Goethe'schen Vorbild so bleiben, wiewohl die Reisezeiten mit den Eisenbahnen und Schiffslinien seit dem 19. Jahrhundert immer kürzer wurden. Auf jeden Fall wirkt es so, als hätten Bargheer und Siems sich eben dieses Programm vorgenommen.
Die Daten im Reisepass Bargheers lassen schnell den zeitlichen Rahmen erkennen. Nachdem er sich in den Konsulaten Einreisevisa geholt hatte, fuhr Bargheer am 26. April 1925 mit der Bahn nach Basel, reiste am 27. in Chiasso nach Italien ein und war nach drei Monaten, am 15. Juli, wieder in Hamburg.
Die Atmosphäre, in der die Reise stattfand, lässt sich einem charakteristischen Fotoalbum aus dunklem Karton mit Kordel entnehmen, das im Bargheer-Nachlass erhalten ist. Der 24-jährige Bargheer hat in dieses Album, wie für keine der nächsten Reisen, sorgfältig Fotos eingeklebt und sie in Italienisch beschriftet. Sie zeigen die beiden Künstler oder Bargheer allein, meist in dem geschenkten Anzug, vor der Kulisse der besuchten Orte in ganz Italien. Die Fotos sind mit einer einfachen Kamera geknipst, nicht zu vergleichen mit den Fotos, die Herbert List machte, der schon zu ihrem Freundeskreis gehörte.
Von Chiasso fuhren sie nach Verona, dann an den Gardasee. Es folgte – nach Bargheers Beschriftung – „Venezia" mit sieben Fotos, die dem jahrhundertealten Touristeninteresse am „Canal Grande", an den „Palazzi" und den „Gondole" entsprechen. 22 Fotos von Florenz und zwei von Fiesole präsentieren nicht nur Touristenansichten, sondern auch ein Porträt ihrer Wirtin Signora Mozzana. Vier Fotos halten Sieneser Ansichten fest. Neun Fotos stammen von einem längeren Aufenthalt in Rom. Fünf Fotos zeigen Neapel, sechs Pompeji, zwei dazu den Golf von Neapel und drei die Schiffsüberfahrt nach Sizilien. Dort haben die beiden Messina, Catania und Palermo besucht. Es folgen fünf Fotos von der Rückfahrt zu Schiff, vermutlich bis

Genua. Während der Gesamtzeit von einem Vierteljahr hielten sich die beiden vor allem in Florenz und Rom länger auf. Hinweise auf eine künstlerische Betätigung während dieser Reise gibt es auf den Fotos nicht. Es scheint, dass für Bargheer das Erlebnis des neu zu entdeckenden Landes, der Städte, ihrer Kirchen und Bauwerke sowie ihrer Museen im Vordergrund gestanden hat. Aber es existieren auch einige Aquarelle aus dieser Zeit mit italienischen Motiven.

Die Reise von 1925 blieb Bargheer lebenslang im Bewusstsein. Dabei trat der Florenz-Aufenthalt in den Vordergrund, wie der Künstler 1926 in einem Brief an Viktor Dirksen, den Kustos der Kunsthalle, hervorhob. 1930 dankte er Gustav Pauli dafür, dass dieser ihn auf den Renaissance-Maler Piero della Francesca aufmerksam gemacht habe. In einem späteren biografischen Manuskript resümierte Bargheer: „In Florenz studierte ich insbesondere die Toskaner des 13. und 14. Jahrhunderts.“[26] 1974 fiel der Begriff „Reise ins Licht“: „Damals hatte es mir das Licht angetan. Und dasselbe Licht habe ich nicht in Paris gefunden, sondern ich habe es nur in Italien erfahren.“ „Die anderen Reisen waren zum Teil sehr interessante Reisen, aber Italien war immer mein Land.“[27]

Die zweite Reise ging von März bis Juli 1926 über Brüssel und Chartres nach Paris. Nach dem Italienerlebnis wollte Bargheer an den Ort, an den es seine Lehrer und seine Mitstudenten zog. 1954 notierte er: „In Paris vor allem Cézanne und Impressionisten, daneben der Louvre (Le Nain, Chardin, Ingres).“[28] 1974 erwähnte er zudem die Galerie Rosenberg, wo er Picasso gesehen habe. Es habe ihn dabei besonders der Blick aus dem Fenster bei Picasso beeindruckt. Bei der ersten Parisreise sind aber auch schon zwei Ölgemälde entstanden. Von der zweiten Reise, Dezember 1926 bis Februar 1927, hat er sogar mindestens acht Ölbilder mitgebracht, dazu mehrere Aquarelle. Diese Bilder malte er in seiner Unterkunft und zum Teil mit Blick aus dem Fenster. Deutlich wird, dass er den zweiten Aufenthalt zu intensiverer künstlerischer Arbeit genutzt hat. Aber er machte von Paris aus zu Silvester auch einen Ausflug auf die britische Kanalinsel Guernsey.

Seit 1928 reiste Bargheer dann mit Gretchen Wohlwill: „Bereits im Januar 1928 planten wir eine gemeinsame Reise während

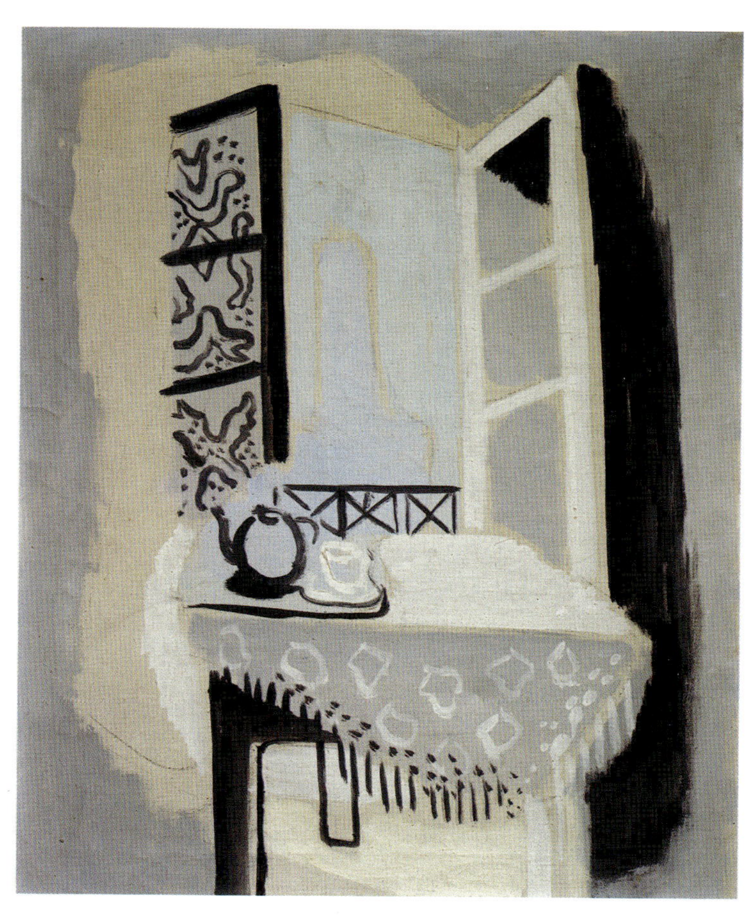

Paris-Stipendium 1932/1933:
Eduard Bargheer, „Blick aus dem Fenster“,
Öl, 1933

meiner Osterferien ... und einigten uns schließlich auf Belgien und Holland ...", schilderte sie die Vorbereitungen und berichtete dann: „Mit der ‚Usambara' I. Klasse fuhren wir glückstrahlend los ... Nach kurzem Aufenthalt in Belgien (Antwerpen, Brüssel, Brügge, Ostende) verbrachten wir die längste Zeit in Holland ..." Es ging um künstlerische Arbeit und um Museumsbesuche: „Einerseits der Nordseekanal mit seiner mächtigen Schleuse, andererseits Strand, Dünen und Leuchtturm und jenseits des Kanals eine Fabrik mit unheimlich geformten Kästen und Röhren bildeten unsere Motive. Oft fuhren wir nach Amsterdam und Den Haag, wohin uns wohl die herrlichen Museen lockten, wo wir aber auch gelegentlich in Luxusrestaurants die holländische Küche genossen haben."[29]
Die künstlerische Ausbeute von März bis April war beträchtlich. Mindestens sieben Ölbilder hat Bargheer von der Reise zurückgebracht. Unter den Aquarellen kündet „Der Dampfer Usambara" von der Hinreise zu Schiff.
1929 unternahm Bargheer allein seine zweite Italienfahrt, die ihn über Florenz bis nach Palermo führte. Ein „Permesso di libero Ingresso" für die Florentiner Museen von Mai bis Juni 1929 zeugt davon ebenso wie ein späteres Schreiben von Signora Mozzana, bei der er in Florenz wieder gewohnt hatte.[30] Zwei Ölgemälde hat er von dieser Tour mitgebracht.
Im Juli 1929 fuhren Wohlwill und Bargheer nach England, wieder zu Schiff. Sie schrieb: „Die Englandreise war etwas verunglückt. Nach etwa acht Tagen London ließ es uns keine Ruhe mehr, wir fuhren nach Ilfracombe am Bristol Channel, das uns wenig zusagte ... und mit der ersten Möglichkeit fuhren wir wieder heim mit der ‚Hamburg' von der Hapag." Von der Reise sind zwei Ölgemälde erhalten.
Bis Ostern 1931 machten sie ihre längste gemeinsame Reise mit eigenwilligem Kurs. Bargheer war im November 1930 vorausgefahren und hatte sich in Arezzo mit Piero della Francesca beschäftigt. Wohlwill berichtete, Bargheer habe sie im weihnachtlichen Florenz erwartet, wo sie eine Woche blieben. Danach fuhren sie nach Arezzo, um Piero della Francescas Fresken zu sehen, nach Livorno und Lerici am Golf von La Spezia. Ein Brief an Pauli bestätigte, dass Bargheer eine tiefe Neigung zur historischen Kunst entwickelt haben muss. In Lerici wohn-

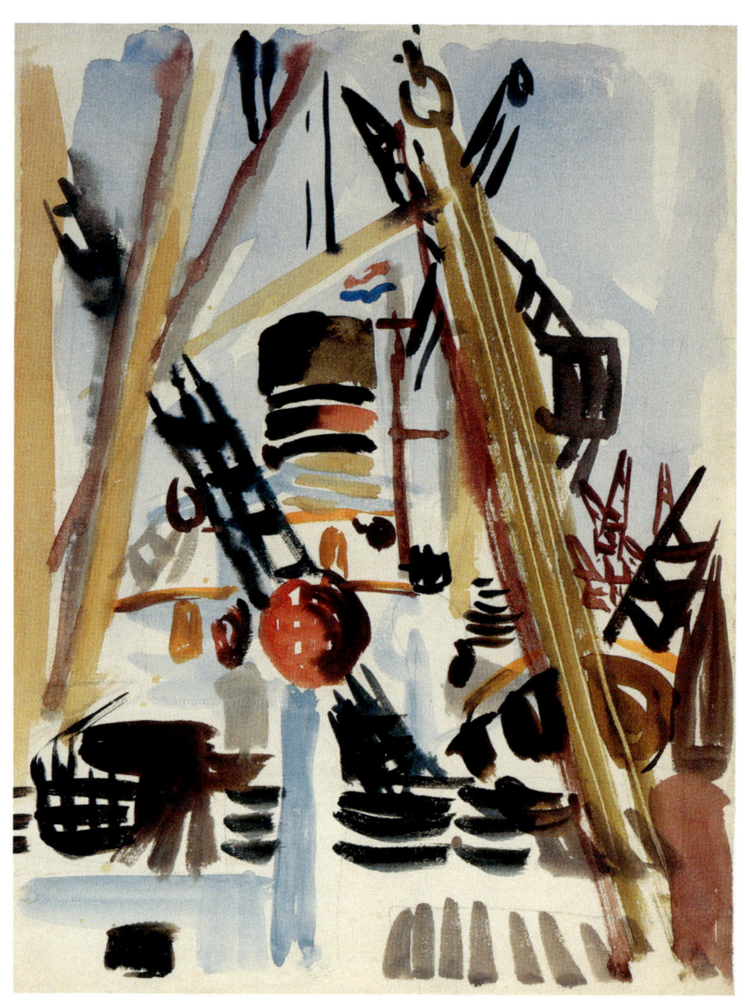

Fahrt mit Gretchen Wohlwill nach Belgien und Holland:
Eduard Bargheer, „Der Dampfer Usambara“,
Aquarell, 1928

ten beide im Hotel delle Palme. „Um ungestört arbeiten zu können", mieteten sie sich einen Atelierraum dazu, „wohin wir unsere Modelle bestellen konnten". Dort erhielt Bargheer von Gustav Pauli ein Schreiben, in dem dieser den Erwerb des Selbstporträts von 1929 durch die Kunsthalle mitteilte. Bargheer bedankte sich für den Ankauf, „mit welchem Sie mir eine sorgenfreie Arbeit für die Wintermonate schenken".[31] Beide gingen in diesem Briefwechsel auf die historische und moderne Malerei ein, aber auch auf Persönliches. In der Folge entfaltete sich zwischen Bargheer und dem Ehepaar Pauli ein besonders freundschaftliches Verhältnis.

Für das Interesse beider an Piero della Francesca ist interessant, dass Gustav Pauli wenige Jahre vorher, 1923–1924, den Auftrag zur Ausmalung des Foyers zum neuen Vortragssaal der Kunsthalle vergeben hatte und auch darin seine Vorliebe für Piero della Francesca manifestieren ließ. Dorothea Maetzel-Johannsen, die diese Ausmalung ausführte, Gründungsmitglied der Hamburgischen Sezession, der Bargheer inzwischen beigetreten war, hatte in zwei von vier Wandbildern den italienischen und den exotischen Einfluss auf die Malerei ausgedrückt; auf dem Bild zum italienischen Einfluss erschienen nicht nur drei Bände der Künstlerviten Giorgio Vasaris, sondern auch ein Band, der auf dem Rücken mit „Piero della Francesca" beschriftet war. Natürlich kannte Bargheer diese Malerin und ihre Wandmalereien, ausgeführt gegenüber seiner Malschule am Glockengießerwall.[32]

Von Lerici fuhren Bargheer und Gretchen Wohlwill dann zu Schiff nach Marseille und weiter mit dem Zug nach Paris. Wohlwill schrieb: „Was unser beider Arbeiten betrifft, so beschränkten wir uns im Wesentlichen auf das Zeichnen antiker Plastiken im Louvre. Wir hatten auch keinen rechten Arbeitsraum." Und am Ende des Parisaufenthaltes konstatierte sie: „Eduard fühlte sich die ganze Zeit in Paris nicht recht wohl. Er war betrübt und glaubte, in Lerici würde er sich wieder wohler fühlen und arbeiten können." „In der Tat erholte er sich dort in der Umgebung von einem Kreis junger Menschen. Vielleicht war es auch bei diesem zweiten Aufenthalt, dass seine wesentlichen Bilder entstanden, u. a. das lebensgroße Doppelbildnis von zwei Halbwüchsigen beim Kartenspiel."

Mit dem Stipendium der Stadt Hamburg ging Bargheer 1932 nach Paris. Die Nazi-„Machtergreifung“ erlebte er von dort aus. Gretchen Wohlwill hielt zum Parisaufenthalt fest: „1933, bereits unter dem Naziregime, verbrachte ich nochmals die Osterferien mit Eduard in Paris. Er hatte damals ein ganzes Atelierhaus südlich vom Montparnasse gemietet.“ Dabei machten sie auch Ausflüge. „Aus diesen Wochen erinnere ich mich nur unseres Ausflugs nach Chartres als eines der großartigsten Erlebnisse meines Lebens.“ „Eine hübsche Reise in die Normandie unternahmen wir ebenfalls, von Dieppe über Fecamps und Etretat nach Le Havre und über Rouen nach Paris zurück.“ Zu dieser Zeit war Gustav Pauli in Paris. „Wiederholt auch mit Eduard bei Pauli zu Besuch“, schrieb Wohlwill. Außerdem intensivierte Bargheer hier seine Beziehung zu dem jungen Kunsthistoriker Ludwig Heinrich Heydenreich und dessen Kollegen Heinrich Brauer, die inzwischen bei Panofsky in Hamburg promoviert worden waren. Schon 1932 hatte er Heydenreichs Frau Lies, die Schwester von Heinrich Brauer, porträtiert, Heydenreich selbst stellte er später in Hamburg mehrfach dar. Die künstlerische Ausbeute des Parisaufenthaltes war diesmal beträchtlich. Sechs Ölgemälde enthält das Werkverzeichnis. Mehrere Aquarelle sind erhalten.

Nachdem Bargheer hatte erleben müssen, dass die Nazis Museumsdirektoren und Professoren ihres Amtes enthoben, übernahm er 1934 die traurige Pflicht, das Ehepaar Dora und Erwin Panofsky über London nach Southampton an das Schiff zu begleiten, mit dem die beiden nach Amerika emigrierten. Panofskys hatten die Auswanderung seit 1933 geplant. Von den Begegnungen Bargheers mit ihnen zeugen eine Reihe von Verbildlichungen: ein Aquarell „Bei Panofskys“ von 1933, zwei Ölporträts von Dora Panofsky vor einem Fenster und am Klavier, vor 1934, ferner aus dem Jahr 1934 vier Porträtradierungen „Erwin Panofsky“ und ein Aquarell „Dora Panofsky am Klavier“. Sie zeigen, wie nahe Bargheer den Panofskys stand und wie sehr ihn die Trennung von ihnen treffen musste. Während der Reise nach England ist Bargheers Aquarell vom „Trafalgar Square“ entstanden. Spätestens seit der Ausreise der Panofskys 1934 muss Bargheer, aber besonders auch Gretchen

Wohlwill, klar geworden sein, dass es für Deutsche jüdischer Herkunft keinen anderen Ausweg als die Emigration geben würde. Zugleich erfuhren beide, dass von nun an die Grenzüberschreitung für Gretchen Wohlwill immer stärker eingeschränkt sein würde. Gleichzeitig wurde Bargheer auch bewusst, dass es für ihn selbst weiter Möglichkeiten des Grenzüberschreitens gab. 1935 wird er angefangen haben, mit dem Gedanken zu spielen, dem drohenden Malverbot durch einen

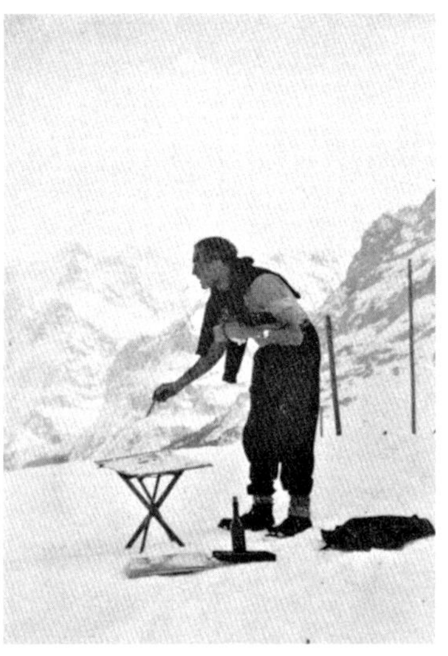

Bargheer aquarellierte selbst im Schnee:
Während des Skiurlaubs in der Schweiz, kurz vor der Begegnung mit Paul Klee, Foto, 1935

Aufenthalt im Ausland zu entgehen. Der Briefwechsel, den er von seinen Reisen aus mit seiner Freundin führte, wurde seit dieser Zeit umso intensiver.

Im Februar 1935 reiste er mit Familie Tietgens zum Skilaufen in die Schweiz. Im Hotel lernte er zufällig den großen Schweizer Sammler Fritz Trüssel kennen. Dieser lud ihn nach Bern ein, damit sie dort Paul Klee besuchten. Die Bekanntschaft wurde auch deshalb eine herzliche, weil beide feststellten, dass ein Onkel Bargheers Geigenlehrer von Klee gewesen war; beide wünschten sich eine Wiederholung des Treffens.

Von einer weiteren Künstlerbegegnung im Jahr 1935 gibt es leider nur eine handschriftliche Notiz: „Ensor in Ostende".[33] Offenbar hat Bargheer eine Fahrt nach Belgien und Holland gemacht und dabei den Maler James Ensor besucht.
Im Jahr 1935 unternahm Bargheer auch eine für ihn besonders wichtige Italienfahrt. Die Reise begann im September in Lerici. Dann fuhr er nach Rom und von dort nach Neapel, setzte über nach Ischia und schrieb seiner Freundin Gretchen Wohlwill im Oktober begeistert drei Briefe aus S. Angelo. Schon die Zahl der Briefe spricht für die Bedeutung des Eindrucks, den die Insel auf ihn machte.
Im April 1936 fuhr Bargheer noch einmal mit Gretchen Wohlwill über Husum nach Sylt. Sie vermerkte dazu: „In Kampen ... wohnten wir in Süderende. Ich erinnere mich einiger schöner Strand-, Dünen- und Strandkorb-Bilder von Eduard."
Die letzte Auslandsreise, die er mit ihr, die befürchten musste, an der Grenze festgehalten zu werden, noch einmal gewagt hat, erwähnte sie nur mit dem traurigen Satz. „... und als letztes Mal im Sommer 1936 mit dem Motorrad nach Dänemark." Später kam sie darauf zurück: „Im Jahr der Olympiade in Berlin (1936) lud Eduard mich zu einer Motorradfahrt (im Beiwagen) nach Dänemark ein. Herrlich war das Sausen durch das Land. Zuerst ging es nach Kopenhagen, dann nach Jütland ... Wir siedelten dann nach dem Städtchen Skagen über, wo uns der Hafen entzückte mit all seinen weißen Fahrzeugen, die in den Nächten des Nordens bläulich-grünlich schillerten."
Von Oktober bis November 1936 zog es Bargheer wieder auf eine Rundreise nach Italien. Mit dem Besuch von Perugia, Assisi und Ravenna setzte er neue Akzente. Erstaunlich ist, dass er den Ischia-Besuch in diesem Jahr nicht wiederholte. Wollte er dieses Ziel noch geheim halten? Er fuhr mit der Mäzenin Valentine Tietgens, mit der er anlässlich des Ski-Urlaubs zusammen Klee kennengelernt hatte. Auf der Rückfahrt begegneten beide erneut Paul Klee. Offenbar ist Bargheer auf dieser Reise seltener zum Arbeiten gekommen. Aquarelle zeigen aber ein „Zimmer in Assisi" und „Perugia am Abend". Dass ihn auch in diesem Jahr der Gedanke an Ischia beschäftigt hat, legt ein im Atelier entstandenes Bild nahe, das er 1936 datiert hat: „Schlucht bei S. Angelo".

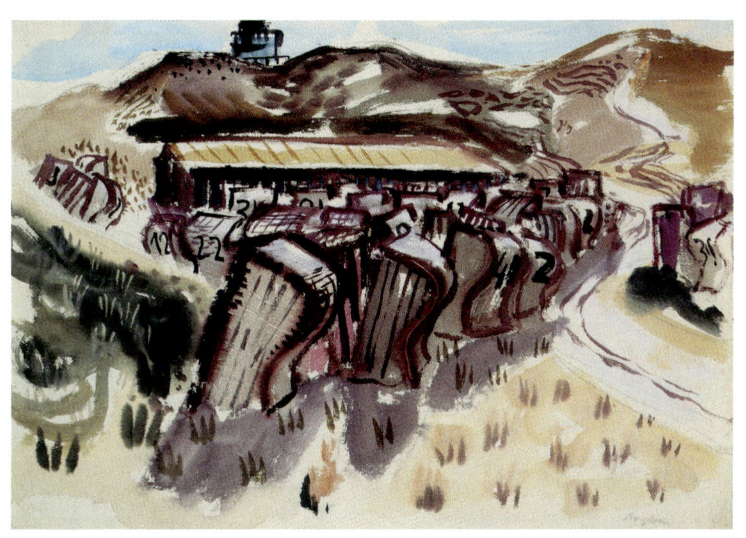

Entstanden auf einer der letzten Reisen mit Gretchen Wohlwill:
Eduard Bargheer, „Strandkörbe bei Kampen",
Aquarell, 1936

Es verwundert nun nicht mehr, dass Bargheer 1937 aufs Neue in Italien war. Diesmal fuhr er offenbar direkt nach Ischia. Mehrere Briefe gingen von dort an seine Freundin Gretchen Wohlwill.[34]

Schon 1930 hatte Bargheer an einen Finkenwerder Freund geschrieben: „Es geht schon ganz gut mit dem Sprechen und verstehen tu ich jetzt fast alles."[35] In seinen Terminkalendern erscheinen dann seit Anfang 1938 immer wieder Einträge, die Italienisch-Unterricht in Hamburg verzeichnen. Es hat den Anschein, als habe Bargheer sich ab jetzt systematisch auf einen Daueraufenthalt in Italien vorbereitet.

Im Jahr 1938 setzte er dann einen länger gehegten Plan um und schaffte sich ein Auto an, einen Ford. Er hatte beschlossen, einen längeren Aufenthalt in Italien und auf Ischia zu versuchen, und benutzte das Fahrzeug, um einen größeren Transport vor allem seines künstlerischen Materials, eine Art Umzug, zu ermöglichen. Mit dem Wagen fuhr er zielstrebig am 15. März nach Italien, mietete sich in Neapel eine Garage und verblieb bis Ende Mai auf Ischia.

Es ist erstaunlich, wie wenig sich die Italienreisen 1936, 1937 und 1938 in Bargheers erhaltenem Werk widerspiegeln. Erklärbar wird das, wenn man unterstellt, dass er sie als Teile eines konspirativen Unternehmens empfunden hat, die sich nicht in seiner künstlerischen Hinterlassenschaft offenbaren sollten.

1954 notierte Bargheer rückblickend: „1939 Niederlassung in Forio",[36] als wäre das im Jahr des Kriegsbeginns eine so einfache Sache gewesen. Seinem Kalender von 1939 lässt sich entnehmen, dass er bis Ende März sein übliches Leben in Hamburg gelebt hat. Dazu gehörten die regelmäßigen Korrekturen in der Kunstschule Koppel, Konzertbesuche, Treffen mit Künstlern oder Kustoden der Kunsthalle, aber vor allem auch Italienisch-Unterricht.

In diesem Winter und Frühjahr entstand in Hamburg eine Reihe von Bildern, die Bargheer in dem Bewusstsein gemalt zu haben scheint, dass er Abschied nehmen müsse. „Elbe im Eis" wirkt wie eine Anspielung auf die Kälte im Nazi-Deutschland. Zwei Blicke aus dem Fenster, „Blankeneser Fenster" und „Stillleben mit toter Meise" wirken wie letzte Blicke aus dem eigenen Haus auf die Elbe.

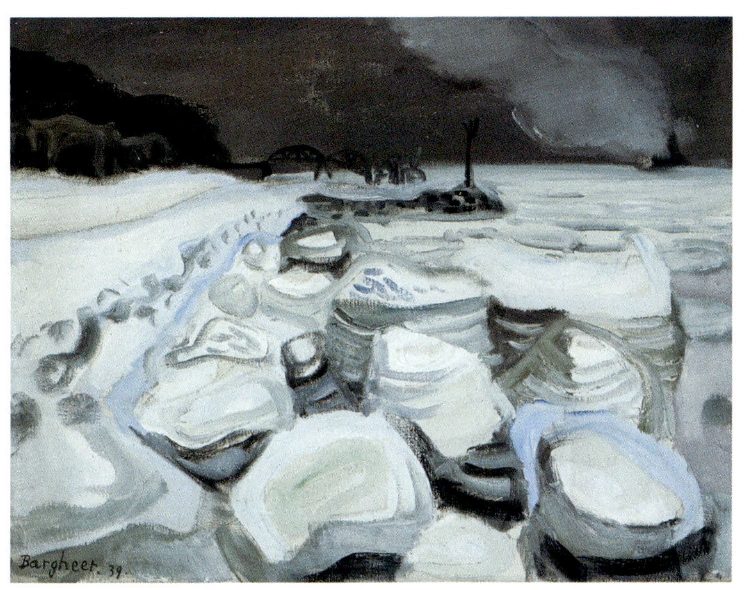

Abschiedsbild: Eduard Bargheer, „Elbe im Eis“,
Öl, 1939

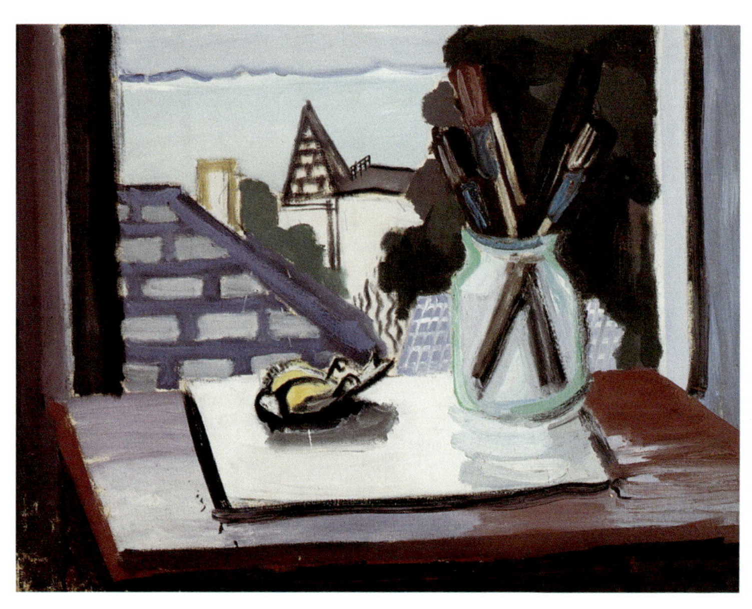

Abschiedsbild:
Eduard Bargheer, „Stillleben mit toter Meise“,
Blick aus seinem Blankeneser Fenster,
Öl, 1939

Ende März notierte er dann allerlei Besorgungen. Außerdem: „Ford fragen: Wieviel Öl? Was tut man, wenn der Wagen monatelang unbenutzt steht?“ Dann reiste er am 5. April 1939 ab, stellte seinen Ford vermutlich wieder in eine Garage in Neapel und fuhr Ende des Monats von Neapel nach S. Angelo auf Ischia. Offenbar hat ihn Valentine Tietgens bei diesem subversiven Transport noch einmal begleitet, denn unter dem 10. Mai heißt es, dass sie um 11.35 Uhr von Neapel mit dem Zug zurückfuhr. Von nun an lesen sich die Kalendereintragungen wie die eines sich auf Dauer in Italien Aufhaltenden. Im August setzen die Tageseintragungen ganz aus. Dafür sind aber die zahlreichen Briefe erhalten, die Bargheer seit dem 22. Mai 1939 und in den folgenden Jahren an Gretchen Wohlwill richtete. Ab 1939 sind auf Ischia entstandene Aquarelle und zahlreiche Ölbilder signiert und datiert, die Bargheer offenbar in seiner neuen Heimat aufbewahrt hat. Auch wenn er gelegentlich nach Hamburg zurückgekehrt ist: Die frühe Reisetätigkeit von Hamburg aus war nun beendet.

Ausweichen vor der NS-Kulturpolitik nach Italien

Eduard Bargheer ist bis in die 1930er Jahre so „unpolitisch" geblieben, wie er erzogen worden war. „Ich war politisch ein völlig unbeschriebenes Blatt und habe mich um keine Partei gekümmert, und vor allen Dingen ja nicht um die Nazis", erinnerte sich Bargheer selbst später und bestätigte damit, dass sich sein politisches Bewusstsein erst in der NS-Zeit geschärft hat.[37] Auch Italien hatte er nicht politisch wahrgenommen – wie so viele, die als Anhänger der „Italienischen Reise" Goethes oder der „Sehnsucht nach Italien" der Romantiker das Land bereisten. Dass es bereits seit 1922 ein faschistisches Land war, fiel ihm während seiner Reisen seit 1925 noch nicht auf.

1931 porträtierten Gretchen Wohlwill und Bargheer arglos einen italienischen Jungen in faschistischer Uniform. Aber in Lerici hörten sie auch geflüsterte Warnungen eines antifaschistischen Hoteldirektors, sodass Wohlwill später eine ahnungsvolle Bemerkung notierte: „Bei diesem Aufenthalt in Italien lernte ich zum ersten Mal die Auswüchse und Auswirkungen des Faschismus kennen, die wir bald im eigenen Land erfahren sollten, ganz besonders durch unsern Wirt vom Hotel della Palma, der ein fanatischer Gegner war."[38] Spätestens jetzt muss ihnen einiges klar geworden sein.

Doch noch 1932 hatten Wohlwill und Bargheer – wie offenbar auch andere Künstler und Kunsthistoriker – kaum eine Vorstellung davon, was unter den Nazis auf die Künstler und die

Kunst zukommen und was eine Frau aus jüdischer Familie zu erwarten haben würde. Denn nachdem Bargheer Ende 1932/Anfang 1933 das Paris-Stipendium angetreten hatte, wurden er und Gretchen Wohlwill überrascht von der „Machtergreifung" der Nazis und deren Folgen für die Kunst. Gretchen Wohlwill schilderte dies: „Es fiel in diese Zeit in Paris der erste Schrecken des Naziregimes; bis dahin hatten wir die ganze Sache als kaum uns betreffend beiseite geschoben. Aus der Zeitung erfuhren wir, dass die eben erst eröffnete Ausstellung der Hamburger Sezession geschlossen sei. ‚Entartete Kunst'."

Gretchen Wohlwills Bruder Fritz, Professor am Hamburger Universitätskrankenhaus, hatte immerhin schon Bedenken gegen ihre Parisreise geäußert. Aber auch Gustav Pauli besuchte in dieser Zeit Paris, ohne von der Gefährdung der Kunst, der Künstler und auch seiner eigenen Position etwas zu ahnen.

Beide Künstler wurden also schon kurz nach den Reichstagswahlen vom 5. März 1933 und nach der Bildung des neuen Senates in Hamburg unter dem Nazi-Bürgermeister Carl Vincent Krogmann am 8. März von der Schließung der Hamburgischen Sezession, deren Mitglieder sie waren, am 30. März betroffen. Schlagartig erlebten sie, wie rigoros gegen „entartete Kunst" vorgegangen wurde.

Bargheer hat danach noch jahrelang nicht ohne Mut, aber auch nicht ohne Anpassung gegen die Verfemung seiner Kunst anzugehen versucht. Daraus werden ein gegen die Nazis gerichtetes Bewusstsein und eine neue politische Einstellung entstanden sein. Aus dem Erlebnis der Entwicklung der NS-Diktatur ist ihm zugleich die Fähigkeit erwachsen, die Gefahren realistisch einzuschätzen und einen Weg des Ausweichens zu finden, der Risikobereitschaft und Flexibilität erforderte.

Dabei hat er in rascher Folge erleben müssen, wie ihm vertraute Personen in noch ganz andere Gefahren gerieten. Schnell und bedenkenlos wurden nur kurze Zeit später unter Berufung auf das „Gesetz zur Wiederherstellung des Berufsbeamtentums" vom 7. April 1933 Kunstfachleute, die Bargheer kannte und wertschätzte, aus ihren Ämtern entfernt: Gustav Pauli, der Direktor der Kunsthalle, dem er wohlwollende Kritik, Ankauf, Atelier und Paris-Stipendium verdankte, Max Sauerlandt, Direktor des Museums für Kunst und Gewerbe und der Kunst-

gewerbeschule, der Verteidiger der modernen Kunst, Oberbaudirektor Fritz Schumacher, von dem er seine Wandmalereiaufträge erhalten hatte. Ebenso schnell musste er erfahren, dass nicht nur Unbotmäßigkeit und Unliebsamkeit im Zusammenhang mit Kunst, sondern noch rücksichtsloser jüdische Herkunft als Grund für die Entfernung aus Ämtern genommen wurde. Seine Freundin Gretchen Wohlwill als Kunsterzieherin und ihr Bruder als Arzt und Professor wurden im Sommer 1933 entlassen. Kunsthistoriker jüdischer Herkunft, wie Erwin Panofsky und Fritz Saxl, oder Künstler, wie Friedrich Adler, wurden aus der Universität und der Kunstgewerbeschule entfernt. Aby Warburg war schon 1929 gestorben, aber seine Familie und seine Mitarbeiter mussten darüber nachdenken, wie sie die „Kulturwissenschaftliche Bibliothek Warburg“ vor dem Nazi-Zugriff retten konnten. Denn anders als Gretchen Wohlwill, die gutgläubig blieb und noch 1939 eine Ausreiseerlaubnis verfallen ließ, waren andere davon überzeugt, dass der Amtsenthebung noch ganz andere Maßnahmen des Judenhasses folgen würden.
Die Verfolgung der Kunst und der Künstler begann anfangs unsystematisch. Eine Zeit lang mag mancher, auch Bargheer, an eine Chance geglaubt haben. Aber am 22. September 1933 wurde das Reichskulturkammer-Gesetz erlassen. Es hatte zur Folge, dass alle Künstler Mitglieder werden mussten, wenn sie nicht die Kranken- und Sozialversicherung verlieren und unter Ausstellungs- und Arbeitsverbot fallen wollten. Natürlich wurde wenig später auch hier der „Ariernachweis“ verlangt.
Bargheer hat sich trotz der Judenverfolgung unter den Künstlern dem Verfahren um die Aufnahme in die Reichskulturkammer unterzogen und wurde aufgenommen. „Da er den Nationalsozialismus zwar ablehnte, aber nicht öffentlich gegen ihn aufgetreten war und auch die Rassenpolitik auf ihn nicht anwendbar war, wurde er in die Reichskammer für bildende Künste aufgenommen und durfte im Rahmen der von ihr ausgeübten Kontrolle Ausstellungen veranstalten und Bilder im Kunsthandel verkaufen.“[39] In seinen seit 1936 erhaltenen Kalendereintragungen lässt sich erkennen, dass Bargheer weiter seine bisherigen Freundschaften und Bekanntschaften pflegte, zu Gretchen Wohlwill, zu Paulis oder zu Heydenreichs. Er

besuchte auch Künstlerkollegen wie Karl Kluth oder Erich Hartmann. Seine Vielseitigkeit und sein künstlerischer Anspruch führten in diesen Jahren auch zu Begegnungen mit hochrangigen Vertretern anderer Künste, wie zu dem Cembalisten Ralph Kirkpatrick oder dem Dramatiker Samuel Beckett. In seiner Adressen- und Telefonliste erschien jedoch auch Bürgermeister Krogmann. Außerdem hatte er neue Kontakte zu den Kunsthistorikern der Kunsthalle, die in der Nazizeit agierten, dem Direktor Werner Kloos und den Kustoden Harald Busch und Werner Gramberg. Auch den wichtigsten Stadtplaner und Architekten der Nazizeit in Hamburg, Konstanty Gutschow, suchte er auf. Bis in die Mitte der 1930er Jahre glaubte er offenbar, bei den Machthabern als Künstler Anerkennung zu finden.[40]

Die Diskussion über das Verhältnis des NS-Staates zur Moderne war bis 1936 noch nicht in aller Konsequenz entschieden. Bei den Olympischen Spielen 1936 war moderne Kunst in Deutschland gelegentlich noch sichtbar.

In Hamburg verstand es Bürgermeister Krogmann, den Anschein einer liberalen Haltung zu erwecken, obwohl er schon am 15. April 1933 bei einer Eröffnung im Kunstverein eine unmissverständliche Rede gehalten hatte. Auch war nicht nur die Sezessionsausstellung im März 1933 geschlossen worden, sondern es wurden auch Wandbilder in Schulen übermalt. Aber Krogmann führte immer noch Gespräche „über Kunstfragen" mit Museumsdirektoren, Journalisten und Künstlern. Aus Anlass der Schließung einer Ausstellung von Rolf Nesch am 30. April 1934 fand eine solche Diskussion im Rathaus statt, die zur Folge hatte, dass die Ausstellung wieder geöffnet wurde. Krogmann sprach sich – laut seinen Aufzeichnungen – in dieser Debatte gegen Naturalismus und für Kubismus, Picasso und Marc aus. Der Kunsthallenvertreter Harald Busch und der Verlagsleiter des nationalsozialistischen „Hamburger Tageblattes" Hermann Okraß plädierten für die Wiedereröffnung der Nesch-Ausstellung. Hier engagierte sich nun Eduard Bargheer als einer von zwei eingeladenen Künstlervertretern vehement für Nesch und für die Autonomie der Kunst. Im Wintersemester 1935/36 veranstaltete er mit Heydenreich, der sich 1934 habilitiert hatte, an der Universität ein Kolloquium zum Thema „Probleme der Gegenwartskunst". Er muss zwischen 1933 und 1936 noch geglaubt haben, mit solchem Auftreten seiner Kunst eine Chance zu schaffen.

Spätestens mit Hitlers Rede auf dem Reichsparteitag am 9. September 1936 wurde aber der Kurs rigoros festgelegt, Maßnahmen gegen moderne Kunst und die „Säuberung der Museumsbestände" sollten folgen. Am 19. Juli 1937 wurde die Ausstellung „Entartete Kunst" in München eröffnet. Anschließend wurde moderne Kunst in den Museen ausgesondert und 1939 in Luzern versteigert, der überwiegende Rest verbrannt. Bargheer hat sich die Münchner Ausstellung, in der auch seine künstlerischen Absichten und die Ziele seiner Arbeit verhöhnt wurden, genau angesehen; besonders muss er in seiner Sehnsucht nach dem südlichen Licht von einer der zynischen Überschriften in der Ausstellung getroffen worden sein: „Jüdische Wüstensehnsucht macht sich Luft."

Vor dieser kunstpolitischen Realität in Deutschland spielte sich in den Jahren zwischen 1936 und 1939 das Leben Eduard Bargheers, Gretchen Wohlwills und ihrer Künstlerfreunde in Hamburg ab. Jeder der verfolgten oder verfemten Künstler hat sich in dieser Zeit einsam und auf seine Weise mit den Möglichkeiten des Entrinnens befasst, wie die vielen verschiedenen Wege zeigen, die die Emigranten gewählt haben.[41]

Nach ihrem Aufenthalt in Paris 1932/1933 erlebten Bargheer und Wohlwill die schrittweise Steigerung der Repression. Nachdem ihre Ausstellung geschlossen worden war, löste sich die Sezession auf, weil sie den geforderten Ausschluss jüdischer Mitglieder nicht vollziehen wollte; andere Künstlervereinigungen dagegen leisteten dem Ausschlussgebot Folge.

Auf seine Anfrage, warum seine beschädigten Malereien im Finkenwerder Wasserturm nicht restauriert würden, erhielt Bargheer 1935 einen offiziellen Brief der Hamburger „Behörde für Volkstum, Kirche und Kunst", der klarstellte, dass seine Malereien als „entartet" entfernt würden.[42] Auch die Bilder in der Finkenwerder Gorch-Fock-Halle wurden übermalt. Bargheer musste hinnehmen, dass gerade die Wandmalereien in seinem Heimatort als „entartet" zerstört wurden.

Er mag aber 1936 immer noch an Weiterbeschäftigung für Aufträge nach Goebbels' Erlass für „Kunst am Bau" von 1934

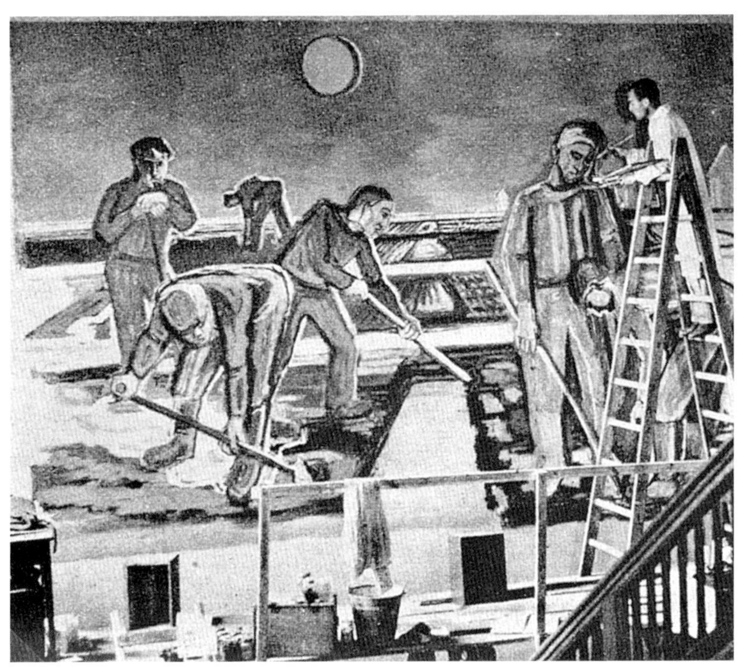

Ein letzter offizieller Auftrag, während andere Bilder schon beseitigt wurden: Eduard Bargheer bei der Arbeit an dem Wandbild „Landgewinnung“ in der Fritz-Schumacher-Schule in Hamburg-Langenhorn, Foto, 1936

geglaubt haben. Diesem Zweck könnten seine Besuche bei Gutschow und dessen Mitarbeitern gegolten haben.
Tatsächlich erhielt Bargheer in dieser Zeit zwei letzte Aufträge. Im Treppenhaus der Siedlungsschule in Hamburg-Langenhorn, der heutigen Fritz-Schumacher-Schule, hatte ein Ortsgruppenleiter eine noch 1933 ausgeführte Malerei von Walther Schneider mit dem Titel „Verfassungsfeier", auf der schwarzrotgoldene Fahnen dargestellt waren, entfernen lassen. Auf Vorschlag des Kunsterziehers der Schule und Leiters der „Griffelkunst", Johannes Böse, wurde Bargheer mit einer neuen Malerei beauftragt und führte 1936 das Wandbild mit dem Thema „Landgewinnung" aus. Nach anfänglicher Akzeptanz geriet auch dieses Bild in Gefahr. Aber in diesem Fall gelang es dem Einsatz von Bargheer selbst, das Bild gegenüber dem NS-Staatsrat Hellmuth Becker, der die Beseitigung veranlassen wollte, zu verteidigen, sodass es nicht übermalt wurde.[43] Ein weiterer Auftrag kam vom Luftfahrtministerium für eine 1935/1936 erbaute Kaserne in Osdorf, heute Generalleutnant-Graf-von-Baudissin-Kaserne, von Bargheer als „Flak Osdorf" bezeichnet. Die künstlerischen Vorarbeiten sind erhalten: Sie zeigen drei Elbansichten. Die ausgeführten Arbeiten sind aber offenbar von der Kasernenleitung beseitigt worden. In allen Fällen waren es unterschiedliche Instanzen, die die Zerstörungsmaßnahmen veranlassten. Bei allen seinen öffentlichen Aufträgen hat Bargheer deren Beseitigung oder Diffamierung durch Nazi-Organe erleben müssen.
In diesen Jahren hatte Bargheer letzte Ausstellungen und einen Ankaufserfolg in Deutschland: 1935 stellte die Galerie Nierendorf in Berlin seine Arbeiten aus, und immerhin die Nationalgalerie erwarb ein Bild. 1936 war er Teilnehmer einer Ausstellung im Hamburger Kunstverein „Kunst im Olympia-Jahr"; diese wurde aber nach wenigen Tagen geschlossen. Noch im Winter 1939/1940 kam es zu einer Einzelausstellung für Bargheer in der Hamburger Galerie Commeter; diesmal wurde das Plakat eingezogen, und die Ölbilder mussten als „entartet" abgehängt werden. Offenbar war das die letzte Station einer Phase der Hoffnungen wie der immer neuen Entmutigungen.
Im Jahr 1937 wurden bei der Aktion „Entartete Kunst" in der Hamburger Kunsthalle zwei Aquarelle, vier Radierungen und

eine Mappe mit sechs Holzschnitten von Bargheer als „entartet“ beschlagnahmt. 1939 wurden sie verbrannt.

Die Kontakte, die Bargheer zwischen 1936 und 1939 einerseits zu dem 1933 entlassenen Kunsthallendirektor Pauli, andererseits zu dem NS-Stadtplaner Gutschow und den neuen Kunsthallenkustoden unterhielt, lassen sich in einer Zeit, in der er einen Weg suchte, vor dem drohenden Malverbot nach Italien auszuweichen, als eine Methode interpretieren, den Anschein von „Normalität“ zu erwecken.

Während der 1930er Jahre hatte Bargheer sein Einkommen aus der Lehrtätigkeit in der Kunstschule. Weitere Einnahmen brachten ihm die letzten öffentlichen Aufträge. Daneben gelangen ihm gute Verkäufe seiner Aquarelle und Ölbilder. Über Bargheer ist deshalb gesagt worden: „Die Tatsache, dass er sich am Rande des Zugelassenen bewegte, erhöhte die Anziehungskraft seiner Bilder. Kein zweiter Maler in Hamburg erreichte zu dieser Zeit aus Verkäufen einen solchen Wohlstand wie er.“[44] Daraus erklärt sich wohl auch, dass Galerien wie Nierendorf und Commeter ihn noch 1935 und sogar 1939 ausstellen wollten.

Die Entwicklung zwang Bargheer aber dazu, nach Möglichkeiten des Ausweichens zu suchen. Offenbar begann er in dieser Zeit die Entwicklung des Faschismus in Italien, dessen Einfluss auf den deutschen Nationalsozialismus, aber auch die Unterschiede zu reflektieren: Benito Mussolini hatte 1922 per Ermächtigungsgesetz die faschistische Staatsorganisation durchgesetzt, sie mit Staatsstreich von 1925 in eine Diktatur umgewandelt und diese bis 1929 gefestigt. Der Faschistenjunge, den Bargheer 1931 in Lerici mit dem Titel „Balilla“ porträtiert hatte, hieß nicht etwa so, sondern dies war der Name der Jugendorganisation der Faschistischen Partei, die das Modell für die deutsche „Hitlerjugend“ wurde. Die Vorbildfunktion des italienischen Faschismus für den Nationalsozialismus, bis hin zu den Titeln „Duce“ und „Führer“, wird Bargheer im Nachhinein aufgefallen sein. So sehr beide „Bewegungen“ auf Eigenständigkeit pochten – die Nähe war spätestens seit der gemeinsamen Intervention im spanischen Bürgerkrieg, 1936, in dem seit Ende desselben Jahres verwendeten Begriff der „Achse“ Rom–Berlin sowie in der italienischen Anerkennung des „Anschlusses“ Österreichs an das Deutsche Reich, 1938, deutlich.

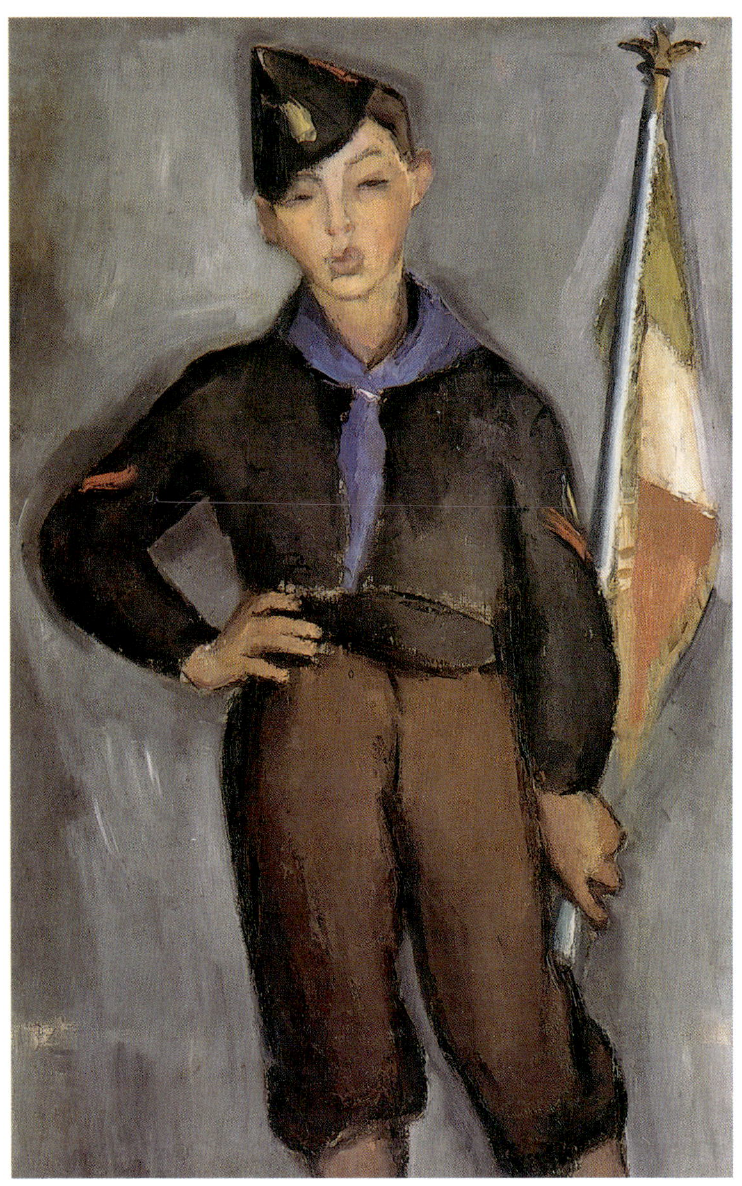

Arglos nahm er einen italienischen Jungen
in faschistischer Jugenduniform zum Modell:
Eduard Bargheer, „Balilla“,
Öl, 1931

Bargheer begann den Übergang in das faschistische Italien als eine Chance des Ausweichens vor der NS-Kunstdiktatur zu erkennen. Die einfachen Grenzübergangsformalitäten kannte er. Die Unterschiede in der „Rassenpolitik“ nahm er wahr. Vor allem registrierte er, dass es keine kunstpolitischen Restriktionen in Italien gab. Und er erlebte die Freundlichkeit der Bevölkerung, die Denunziation nicht kannte.
Auf Ischia befreundete er sich 1937 mit Werner Gilles, 1938 lernte er dort auch den Maler Rudolf Levy kennen. Er erkannte, dass diese Künstler in Italien Möglichkeiten des Überlebens sahen. Er erfuhr wohl auch, dass es weitere kritische Schriftsteller und Künstler gab, darunter zahlreiche jüdischer Herkunft, die aus Deutschland nach Neapel, Positano, Ischia, Capri und Vietri gekommen waren, um hier eine „Zuflucht auf Widerruf“ (Klaus Voigt) zu finden.[45] Schon für 1935 gab es eine Liste der neapolitanischen Questura, der örtlichen Polizeibehörde, die 23 deutsche Namen erfasste. Dieter Richter hat für Positano 22 Emigrierte jüdischen Namens ermittelt.[46] Deren Leben in der Emigration muss Bargheer ermutigt haben, Ähnliches zu versuchen. Vielleicht hatte er auch erfahren, dass der deutsche Generalkonsul in Neapel, Siegfried May, kein Nazi war.
Aber gerade während seines ersten längeren Aufenthaltes 1938 auf Ischia, bei dem er sein Auto in einer Garage in Neapel aufgebockt hatte, musste er erleben, wie der Arm der Nazis bereits tief in das faschistische Italien hineingreifen konnte. Während er auf Ischia war, machte Hitler, in Begleitung von Außenminister Ribbentrop, Propagandaminister Goebbels, Stellvertreter Heß, SS-Führer Himmler, Oberbefehlshaber der Kriegsmarine Raeder und Generalfeldmarschall Keitel, am 8. Mai 1938 einen Staatsbesuch beim italienischen König und beim „Duce“ Benito Mussolini in Neapel. Das römische Innenministerium hatte dazu die neapolitanische Questura aufgefordert, Listen mit „verdächtigen Deutschen“ einzureichen und „dem Regime feindliche Elemente“, darunter „Juden und sonstwie Verdächtige“, festzunehmen. Tatsächlich ist darauf eine Reihe von Emigranten in Salerno inhaftiert worden.[47] Selbst wenn die Vorgänge hinter den Kulissen nicht offenbar wurden, müssen die Inhaftierungen und ihr Zusammenhang mit dem Hitler-Besuch unter den Deutschen bekannt geworden sein. Bargheer hat also

von einer solchen Gefahr auch am Golf von Neapel gewusst. Von den Künstlern, die sich dorthin zurückgezogen hatten, ist Bargheer offenbar auch auf Positano hingewiesen worden. Es ist auffällig, dass er in den beiden Jahren 1937 und 1938, in denen er seine Emigration plante, von Ischia aus jeweils einen mehrtägigen Ausflug nach Positano, Paestum und Ravallo gemacht hat. Aber schon 1937 brach er einen länger geplanten Aufenthalt in Positano ab, um nach S. Angelo zurückzukehren: „Positano, von dem ich mir viel versprochen hatte, ein Reinfall. Man fühlte sich am Berg, überall von Mauern bedrängt, nirgendwo freier Blick, allzu hübsche bunte Häuser, na, und sonst das Übliche.“[48]

Zwar schien er weiter auf der Hut in dem anderen faschistischen Land zu sein. Aber sein Entschluss war gefasst. Schritt für Schritt, als geschähe es aus Vorsicht, siedelte er sich erst in S. Angelo, später in Forio auf Ischia an, behielt aber seine Kontakte in Florenz, um nichts aus den Augen zu verlieren, und unterhielt auch weiter sein Atelier am Jungfernstieg, das 1943 durch Bomben zerstört wurde, und sein Haus in Blankenese, das 1943 beschlagnahmt und an Ausgebombte vergeben wurde. Die Briefe Bargheers an Gretchen Wohlwill sind nicht nur ein Zeugnis für das neue Leben, das er 1935 in Italien begann, sondern nach ihren Absenderorten auch für seine Aufenthalte in Florenz vor dem Einmarsch der Deutschen im September 1943 wie in den letzten Kriegsjahren und den ersten Nachkriegsjahren. Am 15. März 1940 ergriff Gretchen Wohlwill eine der letzten Gelegenheiten, um aus Deutschland auszureisen. Bargheer erwartete sie in Neapel, und beide fuhren nach Ischia, wo sie ein letztes Mal einige Tage zusammen verbrachten. Dann begleitete Bargheer sie nach Neapel an den Dampfer „Vulcania“, ein Schiff der Italia-Linie, das sie nach Lissabon brachte. Die Trennung der beiden löste in diesem Jahr eine besonders große Zahl von Briefen Bargheers an Gretchen Wohlwill in Portugal aus. Nach einem einsamen Dasein kehrte Gretchen Wohlwill nach dem Krieg 1952 von Portugal nach Hamburg zurück und lebte dort bis zu ihrem Tod 1962. Ihre Biografin Maike Bruhns schrieb über ihre Rückkehr: „Gretchen Wohlwill freute sich auf die Nähe Bargheers und auf ein unabhängiges Dasein dank der kleinen Rente.“[49]

Bald nach der Emigration der Freundin ging für Bargheer die kurze Zeit des ungehinderten Aufenthaltes auf Ischia zu Ende. Von November 1940 bis Januar 1941 kamen seine Briefe an Gretchen Wohlwill aus Florenz. Von Ende Januar bis Mai 1941 konnte er sich noch einmal nach Forio zurückziehen und sechs Briefe nach Portugal schicken. Im Sommer schrieb er aus Florenz und Rom, im Herbst von Oktober bis Dezember 1941 wieder fünf Briefe aus Forio. Wenn er für kurze Zeiten in Hamburg war, schrieb er wegen der deutschen Zensur keine Brief ins Ausland.

Um 1942 wurden die Briefe an Wohlwill dann seltener, weil es immer gefährlicher wurde, aus Italien zu schreiben. Sie kamen von Januar bis Dezember aus Florenz. Im Mai/Juni war Bargheer nach Bericht seines Schülers Volker Detlef Heydorn noch einmal in Hamburg. Dann kam er nicht mehr, sodass er die Zerstörungen der Bombenangriffe vom Juli 1943 nicht erlebte. 1943 ging nur ein einziger Brief im März aus Florenz an Wohlwill. Nach der Besetzung Italiens durch die Deutschen im September 1943 und nach den Kriegshandlungen in Florenz im August 1944 war es unmöglich zu schreiben. Erst zwischen Juni und Dezember 1945 konnte er wieder sechs Briefe nach Portugal schicken, nach Vorschrift der Zensur der Alliierten zunächst auf Englisch oder Italienisch.

Während des Krieges in Italien

Bargheer hatte seine Kontakte zu den Hamburger Kunsthistorikern Ludwig Heinrich Heydenreich und Heinrich Brauer weiter gepflegt. Nach der Intensivierung ihrer Bekanntschaft während des Parisaufenthaltes 1932/1933 hatte er beide auch an ihren Wirkungsorten in Berlin und Kiel aufgesucht. 1936 war er zweimal „bei Heydenreichs", die offenbar noch eine Wohnung in Hamburg hatten. Vermutlich haben diese ihm vom „Deutschen kunsthistorischen Institut" in Florenz erzählt, an dem Heydenreich später tätig war und dessen Direktor er 1943 wurde. Es ist anzunehmen, dass Bargheer bei seinen Italienbesuchen das Institut im Palazzo Guadagni an der Piazza S. Spirito kennenlernte.
Sicher ist, dass Bargheer bei seinen Italienreisen schon immer auch Aufenthalt in Florenz genommen hatte und mit der Stadt vertraut war. Die ersten Male 1925 und 1929 wohnte er bei Signora Mozzana gegenüber dem Bargello. 1930 blieben Bargheer und Gretchen Wohlwill eine Woche, aber wir kennen ihren Wohnort nicht. Bei Bargheers Reise 1936 mit Valentine Tietgens wird für Florenz das Hotel Berchielli am Borgo di SS. Apostoli erwähnt. 1937 und 1938 fuhr er jedes Mal von Ischia über Florenz zurück.
1939 besuchte er vor seiner Italienfahrt offenbar am 7. Januar Brauer in Kiel und am 18. Januar Heydenreich in Berlin, vermutlich um mit ihnen über sein Ausweichen vor den Nazis und

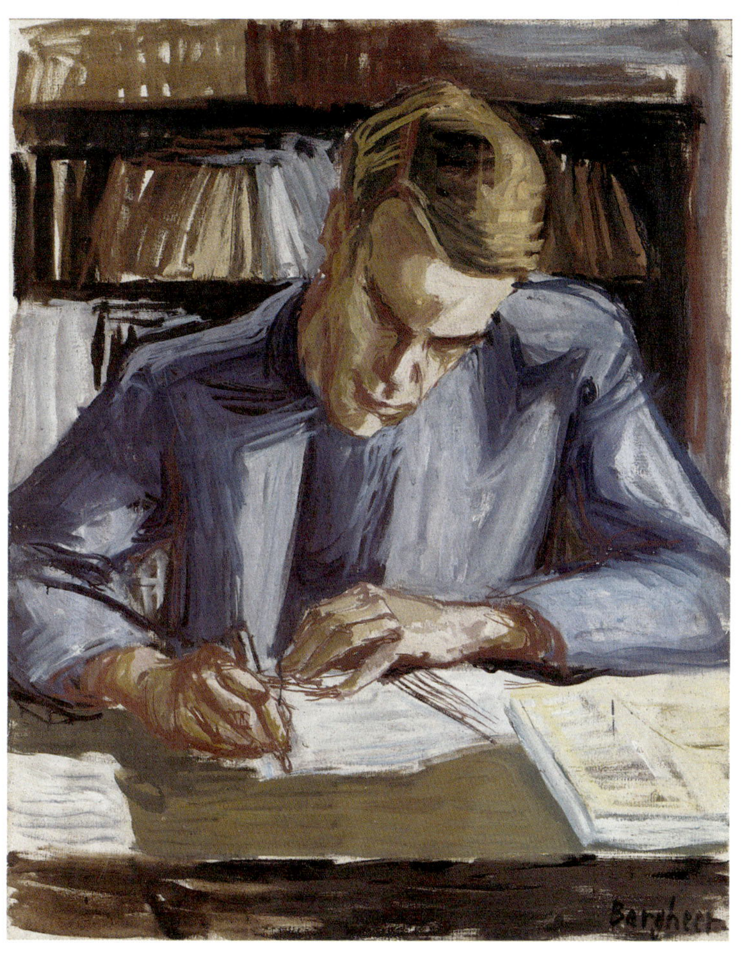

Der von Erwin Panofsky promovierte Freund
und Kunstgeschichtsdozent führte ihn später in Florenz ein:
Eduard Bargheer, „Bildnis Ludwig H. Heydenreich“,
Öl, 1934

beabsichtigte Winteraufenthalte in Florenz zu sprechen. Offenbar hatte er vor, sich in der Frühlings- und Sommerzeit auf Ischia aufzuhalten, in der kälteren Jahreszeit aber in Florenz zu leben. Nach dem Kriegsbeginn im September 1939 mag es für Bargheer auch ein Gebot der Vorsicht gewesen sein, nach Florenz zu gehen, um die weitere Entwicklung der Verhältnisse zu beobachten. Im Herbst 1939 verabschiedete er sich jedenfalls von Ischia und zog für den Winter nach Florenz.

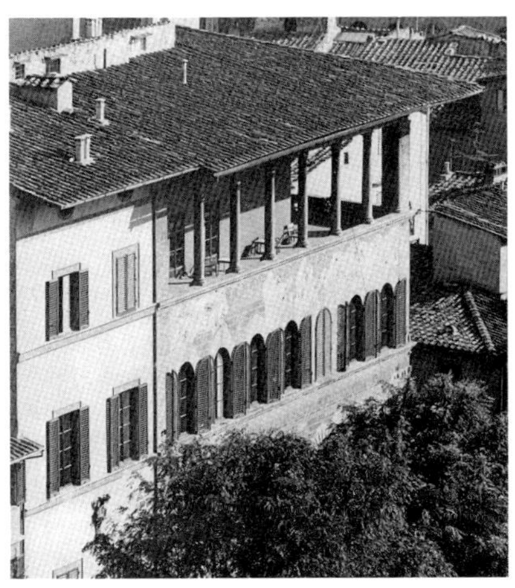

Der Palazzo Guadagni in Florenz, in dem sich das
Deutsche kunsthistorische Institut und die Pensione Bandini befanden,
Foto, um 1950

Seine neue Bleibe wurde der Palazzo Guadagni. In diesem befand sich damals in den Geschossen oberhalb des Deutschen kunsthistorischen Institutes die Pension der Schwestern Bandini, die ihm Heydenreich empfohlen hatte; sie existiert unter dem Namen Pensione Bandini noch heute.

Der Palazzo ist einer der großen Renaissance-Paläste der Stadt, über dessen drei ersten Geschossen sich eine prachtvolle Loggia öffnet, von der aus Gäste der Pension einen Blick über die Piazza S. Spirito haben. Bargheer hat dort offenbar immer im gleichen Zimmer gewohnt, das ihm auch als Atelier gedient hat: „Wunderschön. Und auf die Terrasse ging ja mein Zimmer. Ich hatte das große Zimmer."[50] Er fühlte sich dort so sicher, dass er

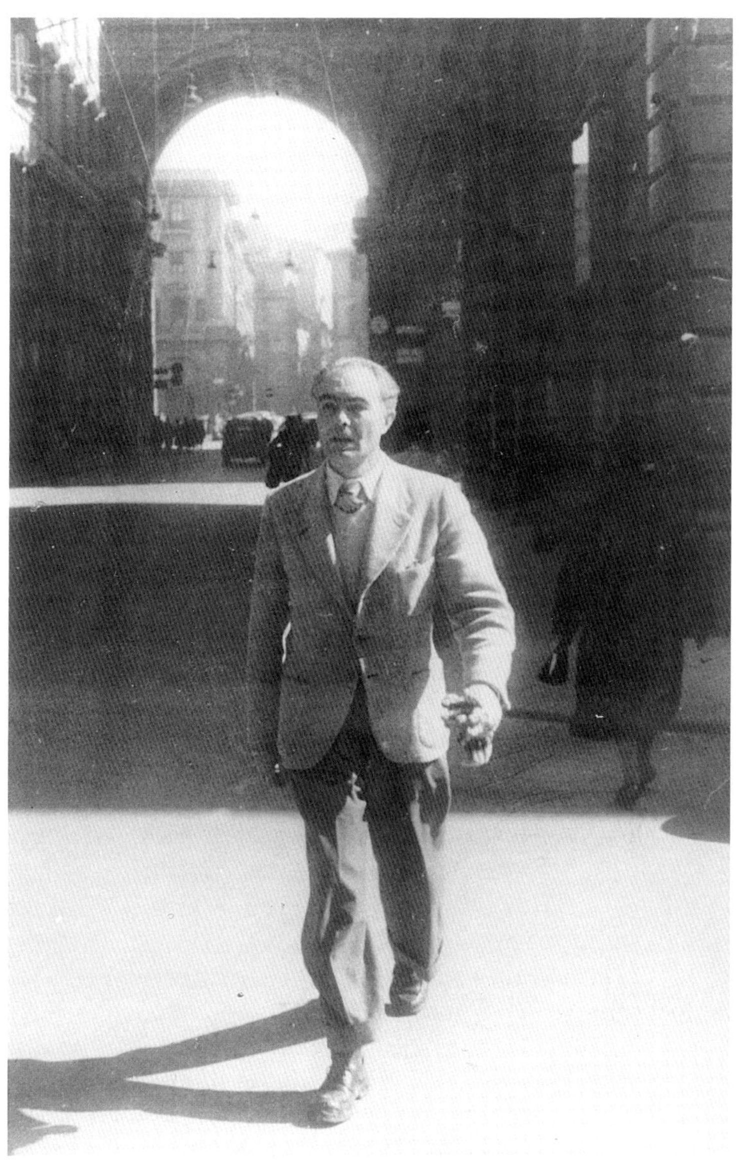

Eduard Bargheer in Florenz
vor dem Näherrücken der alliierten Truppen,
Foto, um 1944

eine Kiste mit seinen Arbeiten hinterließ, die erst nach seinem Tode entdeckt wurde.
Aber Florenz war damals eine faschistische Stadt. Vasco Pratolini hat dieses Florenz 1945 in seinen „Cronache di poveri amanti" beschrieben. Darin wird in neorealistischer Weise das Geschehen in der Via del Corno, einer kleinen Straße zwischen Palazzo Vecchio und S. Croce mitten in Florenz, während der Zeit der Durchsetzung des Faschismus nach 1922 geschildert.[51]
In den 1930er Jahren hatte sich die Situation nicht wesentlich geändert. Mit dem nationalsozialistischen Deutschland erhielten die italienischen Faschisten 1933 einen mächtigen Verbündeten. Aber sie beteiligten sich in dieser Zeit noch nicht an den Formen von Judenhass und Judenverfolgung, die die Nationalsozialisten in ihrem eigenen Machtbereich praktizierten. Deutsche jüdischer Herkunft konnten in den 1930er Jahren noch mit einer Duldung durch die Faschisten rechnen. Das Ende dieser Duldung 1943 ist von Giorgio Bassani 1962 in „Il giardino di Finzi-Contini" für Ferrara beschrieben worden.
Von Florenz aus konnte Bargheer im Winter 1939 beobachten, dass die Verhältnisse für Deutsche, auch Künstler jüdischer Herkunft, sich nach Kriegsbeginn anfangs nicht wesentlich verschlechterten. Da er den weiteren Verlauf nicht voraussehen konnte, mag er beschlossen haben, sich zur Sicherheit öfter in Florenz aufzuhalten, um die Entwicklung zu beobachten und auf Ischia nicht ganz ins Abseits zu geraten. Diese Vorsicht hat ihm, wenn nicht das Leben gerettet, so doch die Verschonung vom Kriegsdienst eingebracht und ihm über die 1940er Jahre eine Unabhängigkeit seiner künstlerischen Entwicklung eingetragen, die gerade für deren Fortschritte um 1948 von besonderer Bedeutung werden sollte.
Italien war anfangs am Krieg nicht beteiligt. Mussolini hat sich sogar bemüht, den Krieg zu vermeiden. Im Juni 1940 griff das Land jedoch Frankreich an und schloss im September mit Deutschland und Japan den Dreimächtepakt ab. Die verlustreichen Feldzüge in Nordafrika und auf dem Balkan lösten darauf eine Antikriegsstimmung in Italien aus.
Die entscheidende Veränderung der Verhältnisse für Deutsche, vor allem jüdischer Herkunft, in Italien entstand im Jahr 1943. Der Kriegüberdruss der Italiener führte zu Streiks und zu einer

Erklärung selbst des „Großen Faschistischen Rats“ gegen Mussolini. Am 9. Juli landeten die Alliierten in Sizilien, am 3. Oktober in Kalabrien. König Vittorio Emanuele III. ließ in dieser Situation Mussolini am 25. Juli verhaften und beauftragte Marschall Pietro Badoglio mit der Regierungsbildung. Am 8. September 1943 schloss Italien einen Waffenstillstand mit den Alliierten. Jetzt griff Nazi-Deutschland in Italien ein, entwaffnete die italienischen Truppen in den von der Wehrmacht besetzten Gebieten, befreite Mussolini, setzte ihn an die Spitze der auf diese Gebiete beschränkten „Repubblica Sociale Italiana“ und versuchte nun auch die NS-„Rassenpolitik“ in Italien durchzusetzen. Der König und Badoglio gingen zu den Alliierten über. Die Alliierten drangen im Laufe der Jahre 1943 und 1944 in Italien nach Norden vor. Italienische Freiwillige kämpften auf Seiten der Wehrmacht, die regulären Truppen auf alliierter Seite. In Mittel- und Oberitalien unterstützten Partisanen die Alliierten hinter der deutschen Front.

In der Pensione Bandini in Florenz war Bargheer nicht als einziger Deutscher zu Gast. Im Hause hielten sich in den späten 1930er Jahren bereits einige andere Maler und Schriftsteller auf, die sich vor den Nazis zurückgezogen hatten. Von der Situation besitzen wir Schilderungen von Malern, die in dieser Zeit dort gewohnt haben, Kurt Craemer[52] und Heinrich Steiner, der an der Akademie von Florenz studierte. Craemer bemerkte, dass Bargheer vermutlich der Einzige war, der sich in Florenz legal aufhielt. Steiner bestätigte, was für viele Italien-Emigranten galt: „Mehr oder weniger war es Zufall, dass ich 1938 nach Florenz auswanderte“, und er gab genauere Schilderungen des Lebens dort. Seine Begegnung mit dem Kunsthistoriker Werner Haftmann in der Pensione Bandini lässt aufmerken: „... ein gut aussehender, blonder junger Mann öffnete mir die Tür ... Er führte mich ein paar Treppen hinauf in eine Pension ... der junge Mann war der spätere Professor Haftmann, damals Assistent im Institut ...“[53] Mitarbeiter des Instituts, wie damals Haftmann, unterstützten also deutsche Exilanten.

Unter den Malern waren neben Craemer dessen Freund Karli Sohn-Rethel und Rudolf Levy. Steiner wunderte sich, dass sie wenig über Malerei sprachen: „Das änderte sich, als ein vierter Maler auftauchte: Eduard Bargheer. Er war nun ganz anders, für mich auch wieder ganz neu. Ein lauter, äußerst temperamentvoller, fast möchte ich sagen exaltierter Mensch. Ein unermüdlicher Arbeiter. So etwas von Arbeiten hatte ich noch nie vorher gesehen ... Er malte ein Motiv am selben Tag in 10 bis 12 Versionen. Ungeheuer von ihm! Kaum war er da, so wurde auch viel von Malerei gesprochen." Später kam der Zeichner Heinz Battke dazu, damals „ein reicher junger Mann". Außerdem gesellten sich gelegentlich Hans Purrmann und der Sammler Leo Stein zu ihnen. Die Maler und einige Schriftsteller vertrieben sich die Abende mit Erzählungen. „So ist mir unvergesslich eine meisterhafte Erzählung von Bargheer, der ja aus Finkenwerder stammt. Er schilderte einen Halligbauern, der im Kreise seiner Schafe laut sang, um sich die Angst vor der kommenden Überflutung vom Leibe zu singen. Das muss man erlebt haben. Es war eine druckreife Erzählung."

Bargheer hatte in Florenz nicht nur Kontakte zu Heydenreich am kunsthistorischen Institut, die sich schnell auf den Direktor Friedrich Kriegbaum und wohl auch auf den Assistenten Werner Haftmann ausweiteten, sondern auch zum Umfeld des sich von den Nazis distanzierenden deutschen Konsuls Gerhard Wolf, der sich für Bargheer einsetzte.

Von Hamburg aus hatte Bargheer schon eingeleitet, dass er vom dortigen Wehrmeldeamt eine Verlängerung seiner Ausreisegenehmigung erhielt. Vor Ablauf der Frist bat er bescheiden, „seinen Sichtvermerk um ein halbes Jahr zu verlängern", und fügte seinem Antrag eine vom Direktor des Instituts unterschriebene Bestätigung bei. Danach wolle er „für eine im Gange befindliche wissenschaftliche Arbeit über die Mediceische Kapelle von Michelangelo Rekonstruktionszeichnungen" ausführen. Antrag und Bestätigung hatten Erfolg. Ein erneuter Antrag an die Polizeidienststelle in Hamburg-Blankenese war danach schon etwas forscher. Nun war die Bitte, den „Arbeitsaufenthalt in Italien um etwa ein 3/4 bis ein Jahr zu verlängern".[54] Auch ihr wurde entsprochen. Auf diese Weise gelang es Bargheer bis ins Jahr 1942 seinen Aufenthalt in Italien zu legalisieren. Die Forschungsarbeiten für eine Rekonstruktion der Medicigräber wurden damals tatsächlich durchgeführt. Auf jeden Fall hatten die Florentiner einen Gegenstand der Kunstgeschichte gewählt, den selbst Offiziere in Hamburg für wichtig halten konnten.

Fast geräuschlos vollzog Bargheer in dieser Zeit seinen Übertritt zur katholischen Kirche. Zeitgenossen erinnern sich an die Feier in S. Vito, der Kirche des Erzbischofs von Forio auf Ischia, im Jahr 1941. Der protestantisch erzogene Lehrersohn aus Finkenwerder wurde Katholik. Der Zeitpunkt liegt am Ende seiner Bemühungen, sich mit seiner Kunst in Deutschland durchzusetzen, nach seiner Flucht vor den Nazis, nach Beginn des Zweiten Weltkrieges, nach dem Erlebnis der Emigration der Panofskys und Gretchen Wohlwills und während der Zeit seiner Eingewöhnung in das italienische Kulturleben. Kurt Craemer berichtete, dass es unter Emigranten weitere Konversionen gegeben habe.[55] Konversion gehörte zu den Verhaltensweisen protestantischer Künstler in Italien. Bargheer hat sich im „Heiligen Jahr" 1950 in einem Vortrag „Die katholische Kirche und die Kunst" selbst dazu geäußert.[56] Seine Kunst scheint in dieser Zeit und später jedenfalls auch in ihren Themen davon beeinflusst zu sein. Schon 1940 hat er einen Passionszyklus in großformatigen Aquarellen ausgeführt. Prozessionen, Heiligenfiguren, italienische Kirchen und Friedhöfe sind offensichtlich nicht nur zufällige Motive. Äußerungen einer katholischen Orientierung waren später die Restaurierung einer Madonna in Forio, seine Mosaiken für Kirchen in Forio, das Ölbild einer Osterprozessionsdarstellung für die vatikanischen Museen oder eine Aquatinta „Corpus domini", die er für ein „Heiliges Jahr" in Rom angefertigt hat. Seine Berufung 1958 zum Gastprofessor an die Accademia Tiberiana già Pontifica in Rom war jedenfalls auch ein Ergebnis. In seine religiösen Überzeugungen hat Bargheer sich darüber hinaus aber nicht hineinblicken lassen. Auch später in Hamburg war eine religiöse Praxis nicht zu erkennen.

Die Briefe, die Bargheer an Gretchen Wohlwill von Ischia über sein dortiges Leben schrieb, die Beschreibungen Heinrich Steiners von dem Geschehen in der Pensione Bandini in Florenz sowie Notizen von Bargheers Schüler Volker Detlef Heydorn aus Hamburg lesen sich, als hätte Bargheer in den Jahren zwischen 1938 und 1942 mehrere Identitäten gehabt. 1939 und 1940 war er die meiste Zeit auf Ischia und gab sich dort ganz seiner Malerei in der neu entdeckten Atmosphäre der Insel hin. Auch in der inzwischen gewohnten Florentiner Umgebung und im Domizil der Pensione Bandini arbeitete er, pflegte aber auch seine Kontakte so, dass seine Mitmenschen ihn ganz für einen Florentiner nahmen. Wenn er aber gelegentlich in Hamburg erschien, wurde seine Gegenwart empfunden, als wäre er auf einer Italienreise nur kurz weg gewesen.

Heydorns Notizen erfassen einen Zeitraum von Weihnachten 1936 bis Mai 1942, während dessen er selbst allerdings bereits zwei Jahre „im Krieg" war. Er schilderte darin nur Begegnungen mit Bargheer, die in Hamburg stattfanden. Meist ging es um sein Werk, an dem er auch in Hamburg arbeitete, und allgemein um Kunst. Im November 1938 führte Bargheer Heydorn die Ausstellung seiner Werke in seinem Jungfernstieg-Atelier vor. Im Januar 1939 besuchte Heydorn ihn in seinem Fischerhaus an der Rutsch und ließ sich Korrekturen für seine künstlerischen Arbeiten geben. Seit 1939 war Heydorn Bargheers Schüler in der Kunstschule Koppel. Dort übernahm nach der Emigration von Gerda Koppel nun Gabriele Stock-Schmilinsky die Leitung. Als Bargheer in der Schule im Dezember 1939 über „moderne Kunst" referierte, notierte Heydorn: „Bin begeistert über seine mutigen Worte zum Thema ‚entartete Kunst'." Im Januar 1940 half Heydorn Bargheer beim Transport seiner Werke vom Jungfernstieg-Atelier in die nicht weit davon gelegene Galerie Commeter. Beide mussten aber erleben, dass die ausgestellten Ölbilder auf Geheiß der Nazis abgehängt wurden. Im Mai 1942 schließlich holte Heydorn den aus Italien eintreffenden Bargheer am Altonaer Bahnhof ab, rauchte mit ihm italienische Zigaretten, und Bargheer erzählte von seinem zukünftigen Dolmetscher-Dienst in La Spezia, bevor er wieder nach Italien fuhr und Heydorn an die Ostfront.[57]

Im Frühjahr 1942 hatte Bargheer eine erste Ausstellung in Florenz in der Galerie „Il Ponte" unweit des damals noch nicht gesprengten Ponte S. Trinità. Der deutsche Kunsthistoriker Wolfgang Lotz schrieb im Katalogfaltblatt. Das Zustandekommen der Ausstellung lässt sich nur damit erklären, dass die Galerie sich einen Verkaufserfolg erhoffen konnte.

Als sich während des Krieges die Lage für die „wehrfähigen" deutschen Männer zuspitzte, war es der deutsche Konsul Wolf in Florenz, der Bargheer auf neue Gefahren aufmerksam machte. „Und zwar rief mich damals … der Konsul an und sagte, ich müsste aber jetzt in irgend einer kriegswichtigen Sache untertauchen, denn sonst müsste ich von Italien wieder nach Deutschland geschickt werden …, dann würde ich nach Russland geschickt werden können."[58] Dieser Konsul vermittelte ihn im Frühjahr 1942 als Chefdolmetscher an den „Kommandanten der 29. U-Boot-Flotte in La Spezia",[59] für den er Übersetzungsaufgaben im deutschen Kriegsmarinearsenal übernahm; Bargheer berichtete später von dessen Distanz zu den Nazis. La Spezia hatte Bargheer schon 1931 bei der Reise mit Gretchen Wohlwill nach Lerici kennengelernt. Bei seinem Interesse für Hafenstädte muss er den Kriegshafen damals besichtigt haben, von dem aus die Deutschen nun ihre U-Boote im Mittelmeer operieren ließen.

Über den Dienst, den er im Sommer 1942 antrat, berichtete Bargheer später: „Die Zeit war sehr schwer zuerst, weil ich von der Pike auf anfangen musste … Ich musste die Arbeiten auf den beschädigten U-Booten, die in den Docks lagen, den Italienern erklären."[60] Einerseits schaffte ihm seine Profession als Künstler dabei einiges Ansehen, andererseits wurde er als Begleiter des Kommandanten geachtet, und schließlich brachte ihm auch sein steigender Sachverstand im U-Boot-Bau die in Italien hoch geschätzte Anrede „Ingegnere" ein. Bargheer hatte in La Spezia unter anderem die Aufgabe, ein Spezialwörterbuch der U-Boot-Fachausdrücke herzustellen, das auch gedruckt worden ist. Als er dafür zum Offizier befördert und nach Kiel beordert werden sollte, verhinderte der Kommandant die Überführung nach Deutschland und bescheinigte ihm Unabkömmlichkeit. In La Spezia war unter den Dolmetschern auch der deutsche Kunsthistoriker Herbert Siebenhüner tätig, der vorher Mitarbeiter am Institut in Florenz gewesen war; Craemer schrieb, dass dieser Führer der nationalsozialistischen Studentenschaft in Florenz gewesen sei.[61] Die beiden Deutschen aus Florenz erhielten einen zufälligen Besuch von dem Kunsthistoriker Harald Busch, der 1934–1935 die Hamburger Kunsthalle kommissarisch geleitet hatte und nun als Matrose auf einem Kriegsschiff Dienst tat. Ihm verdanken wir Fotos von Bargheers Dekoration eines Faschingsfestes für die Belegschaft des Arsenals. In den Malereien wurde die Zusammenarbeit von Römern und Germanen beim U-Bootbau in der Antike bewitzelt. Künstlerisch

arbeiten konnte Bargheer im Übrigen während der Zeit im Arsenal 1942–1943 nicht.
Über die Maler in der Pensione Bandini in Florenz schrieb Heinrich Steiner: „Die Gemeinschaft in der Pension Bandini löste sich langsam auf. Bargheer, Schlüter und Battke wurden als Dolmetscher einberufen … Craemer und Karli zogen nach Positano, Florenz wurde ihnen zu teuer …“ Die Schilderung einer Weihnachtsszene wirft ein Licht auf die Verhältnisse. „Zum Weihnachtsfest 1942 kamen wir noch einmal zusammen. Auch Bargheer war da und Herbert Schlüter. Eine Gans wurde organisiert, sie wurde gemeinsam gebraten und gegessen und – als alle satt waren – bemäkelt. Bargheer meinte, sie habe schon bei der Uraufführung von Lohengrin den Schwan gemimt.“
Trotz solcher Episoden wurde der Aufenthalt für Deutsche in Italien immer gefahrvoller. Diese Gefährdungen auch in Bargheers Florentiner Umgebung wurden am Schicksal der Maler Purrmann und Levy besonders deutlich. Purrmann hielt sich seit 1935 in Florenz auf. Er nahm für den Deutschen Künstlerbund die Leitung der Villa Romana wahr und konnte sich so dem drohenden Malverbot eine Zeit lang entziehen, musste sich aber besonders vorsichtig verhalten. Steiner schrieb über ihn: „Purrmann hatte als Leiter der Villa Romana eine halboffizielle Stellung. Er kannte selbstverständlich alle deutschen Maler, er hatte aber ein sehr einschneidendes Erlebnis gehabt. Man hatte ihn beim Besuch Hitlers in Florenz einige Tage ins Gefängnis gesperrt. Das muss ihm einen furchtbaren Schock gegeben haben. Selbstverständlich traf sich Purrmann mit Levy und Leo Stein … Aber immer an neutralen Orten. Er hat nie die Treppen zu unserer Pension Bandini erklommen.“ Auch Bargheer hat sich in Florenz mehrfach mit Purrmann getroffen. 1943, rechtzeitig vor dem Einmarsch der Deutschen, konnte Purrmann in die Schweiz ausweichen.
Noch deutlicher wurden die Gefahren nach dem Einmarsch der Deutschen am Beispiel des Schicksals von Rudolf Levy. Steiner berichtete darüber: „Eines Tages saß ich mit ihm in einem Cafè (wir trafen uns täglich an einer gewissen Stelle der Stadt, wir mussten uns bereits verstecken wie die Mäuse), als ein ganzer Trupp von SS-Leuten herein kam und sich an die Bar stellte. Rudolf redete weiter deutsch. Ich sagte: ‚Um Gottes willen,

Rudolf, sprechen Sie nicht deutsch!‘ Da wurde er wütend: ‚Sie werden sich doch nicht wegen der paar Laffen ins Bockshorn jagen lassen!‘ Mir wurde eiskalt, ich zahlte und ging schleunigst davon. Das war das letzte Mal, dass ich mit Rudolf zusammenkam.“ Zu Levys Festnahme schrieb Steiner dann: „Er hatte sich angewöhnt, in der Pension Bandini mittags zum Essen zu erscheinen. Eine große Unvorsichtigkeit. Dort wartete am folgenden Tag die SS auf ihn. Er wurde verhaftet ... Heute wissen wir, dass Levy nach Auschwitz abtransportiert wurde und wahrscheinlich den Transport nicht überstanden hat.“
Über die weitere Kriegszeit berichtete Steiner zusammenfassend: „Dann kamen die Belagerung und die Einnahme von Florenz. Battke kam in ein Internierungslager, so auch Emy Roeder. Es war eine turbulente Zeit. Nach einem Jahr kehrte Battke zurück. Er war grauhaarig geworden. Die Lagerzeit war für ihn sehr hart gewesen. In dieser Zeit fing er an zu zeichnen ...“ Die Bildhauerin Emy Roeder und Bargheer scheinen sich in Florenz nicht begegnet zu sein.
Eduard Bargheer blieb das Schicksal seiner Kollegen erspart. Nachdem 1943 die Alliierten in Italien gelandet waren, hat ihn offenbar Konsul Wolf aus dem militärischen Dienst in La Spezia zurückgeholt. „Der Konsul hat sich an den Arsenalkommandanten gewandt. Er brauchte mich als guten Kenner der Florentiner ... Schwierigkeiten, um Heydenreich weiter zu vertreten – neben der Arbeit, die ich noch für den Konsul mitmachen sollte. Und so wurde ich aus dem Arsenal entlassen nach Florenz.“[62]
Bargheer erhielt nun also den Auftrag, anstelle von Ludwig Heinrich Heydenreich, der 1943 als Nachfolger von Kriegbaum Direktor des Deutschen kunsthistorischen Instituts geworden war, den Kunstschutz für das Institut zu übernehmen, und wurde außerdem für weitere Aufgaben in Vertretung des Konsuls Wolf eingesetzt. In dieser Zeit hat er in Heydenreichs Wohnung gelebt. Als Beauftragter für das Institut war er dem „Sopraintendente“ der Museen in der Toskana, Giovanni Poggi, unterstellt, zu dem es ihm ebenfalls gelang, Kontakte aufzubauen. „Ich habe dann eigenhändig die Plakate an die Tür genagelt, auf denen mit Kriegsgericht bedroht wurde, wer das Gebäude betreten oder Dinge abtransportieren würde“, hat er seine Tätigkeit geschildert.[63] In dieser Zeit als Kunstschutz-

beauftragter des Instituts hatte Bargheer den Mut, aus Florenz an seine beiden Lieblingsschwestern Mimi und Elisabeth nach Hamburg zu schreiben, um ihnen ein Lebenszeichen zu geben, zu bedauern, dass sie so wenig von ihm hörten und dass von ihm keine Unterstützung kommen könne, da er selbst zur Zeit auf Hilfe von Freunden angewiesen sei.[64]

Hitler war im Mai 1938 das erste Mal in Florenz gewesen und hatte beim Blick vom Piazzale Michelangelo auf Florenz pathetisch ausgerufen: „Endlich verstehe ich Böcklin." Dieser hatte von 1874 bis 1901 meist in Florenz gelebt. Nach Kriegsbeginn, im Oktober 1940, kam Hitler ein zweites Mal. „Führer" und „Duce" sprachen vom Balkon des Palazzo Vecchio, bejubelt von einer riesigen Menge. Die Kunstwerke auf der Piazza waren jedoch bereits gegen Bombardierung eingerüstet. Nur der David von Michelangelo und der Herkules von Bandinelli waren noch sichtbar, Sieger, mit denen sich die Achsenmächte identifizierten. Bis zum Herbst 1943 war die Stimmung in Italien und in Florenz aber umgeschlagen. Nach der Landung der Alliierten und dem Waffenstillstand vom 8. September fuhren die Deutschen in einem Auto mit weißer Fahne, gefolgt von Panzern, in Florenz ein. Die Wehrmacht und die Faschisten der „Repubblica Sociale Italiana" übernahmen die Macht. In Florenz standen sich die faschistische Guardia Nazionale und ein heimlich operierendes Comitato Toscano di Liberazione Nazionale gegenüber.

Im September 1943 begannen auch in Florenz Bombenangriffe der Alliierten, die meist strategischen Zielen galten, aber auch das Teatro Communale zerstörten. Die Florentiner wie die Bewohner der Pensione Bandini gewöhnten sich an Sirenengeheul und Bombenalarm. Aber die Angriffe steigerten sich. Auch der Institutsdirektor Kriegbaum kam dabei zu Tode. Seit Frühling 1944 bemühte sich eine diplomatische Initiative der Konsuln der Schweiz und Deutschlands, unterstützt von Kardinal Elia dalla Costa, Florenz nach dem Vorbild Roms zur „Città aperta", zur offenen Stadt, zu erklären. Hitler und der deutsche Oberbefehlshaber Albert Kesselring gaben dazu vorgeblich zustimmende Erklärungen ab, um Zeit zu gewinnen und die Bevölkerung zu beruhigen.

Die Alliierten hatten seit der Landung in Süditalien fast ein Jahr gebraucht, bis sie sich im Juli 1944 Florenz von Süden durch die Toskana näherten. In der Pensione Bandini hörte man von ferne das Grollen der heranrückenden Front, aus der Nähe die Geräusche der deutschen Kriegsmaschinerie, die durch die Porta Romana der Front entgegenrollte. Der deutsche Konsul Wolf wurde wegen seines florenzfreundlichen Kurses durch Oberst Adolf Fuchs ersetzt. Die Stadt war jetzt ganz in der Hand der Wehrmacht, die nicht auf Rückzug sann, sondern auf Sabotage und Plünderung. Truppen und Kriegsgerät wurden in den Nor-

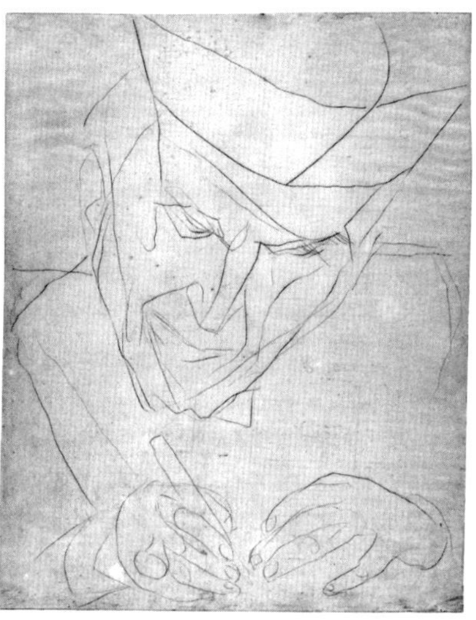

Der Erzbischof, der Bargheer in Florenz verstecken ließ:
Eduard Bargheer, „Porträt Elia dalla Costa“,
Radierung, um 1949

den von Florenz abgezogen, um später auf den Höhen des Apennins Stellung zu beziehen. Aus der Stadt wurde alles entfernt, was der Bevölkerung zum Überleben diente, von den Pumpen der Abwasserleitungen bis zu den Betten der Krankenhäuser. Die Zentrale der Elektroversorgung und die zentrale Wasserleitung wurden außer Kraft gesetzt. „Es fuhren keine Bahnen … es gab kein elektrisches Licht, kein Wasser, gar nichts“, erinnerte sich Bargheer später.[65]

Die längs des Arno wohnende Bevölkerung versuchte in Panik, ihre Häuser zu verlassen, um anderswo Unterschlupf zu finden.

Denn am 31. Juli gingen die deutschen Ingenieure daran, die Brücken zur Sprengung bereit zu machen. Am 3. August, um 17 Uhr, trat der Ausnahmezustand in Kraft. In der Nacht des 3. August explodierten fünf Brücken, S. Niccolò, alle Grazie, S. Trinità, alla Carraia, Vittoria. Verschont wurde der Mittelteil des Ponte Vecchio. Zugleich mit den Brücken, deren Schutt ins Flussbett sackte, wurde die historische Wohnbebauung an beiden Arnoufern zerstört. Bis zum 11. August waren dann Maschinengewehrschützen am nördlichen Arnoufer postiert. Erst danach zog sich die Wehrmacht auf eine Linie im Norden zurück. Kampfhandlungen fanden bis zu dieser Zeit lediglich zwischen den schlecht bewaffneten Partisanen und den deutschen Truppen statt. Am 13. August näherten sich dem Arno endlich die ersten Panzer der Alliierten. Inzwischen hatte das Comitato Toscano di Liberazione Nazionale eine Giunta Communale, einen Magistrat, gewählt.[66]

Als sich die Front Florenz näherte, bat Bargheer den „Sopraintendente" Giovanni Poggi um Unterstützung. Er wolle nicht mit dem deutschen Konsul und seinem Personal nach Mailand evakuiert werden, sondern in Florenz bleiben. Poggi führte ihn zum Kardinal dalla Costa, mit dem er zur Schule gegangen war, und bat ihn, Bargheer zu verstecken. Der Kardinal, den Bargheer mehrfach porträtiert hat, soll ihm würdevoll gesagt haben, wie Bargheer sich später noch genau erinnerte: „Figlio mio, non ti preoccupare. Ora ci provvederemo noi!", Mein Sohn, sorg Dich nicht. Nun werden wir das in die Hand nehmen. Am nächsten Tag empfing ihn Monsignore Bassetti-Sani, der Sekretär des Kardinals, am Haupteingang des Palazzo Pitti, vor dem die deutschen Panzer an die nahe Front rollten. Beide gingen durch die Boboli-Gärten zu einem Gebäude nahe der Gartenmauer, wo der Monsignore dem Künstler eine Matratze unter den Flügel im Musiksalon legte. Von diesem Gebäude, von dem man einen Blick über Florenz hat, konnte Bargheer über Tage die Kämpfe um die Stadt miterleben. Er sah die Vorbereitung und die Sprengung der Arno-Brücken. Und er beobachtete, wie die Partisanenkämpfer, die Aktentaschen mit Handgranaten bei sich trugen, in die Gärten eindrangen. Er erlebte, nachdem die Brücken gesprengt und die deutschen Truppen abgezogen waren, die Beschießung der Stadt von

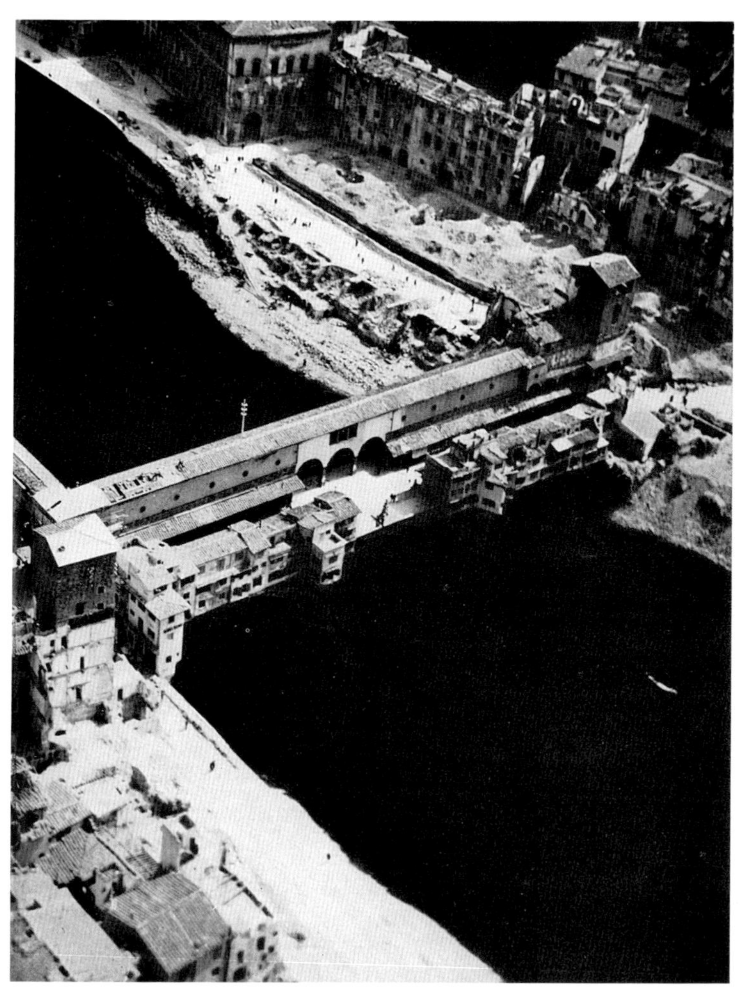

Als einzige Florentiner Brücke nicht gesprengt:
Der Ponte Vecchio inmitten von Trümmern,
Foto, nach 1944

beiden Seiten in der Sakristei, die als sicherster Ort des Palazzo Pitti galt. Und er nahm den Einzug der Alliierten wahr.
Deutsche und Japaner hatten sich danach auf der Questura zu melden. „Und mein alter, lieber Poggi, der Sopraintendente, der hat mich dann dahin begleitet."[67] Aber der Vorsteher der Questura, der ihn ebenfalls kannte, begrüßte Bargheer mit den Worten: „A, professore, Lei è uno di Noi!", Sie sind einer von uns. In ähnlicher Weise wurde er von den Vertretern der Alliierten akzeptiert. Nach dieser Überprüfung erhielt Bargheer am 2. September 1944 eine offizielle Aufenthaltsgenehmigung und konnte wieder in die Pensione Bandini zurückkehren. Was ihn am meisten bewegte, war, dass unter den alliierten Soldaten emigrierte Deutsche jüdischer Herkunft waren, die eine Arbeit von ihm im Wallraf-Richartz-Museum kannten, die sich für seine neueren Bilder interessierten, die ihn zu Weihnachten mit Naturalien beschenkten und ihm Ölfarben und Pinsel besorgten.
In der Zeit der Kriegshandlungen in Florenz waren Arbeiten entstanden, die in Bargheers Werk eine künstlerische Besonderheit darstellen. Es sind Aquarelle, in denen er aktuelle Geschehnisse und deren Widerspiegelung im Florentiner Stadtbild festgehalten hat, wie er dies sonst in seinen Arbeiten kaum getan hat. Nach ruhigen Ansichten von Florenz, Darstellungen von Szenen in der Pensione Bandini und Ausblicken von deren Loggia erschienen 1944 und 1945 Aquarelle mit Titeln wie „Straßenkampf in Florenz", „Massaker", „Aufmarsch", „Ruinen beim Ponte Vecchio", „Zerstörtes Florenz" oder „Behelfsbrücke über den Arno". Der Krieg war für kurze Zeit als Thema in ein Werk eingedrungen, das vorher nur Landschaften, Porträts und Stillleben, allenfalls thematisch ausgerichtete Wandmalereien im Frieden gekannt hatte.[68]
Von Bargheer existiert ein Foto nach der Befreiung von Florenz, auf dem er mit Heinrich Steiner, dem Mitbewohner in der Pensione Bandini, voller Tatendrang über eine der provisorischen Brücken schreitet. Auch Steiner hatte wie Bargheer auf irgendeine Weise in Florenz überlebt und hielt sich dort bis 1950 auf. Am 15. Februar 1945 besuchte Klaus Mann, der in der amerikanischen Armee in der psychologischen Kriegsführung arbeitete, Bargheer in der Pension.

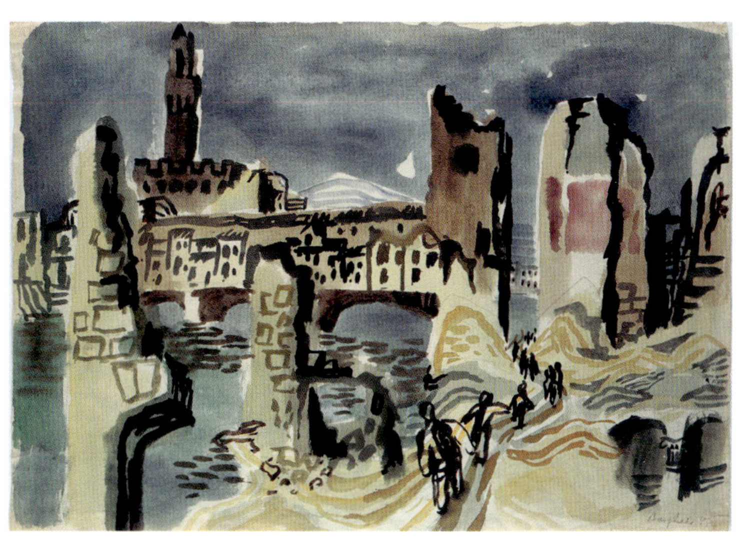

Eduard Bargheer, „Ruinen beim Ponte Vecchio“,
Aquarell, 1944

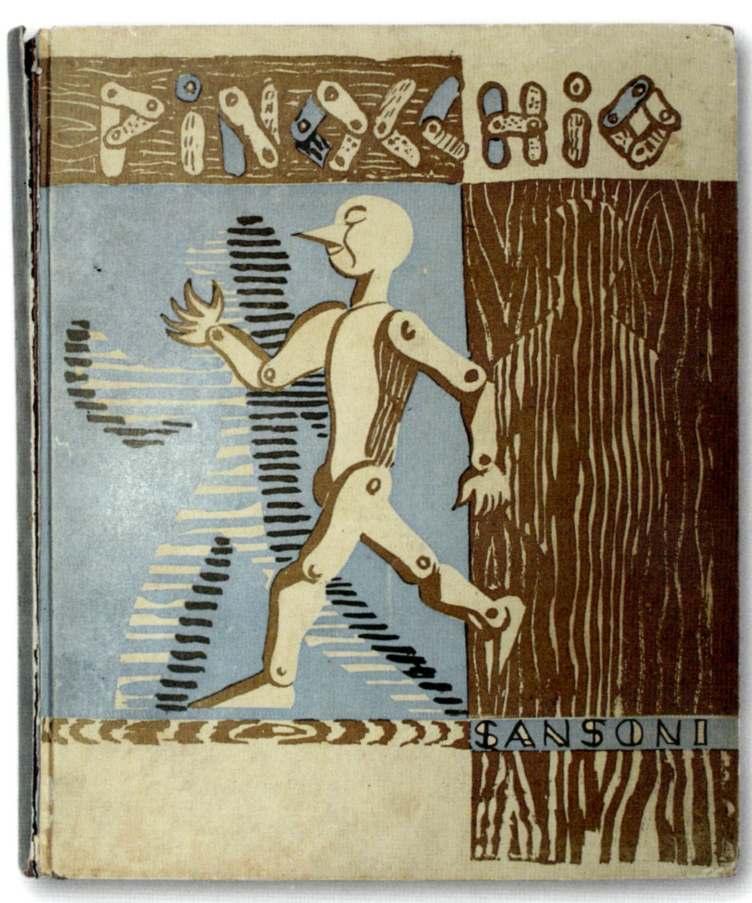

Ein erster Illustrations-Auftrag nach dem Krieg:
Eduard Bargheer, „Pinocchio“,
erschienen bei Sansoni in Florenz, Titelbild, 1945

In dieser Zeit hat er sich dadurch über Wasser halten können, dass er für einen Italiener nach Fotos der berühmten Firma Fratelli Alinari kleine Ansichten von Florenz malte, vom Palazzo Vecchio etwa oder vom Palazzo Pitti, die dieser in einem „Giftshop" für Soldaten der Alliierten verkaufte. Er hat 1945 auch einen Holzschnittzyklus hergestellt, „Monumenti Toscani", mit Ansichten des Florentiner Doms, seiner Fassade, seines Campanile, des Ponte Vecchio, des Ponte S. Trinità, sowie des Baptisteriums und des schiefen Turms von Pisa. Eine weitere Verdienstquelle war seine zeitweilige Ernennung zum deutschen Konsul in Florenz. Der schweizerische Konsul zahlte ihm dafür freiwillig ein Salär.

1945 erhielt Bargheer dann auch einen für jene Zeit lukrativen Auftrag zur Illustration von Carlo Collodis „Pinocchio". Er hat später freimütig erzählt, dass ein weiterer Gönner, der Marchese Serlupi, der einem Aufsichtsgremium des Verlages Sansoni angehörte, diese Publikation durchgesetzt habe. Für ihn hat er eine Kolorierung der gedruckten Illustrationen angefertigt.

Schon vor der Befreiung von Florenz hat Bargheer auch die Bekanntschaft von Carlo Levi gemacht, ursprünglich Arzt, dann als Maler und Schriftsteller tätig. Dieser war 1935 bis 1936 von den Faschisten nach Süditalien verbannt gewesen, hatte sich bis 1942 in Frankreich aufgehalten und wurde nach dem Einmarsch der Deutschen 1943 von Freunden in Florenz versteckt gehalten. Auch er hat diese Zeit überlebt. Über seine Verbannung hat er 1945 sein bekanntestes Buch „Christus kam nur bis Eboli" geschrieben. Als Bargheer 1949 eine Ausstellung in der Galleria dell' Obelisco in der Via Sistina in Rom hatte, verfasste Carlo Levi den Text des Einladungsblattes, das mit zwei Originalholzschnitten versehen war.

Dieser Text des großen italienischen Schriftstellers ist eine ausdrucksvolle Quelle für die Einschätzung Bargheers aus italienischer Sicht und ein Zeugnis für die Bilingualität seiner dortigen Existenz. „Edoardo Bargheer" sei auf einer Insel nahe Hamburgs geboren und habe seine Arbeit unter dem Einfluss der Gruppe ‚Brücke' und auch von Munch begonnen. Seine Malerei sei dann von den Nazis für „degenerata" erklärt und aus Museen und Ausstellungen beseitigt worden. 1938 habe er sich entschlossen, Deutschland zu verlassen und nach Italien, nach

Forio auf Ischia, zu gehen, wo er seit fast zwölf Jahren lebe und male. Diese Fakten könne man in den Katalogen der vielen Ausstellungen lesen, doch ebenso in den Kritiken, die ihm in jüngster Zeit gewidmet worden seien. Er, Levi, selbst habe diese nicht gekannt, bis er den Maler 1942 kennengelernt habe, und auch seine Bilder noch nicht gesehen, als er schon beeindruckt gewesen sei von seiner Persönlichkeit.

Dann schilderte Levi in wohlklingenden Worten Bargheers Erscheinung: „… l'aperto sorriso, l'entusiastica cordialità dello sguardo, il tono ammirativo schietto e chiaro della voce, l'atmosfera di comprensiva innocenza dei gesti e della persona", das offene Lächeln, die enthusiastische Herzlichkeit des Blickes, den bewundernswerten Ton der reinen und klaren Stimme, die Atmosphäre von vollkommener Unschuld der Gesten und der Person. Besonders habe ihm gefallen, wie Bargheer über Ischia und den Epomeo, den höchsten Berg der Insel, gesprochen habe, über die Keller und Grotten der Fischer und Hirten und über die Bauern, die mit ihm ihr Brot geteilt und im Schatten der Feigenbäume gelegen hätten, über eine Welt der Armen, der Ruhe und des Zaubers, wo die Ziegen Königinnen seien. „Wir waren mitten im Krieg und dieser junge Deutsche dachte und sprach, als wenn die Grausamkeiten, die Trennungen und der absurde Wahnsinn nicht existierten und ihn nicht berührten." Levi erinnerte aber auch daran, dass damals der schon ältere, bedeutende deutsche Maler Rudolf Levy dabei gewesen sei, der wenige Monate danach in einem unbekannten Konzentrationslager umgebracht worden sei. Er staunte über die Passion der Menschen aus dem Norden für die „terre felici del Sud", die glücklichen Länder des Südens, und für „la luce abbagliante e colorata", das blendende und farbige Licht. Die Bilder, die er danach gesehen habe, hätten den Eindruck der Worte und Gesten bestärkt, und noch mehr überzeugten ihn jetzt die neuen, danach entstandenen, die ausgestellt seien.

In dieser Zeit machte Bargheers Werk eine Entwicklung durch, die seine Bilder von der Gegenstandsbezogenheit des expressiven „Sezessions-Stils" zu einer neuen Struktur und zu einer neuen Farbigkeit führte. In den Ausstellungen der Nachkriegszeit trat sie in Erscheinung.

Begegnung mit Ischia

Das in der zweiten Hälfte seines Lebens entstandene Werk Bargheers ist angeregt von dem ersten Eindruck, den Ischia auf ihn gemacht hat, und durchdrungen vom Ischia-Erlebnis während seiner vielen und langen Aufenthalte auf der Insel. Für die aktuelle Wirkung sind seine Briefe an Gretchen Wohlwill unmittelbare literarische Zeugnisse, für die langfristige Wirkung seine späteren Äußerungen.

Die Annäherung an Ischia geschah nicht plötzlich und nicht planmäßig. Auf den ersten Reisen hatte Bargheer außer Sizilien italienische Inseln nicht kennengelernt. Er hatte sich jedoch länger in Neapel aufgehalten und über den Golf geblickt, aber dabei zeigt sich ja nur Capri. Erst später ist er deutlicher auf Ischia aufmerksam gemacht worden. „Ich weiß noch, dass mir Herbert List Aufnahmen von Ischia gezeigt hat, die mich sehr enthusiasmierten. In Hamburg hat er mir die gezeigt und mir gesagt, ... ich sollte dann aber in S. Angelo wohnen.“[69] Erst als er 1935 im Oktober in Rom war, entschloss er sich eher beiläufig, Ischia einen Besuch abzustatten.

Längere Zitate aus den Briefen mit den Beschreibungen, die er im Oktober 1935 aus Ischia an Wohlwill gerichtet hat, machen uns deutlich, wie aufmerksam er reiste, wie genau er seine Eindrücke registrierte, wie wohlformuliert er sie später festhielt, aber auch, was für ein vertrautes Verhältnis er zu seiner Briefpartnerin hatte.[70]

Am 14. Oktober 1935: „Du wirst erstaunt sein, wo ich mich befinde, und mir selbst ist noch wie im Traum. Ich sitze am offenen Fenster, und wenn ich aufblicke, sehe ich auf das heute spiegelglatte Meer, an dessen Horizont die Insel Capri liegt ... Eine fast sommerliche Hitze liegt auf dem Strand im Vordergrund, an dem ich soeben mein erstes Bad nahm. Ach, dass es das Mittelmeer ist, das jetzt – Mitte Oktober – einem noch so warm erscheint, wie die Nordsee niemals wird, nicht einmal im Hochsommer! ... Du weißt, dass ich seit Jahren den Wunsch habe, den Süden Italiens, der ja in meiner Vorstellung immer schon Märchenland war, zu sehen. Und – weiß Gott – ich habe mich nicht getäuscht, denn südlich von Rom fängt Afrika an ... Nebeneinander liegen das Capri- und das Ischiaschiff. Und es zeigt sich bereits hier ein äußerlicher Rangunterschied der beiden Inseln. Während der prächtige Capridampfer einem weißen Schwan gleicht, ist das dagegen schmächtige, schwarze Ischiaboot wie das hässliche Entlein. Das Schiff ist fast leer, und ich genieße das freie Oberdeck. Bald liegt Neapel hinter uns – jetzt in der Nachmittagssonne wie eine gelblich-weiße Märchenstadt. Der weiße Mittagsdunst ist verschwunden, sodass der Vesuv als edler Kegel vom Meere bis zu seinem Gipfel aufsteigt ... Nach dem Umfahren Procidas liegt zum ersten Mal die Gesamtsilhouette der Insel Ischia vor Augen. In weichem Anstieg von Osten her erhebt der Epomeo sein stolzes Haupt, nach Westen aber stürzt er steil hinab. Die sanften Hänge sind allüberall von Grün bedeckt, die steile Seite jedoch ist kahl und knochengrau ... Am Ufer stehen einige weiße Häuser, die bläulich schimmern vor dem ernsten Schwarz der Berge hinter ihnen, von einigen hohen Palmenwedeln überragt, ‚Abendruhe' atmet Alles; die Wasserfläche, auf der sich Häuser und Barken so ohne Makel spiegeln, das Oben und Unten sich haargenau gleichen – ohne Unterbrechung – wird nun aufgeraut von unserem Schraubenwasser beim Anlegen des Schiffes." Nach einer Fahrt im Pferdewagen näherte sich Bargheer der gegenüberliegenden Küste. „Dort liegt ein Boot bereit; als wir herüberrudern zu den Lichtern, die unter einem Berg am Meere sichtbar werden, kommt der Mond und bescheint einen schneeweißen Ort am grauen Felsenhang, mit vielen schwarzen Löchern. Das ist S. Angelo ..."

Am 20. Oktober 1935: „Jetzt bin ich schon fast eine Woche hier, und sie erscheint mir wie ein einziger Tag und auch – im anderen Sinne – wie eine Ewigkeit. Jeden Morgen, wenn ich die Läden öffne und auf S. Angelo blicke, durchfährt mich wieder der gleiche freudige Schreck, dass alles wirklich existiert, dass ich den Ort nicht träume ... S. Angelo hat etwa 500 Einwohner, es ist ein winziges Fischerdorf, das mit seinen vorwiegend weißen Häusern am Berghang liegt, sodass sich die einfachen Kuben in- und übereinander schachteln. Ab und zu sind Häuser starkblau und rosa getönt, das gibt einen schönen Akzent, und auch hellgelbe gibt es. Auf schmalen Treppenwegen steigt man durch den Ort, der seltsam verschlossen wirkt mit seinen gekalkten Mauern und geschlossenen Portalen ... Und wenn ich Dir so die Gegenstände beschreibe, wird mir plötzlich klar, dass ich im Grunde aber auch nichts ausdrücke von ihrer Atmosphäre. Das Licht ist es nämlich – diese unglaubliche südliche Helligkeit –, welches jedes Ding in eine andere, neue Wirklichkeit verwandelt."

Am 22. Oktober 1935: „Mit Wehmut zähle ich die Tage, die letzten meines Aufenthaltes; der Abschied wird sehr schwer und ich habe bereits meinem Vorhaben entgegen einige Tage zugegeben, wollte ich doch nur aus Neugier den programmwidrigen Abstecher nach hier machen, um einen ersten Eindruck zu haben. Und nun kann ich mich nicht mehr trennen und bin fest entschlossen, schon im nächsten Frühjahr hierher zurückzukehren. Die Insel Ischia hat nämlich etwas, was in Italien – besonders im Norden – selten geworden ist: unberührte Natur ..."

Am 23. Oktober 1935: „Morgen bin ich 10 Tage hier, und ich habe das Empfinden, dass sie wichtig werden für mein ganzes weiteres Leben. Um etwas von der grandiosen Einfachheit dieser Landschaft auszudrücken, müsste man Jahre hier leben, und zwar genauso einfach wie die Einheimischen ... Alle diese Dinge – wie auch die armselige Kost – werden unwichtig vor der Großartigkeit dieser einfachen Landschaft. Blicke ich aus meinem Fenster auf das bimssteinhelle Cap im tiefen blauen Meer, empfinde ich ein neues Maß für das, was wir Maler darstellen sollten. Und jeden Abend wiegt mich der Gesang des Meeres in festen Schlaf, aus dem ich mit der Wonne erwache, noch an diesem paradiesischen Orte zu sein."[71]

Bereits nach diesen ersten Tagen war Bargheer bewusst, „dass sie wichtig werden für mein ganzes weiteres Leben“, dass er Jahre hier leben müsste, „um etwas von der grandiosen Einfachheit dieser Landschaft auszudrücken“, dass er hier ein Maß für das fände, „was wir Maler darstellen sollten“.
Die erste Zeit auf Ischia hat im Werk Eduard Bargheers allerdings keine unmittelbaren Spuren hinterlassen. Seine spätere Bemerkung, er habe in dieser Zeit „auch die ganze Insel durchwandert“, lässt darauf schließen, dass er während dieses Besuches nichts anderes getan hat, als die Insel auf sich wirken zu lassen und dies in Briefen an Wohlwill festzuhalten. Seinem am 22. Oktober 1935 geäußerten Vorsatz, „schon im nächsten Frühjahr hierher zurückzukehren“, ist Bargheer dann – anders als es später in seinem Gedächtnis verankert war – nicht nachgekommen. Es ist aber 1936 das Gemälde „Schlucht bei S. Angelo“ entstanden, dem offenbar Skizzen von 1935 zu Grunde gelegen haben.
Erst im Jahr 1937 ist Bargheer während einer Italienreise und dann in den Folgejahren bewusst und planmäßig auf die Insel gefahren. Wieder suchte er das vor zwei Jahren entdeckte S. Angelo auf, wo er seine Gedanken in ausführlichen Briefen an Wohlwill festhielt.[72] Jetzt war das Ziel etwas Selbstverständliches. Auf dieser Reise, die fast nur Ischia galt, ist er von einer seiner Schwestern, Mimi, begleitet worden, „M.“, wie er sie gegenüber Wohlwill nannte. Wieder beschrieb er die Insel: „… Alles, was Du von Lerici kennst, ist hier ins Phantastische gesteigert … Wildbarocke Felsen stürzen überall direkt ins Meer … In die Berge hinauf, an denen ab und zu kleine weiße Häuser kleben, führen Schluchten mit steilen Hängen in so unheimlicher Form, wie sie eben nur in vulkanischer Gegend vorkommen“ (14. Oktober 1937).
Nun schilderte er auch die Menschen, die er auf seinen Wanderungen kennenlernte: „Die Menschen der Insel sind fast alle arm, sind aber unglaublich kindlich und alle rührend gastlich.“ – „Auf einem Hof, der – lehmgestampft – überdacht war mit rankendem Wein und sich köstlich auf das Meer öffnete, lebte alles Getier wie im Paradies beisammen.“ – „Man ging in einen Keller, eine tiefe Höhle, ein Gewölbe, das in den Fels gehauen war, mit einer Kerze, schwärzliche Wände, vor denen riesige

Fässer lagen. Ein Krug wurde unter eins gehalten, ein Holzpflock herausgezogen und – glucker, glucker – floss schwärzlich der Wein heraus“ (26. Oktober 1937).

Auch Forio trat nun in seinen Blick: „Da heute Scirocco war, sodass nicht recht an Draußen-Arbeiten zu denken war, haben wir einen Ausflug nach Forio gemacht, das wirklich eine merkwürdige Stadt ist; es hat nämlich mit all seinen Palazzi aus der Renaissance und vielen mittelalterlichen Mauer- und Zinnenresten etwas Anmutiges wie Mürrisches“ (24. Oktober 1937).

Aber diesmal ging es Bargheer auch um seine Kunst. Immer wieder kreisten seine Briefformulierungen um seine rauschhaften Erlebnisse bei der künstlerischen Arbeit: „... sodass ich heute früh heimlich um 6 Uhr mich davongeschlichen habe mit Aquarellzeug und die Sonne gemalt habe, wie sie, gerade gebadet, dem veilchenblauen Meer entstieg und eine Orangen-Brücke bis zu meinen Füßen breitete.“ – „... und abends malte ich in letzter Dämmerung, fast mehr gefühlt als gesehen, den aufgehenden Vollmond über schwarzem Meer, blankgeputztes Silber als Brücke“ (18. Oktober 1937). – „... Ich bin hinausgegangen in den Strom und habe die Brandung gemalt, nichts als das! Das ist so geworden wie ein einziger Aufschrei vor Wonne!“ (24. Oktober 1937). – „Morgen aquarelliere ich ein kleines Mädchen, die Rafaella heißt, zusammen mit ihrer schwarzweißen Ziege, sie olivenfarbig blass-lila Lippen“ (20. Oktober 1937).

In seinen Briefen artikulierte Bargheer 1935 das Staunen des Entdeckers, der seine Insel noch zu erwandern hatte. 1937 nahm er Ischia dann bereits in Dienst als ein Künstler, den die Natureindrücke zum schöpferischen Prozess führen. In dieser Zeit erkundete er auch die Heilkräfte der Thermalwasser und notierte in seinem Kalender des Jahres 1937 die Zahl der Bäder, die er genommen hatte. Jedes Mal habe ihn ein buddhaähnlicher Bader gemächlich in eine der in den Fels gehauenen Wannen gehoben. Nach den Aufenthalten von 1938 und 1939 hat sich Bargheer dann 1940, nach der Verabschiedung von Gretchen Wohlwill in eine Emigration von unbestimmter Dauer, auf der Insel eingerichtet, natürlich ohne zu wissen, wie lange der begonnene Zweite Weltkrieg dauern und was er zur Folge haben würde.

Bargheer hatte sich inzwischen immer mehr über Ischia informiert. Er besaß den Führer des Touring Club Italiano von 1927, noch heute die ausführlichste Literatur zur Insel. Er wusste, dass Ischia einen sehr späten vulkanischen Ursprung im Tertiär hatte und dass auf der Insel eine solche Vielzahl von kleineren Eruptionen geschehen ist, dass man sie als „Kompendium der Vulkanologie" bezeichnet hat.[73] Überreste davon sind die heißen Quellen. Der spangrüne Tuff, aus dem sich der Epomeo aufbaut, hat ihr den Namen „grüne Insel" gegeben.

Auch mit der antiken Geschichte hat sich Bargheer vertraut gemacht. Tatsächlich gehörte Ischia zu den frühen griechischen Siedlungen in Unteritalien. Unter der Lava des Hafens liegt die Stadt Pithekussai aus dem 8. Jahrhundert v. Chr. Im römischen Reich hat Ischia dann aber wenig gegolten. Augustus gab die Insel gegen Capri ab. Einige wenige Bäder zeugen von römischen Badeaktivitäten, römische Siedlungen gab es aber nicht. In feudalen Zeiten wurde seit dem 8. Jahrhundert n. Chr. auf der östlichen Erhebung das Castello d'Ischia als Burg eines Grafengeschlechts erbaut, nacheinander von den Normannen, den Hohenstaufen, den Anjou beherrscht. Der Humanist Bartolomeo Facio schilderte den Sieg Alfonsos I. 1423 und beschrieb dabei erstmals das Kastell. Diese Namen, die auf Anfänge einer humanistischen Kultur hindeuten, wurden von dem der Vittoria Colonna noch übertroffen, der Tochter eines römischen Geschlechtes, Dichterin, Gesprächspartnerin Michelangelos, die 1509 den Burgherrn Marchese di Pescara heiratete.

In so frühen Zeiten gab es lediglich in Forio ein befestigtes Gegenstück zum Kastell, eine ummauerte Handelsstadt mit Hafen und einer zahlreicheren Bevölkerung. Die übrige Insel wurde über Jahrhunderte durch kleinere Häfen und Siedlungen bestimmt. Untereinander waren sie durch Eselstreppen und Saumpfade verbunden. Auch frühe Besucher der Quellen und ärztliche Entdecker, die sie erforschen wollten, bedienten sich der Boote und Esel.

Erst 1588 bot ein gelehrtes lateinisches Buch des Arztes Giulio Jasolino eine Einführung in die warmen Quellen. Anfangs waren es einige berühmte Reisende, die im 17. Jahrhundert erkennen ließen, dass sie Ischia besucht hätten. Bis ins 18. Jahrhundert gab es aber kein Gasthaus, das Badegästen von Stand

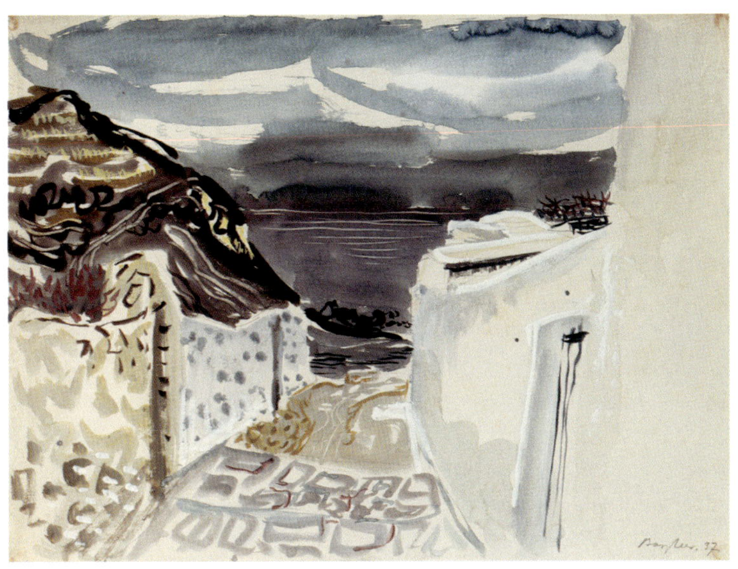

Erste bekannte vor Ort entstandene Ansicht:
Eduard Bargheer, „S. Angelo“,
Aquarell, 1937

eine Unterkunft geboten hätte. Erst dann entstand oberhalb des heutigen Hafens von Ischia ein für die Übernachtung von Fremden bestimmtes Casino des königlichen Leibarztes Buonocore. 1785 erschien sogar erstmals der regierende König beider Sizilien, Ferdinand IV., auf Ischia. Er übernahm das Casino als eines seiner Sommerschlösser. Das verlieh der Insel ein neues Renommee. Ischia wurde das Ziel reisender Aristokraten und bald auch der reisenden Damen: Fürstinnen, Dichterinnen, Malerinnen, darunter 1789 Herzogin Anna Amalia von Sachsen-Weimar, ferner die Malerinnen Angelica Kauffmann, 1773 und 1789, und Elisabeth Louise Vigée-Lebrun, 1789.
Im 19. Jahrhundert kamen die Maler der Romantik und hielten die Schönheiten der Landschaft und Szenen des Volkslebens fest. Jacob Philipp Hackert, der 1786 „Erster königlicher Landschafts-, See- und Jagdmaler" des Königs von Neapel wurde, war häufig auf der Insel. Auch der Norweger Johann Christian Claussen Dahl und der Franzose Camille Corot haben in den 1820er Jahren dort gemalt. 1828 kam Carl Gustav Carus als Leibarzt und Maler im Gefolge des Prinzen Friedrich von Sachsen. Georg von Dillis war 1830 mit König Ludwig I. von Bayern auf der Insel und füllte ganze Skizzenbücher. Ischia wurde in ganz Europa als malerisches Sujet bekannt.
Seit der Mitte des 19. Jahrhunderts war die Insel auch als wundertätiges Heilbad eine bekannte Adresse. 1853 wurde der Krater vor Ischia Porto zur See hin geöffnet und diente fortan als Landeplatz. Forio blieb lange jenseits des Interesses der Besucher. Der Münchener Maler Friedrich Pecht berichtete noch 1852, dass Forio, das damals immerhin 8000 Einwohner hatte und der größte Ort der Insel war, nicht einmal ein „Wirtshaus" habe. Als aber Giuseppe Garibaldi, der Vorkämpfer des italienischen „Risorgimento", der Vereinigung Italiens als Nation, 1864 nach einer Verwundung zur Nachkur nach Casamicciola kam, wurde die Insel so bekannt, dass nun auch Forio entdeckt wurde. Von Henrik Ibsen heißt es, dass er 1867 von Casamicciola allabendlich eine Wanderung nach Forio unternommen habe.[74]
Nach der Darstellung durch die Künstler des frühen 19. Jahrhunderts erfuhr Ischia dann noch einmal eine künstlerische Überhöhung durch Arnold Böcklin. Bargheer wird das bekannt

gewesen sein. Die Deutschrömer waren zu seiner Studienzeit hoch geschätzt. Viktor Dirksen schrieb vor 1930, in der Zeit, in der er Kustos an der Kunsthalle war und Bargheer Dozent gegenüber an der Kunstschule Koppel, an seinem Artikel über Hans von Marées, der 1930 im Künstlerlexikon von Thieme und Becker erschien. Er bezeichnete die Fresken, die Hans von Marées 1874 im Saal der Deutschen zoologischen Station, der „Stazione Zoologica“, in Neapel gemalt hatte, als die „vielleicht großartigsten Fresken des 19. Jahrhunderts“. Hans von Marées hatte Ischia für sich entdeckt und war mehrfach mit Arnold Böcklin auf der Insel. Böcklin nahm von diesen Aufenthalten die Eindrücke für zwei berühmte Bilder von 1880 mit, die „Tritonenfamilie“ und die „Toteninsel“. Der Gedanke der „Toteninsel“ ist vom Felsen des Castello d'Ischia und eines Friedhofs inspiriert, zu dem damals die Toten zu Schiff gebracht wurden.

Die Insel Ischia ist danach in den Jahren 1881 und 1883 von zwei Erdbeben so schwer erschüttert worden, dass es heißen konnte: „Ischia hat für immer aufgehört zu sein“.[75] Erst im 20. Jahrhundert hat sich ein normales Leben wieder entfalten können. Dies mag dazu geführt haben, dass Bargheer noch 1935 von der Ursprünglichkeit schwärmen konnte.

Bargheer hatte anfangs den kleinen Ort S. Angelo als seinen Standort betrachtet, an dem sich sein Freund Werner Gilles auch weiterhin aufhalten sollte. Mit dem Eindringen in die Topografie und dann auch in die Kultur der Insel entschied er sich 1940 für Forio. Er erkannte, dass außer Porto d'Ischia, dem Ort, an dem alle Anreisenden landeten, Forio eine Stadt mit eigenem Charakter war.

Das erste Domizil bezog Bargheer in einer Pension im Torrione, einem besonders geräumigen sogenannten Sarazenenturm aus dem 15. Jahrhundert, zu dem er eine besondere Beziehung behielt und in dem er zeitweise sein Atelier hatte. Später bewirtete er dort gern seine Freunde Gilles und Purrmann. Dann hat er sich Häuser leisten können. Zuerst, so erinnerte er sich, „habe ich im Sommer ein Haus gemietet, das im Inneren von Forio lag, aber von dessen Balkon aus ich auf den Strand blicken konnte und auf das Meer“. Dann „habe ich ein anderes Haus genommen, das am Meer lag, aber dort, wo die Fahr-

straße am Meer entlang führte ... Da war ich dann bis in den Herbst." – „Als ich dann im Frühling wiederkam, habe ich ein ganz anderes Haus genommen und zwar ganz in der Nähe von der San Vito-Kirche."[76]
Bei den Aufenthalten in den Jahren 1940 bis 1942 hat sich für Bargheer der Prozess des Hinausgehens, Skizzierens und Aquarellierens draußen vor der Natur und des Arbeitens im Atelier einspielen können. Dieser Prozess war auf Ischia mit seinem süditalienischen Tageslauf etwas ganz anderes, als das, was er aus Finkenwerder und Blankenese gewohnt war. Der Maler wurde zu einem bekannten Bewohner von Forio, dessen künstlerische Gewohnheiten die Einheimischen akzeptierten.
Mit der Landung der Alliierten am Golf von Salerno 1943 streifte der Krieg das nahe gelegene Ischia. Für einige Zeit geriet auch der Golf von Neapel in den Strudel des Kriegsgeschehens. Nach der Erklärung des Waffenstillstandes durch Italien hatte die Wehrmacht Neapel besetzt, wollte die Stadt gegen die heranrückenden Alliierten verteidigen und nach „Führerbefehl" im Falle eines Abzuges in Schutt und Asche legen. Die Alliierten bombardierten die Stadt und töteten dabei 20 000 Einwohner. Es kam zu Zusammenstößen zwischen Deutschen und Italienern und zu so genannten Vergeltungsmaßnahmen. Als Neapolitaner zur Zwangsarbeit deportiert werden sollten, brachen vom 28. September bis zum 1. Oktober 1943 die sogenannten „Quattro giornate di Napoli" aus, eine spontane Volkserhebung, die die Deutschen zum Abzug zwang. „Neapel wurde auf diese Weise die erste italienische Stadt, die sich im Zweiten Weltkrieg befreite."[77] Danach besetzten die Alliierten Neapel und die Golfregion.
Der Schriftsteller Stefan Andres hat die Situation aus der Sicht des nach Positano Emigrierten angedeutet. Als einzige und letzte der elf Geschichten seines Buches „Positano. Geschichten aus einer kleinen Stadt am Meer" bezieht sich „Terrassen im Licht" auf diese Zeit. Nach der Beschreibung der verschiedenen Terrassen, die er mit seiner Familie in Positano bewohnt hatte, fällt am Ende eine Bemerkung, die die Situation charakterisiert: „Wir waren ja, wenn wir auch keinen Kanonenschuss hörten, tief im Krieg. Wir mussten uns selber helfen – im Hunger, in der Krankheit, im Tode. Wir waren alleingelassen, Fremdlinge, und

wir begriffen langsam den Liedtext: ‚Da ich im Elend bin' ... Und dann rückte der Krieg murrend heran ... Ein Schiff feuerte des Nachts seine Breitseiten über unsere Köpfe in die Werft auf der anderen Seite des Berges."[78]

Weniger dramatisch ging es bei der Einnahme von Ischia durch die Alliierten zu. Giuseppe Silvestri hat 2005 in „Ischia. Base navale inglese 1943–1946"[79] die Situation genauer beschrieben. Eine „settantina", 70 deutsche Soldaten, sei am Epomeo in Holzbaracken stationiert gewesen. Sie hätten sich überkorrekt benommen. Nach der Landung der Alliierten seien sie verschwunden gewesen; es sei unbekannt, ob sie geräuschlos gefangen genommen wurden oder ebenso geräuschlos die Insel verlassen hätten. An mehreren Orten waren zudem wenige italienische Soldaten stationiert. Die Schiffe der regulären italienischen Marine setzten weiterhin die italienische Flagge. Die Alliierten hatten Ischia ebenso wie Capri zu einem „Rest Camp" ausersehen, einem Erholungslager. Die Engländer operierten aber von hier aus auch mit ihren Schiffen, auf denen nun Italiener unter englischen Offizieren eingesetzt waren, im Tyrrhenischen Meer. Dabei können Forianer gefangen genommen worden sein, die dann im Arsenal von La Spezia als Gefangene arbeiten mussten. Bargheer soll ihnen dort – wie es später in Forio hieß – zur Flucht verholfen haben.

Als Bargheer im Sommer 1945 aus Florenz nach Forio zurückkam, war die Vertrautheit nicht abgerissen. Er hatte von den Besatzern die Erlaubnis erhalten, sich aus Gesundheitsgründen für einen Monat dort aufzuhalten. 1946 wurde ihm sogar ein Aufenthalt von zwei Monaten gestattet. Ab 1947 konnte er dann in Forio seinen ständigen Wohnsitz nehmen. Er mietete ein in der Via Roma gelegenes Haus. „In dem Haus bin ich glücklich gewesen. Denn ich habe darin eine Reihe von Jahren gelebt ... Da hatte ich ungefähr sechs oder acht Räume, sehr viel Platz, ein Riesenatelier ... Aber ich hatte die Räume alle sehr gut möbliert, hatte nach und nach alte Möbel dazu gekauft." Im Jahr 1948 war der fremde Künstler so integriert, dass er zum Ehrenbürger von Forio ernannt wurde, weil er in La Spezia Forianern zur Flucht verholfen habe und ein großer Maler sei. Zwei Jahre später erhielt er dazu neben der deutschen die italienische Staatsbürgerschaft.

Im Haus in der Via Roma begannen seit 1950 regelmäßige Treffen mit Werner Gilles und Hans Purrmann. Mit Gilles war Bargheer schon von 1937 bis 1942 auf Ischia immer wieder zusammengetroffen. Purrmann hatte er dagegen erst in Florenz kennengelernt. Nach dem Krieg stellte Purrmann sich auf Ischia ein. Danach hat sich dann das Ritual der regelmäßigen Treffen herausgebildet, das auch noch nach Purrmanns Schlaganfall 1959 und bis zu Gilles' Tod 1963 eingehalten wurde. „Wir hat-

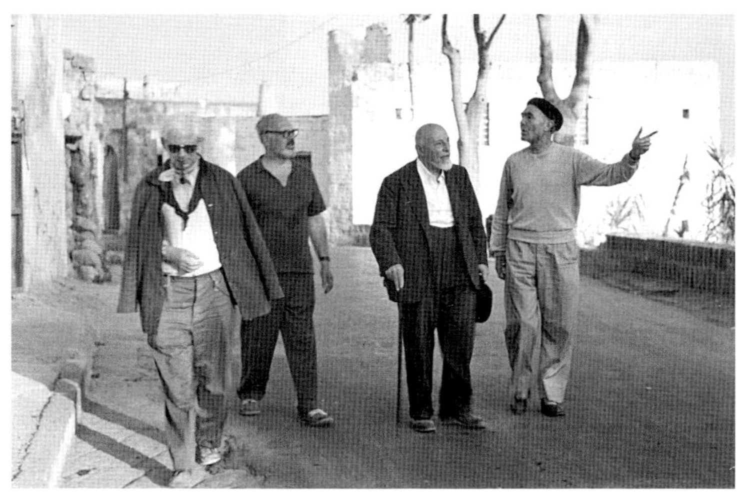

Von links nach rechts: Werner Gilles, Ernst Schumacher, Hans Purrmann und Eduard Bargheer auf Ischia, Foto, 1957

ten einen Turnus, alle drei, dass wir uns immer sonntags besuchten.“ – „Dann wurden zuerst nachmittags die Arbeiten der Woche angesehen und besprochen. Dann war gemeinsames Abendessen ... und dann saßen wir abends noch beim Wein.“ Die gegenseitigen „Korrekturen“ haben zu Einflüssen in der Farbigkeit geführt, wie Bargheer angedeutet hat.[80] Gelegentlich waren bei diesen Treffen auch die Maler Werner Heldt, Max Peiffer Watenphul oder Ernst Schumacher dabei.

Von beiden Freunden hat Bargheer persönliche Erinnerungen festgehalten: „Immer wieder erzählte Gilles, wie er S. Angelo fand, als er, von Anacapri aus, nachts die spärlichen Lichter auf der schwarzen Insel Ischia sah, die ihn unwiderstehlich anzogen

... Er wohnte bei den Einheimischen, wurde ihr Freund, teilte mit ihnen durch die Jahrzehnte ihre Sorgen und feierte mit ihnen ihre Feste.“[81] Für Purrmann habe er immer „eine doppelte Portion Fisch bestellt ... Und die Alten im ‚Torrione‘, wussten das schon. Die sagten: ... Allora dobbiamo prendere un grande pesce, altrimenti non basta al grasso‘“, dann müssen wir einen großen Fisch nehmen, sonst reicht es dem Dicken nicht.[82]

Erfolge als Maler der Moderne

Das italienische Kulturleben erholte sich schneller als das deutsche und begann auch eher damit, die Zeit des Faschismus und des Krieges zu verarbeiten. Die Faschisten hatten Intellektuelle und Künstler nicht so radikal mundtot gemacht, vertrieben, in den Krieg geschickt oder getötet wie die Nationalsozialisten. In Deutschland dauerten der Krieg und die Zerstörung der Städte, ihrer Kultureinrichtungen und des Kulturlebens darüber hinaus noch länger an als in Italien, wo mit dem Waffenstillstand von 1943, vollends mit dem Ende der Kampfhandlungen in Mittel- und Oberitalien Ende 1944 bereits die Nachkriegszeit begonnen hatte.

Das lässt sich am ehesten mit Filmen belegen: Roberto Rossellinis „Roma – Città aperta“ kam schon 1945 in die Kinos, „Paisà“, an dessen Drehbuch Klaus Mann mitgearbeitet hatte, wurde 1946 fertig, der Film „Napoli milionaria“ 1950. Auch die Schriftsteller begannen unmittelbar nach 1943/1944 zu schreiben, und die Verlage verbreiteten seit 1945 neue Bücher, während in Deutschland erst das Datum der „Gruppe 47“ den Neuanfang signalisiert.

Auch die anderen Kunstsparten fanden in Italien früh wieder ihr Publikum. Die Mailänder Scala wurde 1945 wieder eröffnet, während die in Provisorien spielende Hamburger Oper erst 1955 wieder neu erbaut war. Vergleicht man die großen Kunstausstellungen in Italien und Deutschland, so zeigt sich, dass die

Biennale in Venedig bereits 1948 und 1950 stattfand, während es in Deutschland erst 1953 die „Plastik im Freien" in Hamburg gab, eine Art Vor-Documenta für die Skulptur, initiiert von Werner Haftmann, damals Kunstgeschichtsdozent an der Landeskunstschule am Lerchenfeld, und Kunsthallendirektor Carl Georg Heise. 1955 und 1959 fanden dann die beiden ersten Documenta-Ausstellungen statt. Alle drei waren Nachhilfe-Veranstaltungen unter dem Einfluss von Werner Haftmann, die deutsche Besucher wieder auf das internationale Niveau der Moderne brachten. Erst recht gilt dies im Bereich der bildenden Kunst für die Entwicklung der Privatgalerien, ihrer Ausstellungen und der Käuferschaft moderner Kunst. Italien konnte sich an die ununterbrochene Entwicklung der Rezeption moderner Kunst in der Schweiz anschließen, während in Deutschland Museen und Privatgalerien, Künstlerschaft und Publikum sehr viel länger brauchten, um wieder auf internationales Niveau zu kommen.

Der nach Italien emigrierte Bargheer, seine Kunst und seine künstlerische Durchsetzung haben von dieser unterschiedlichen Entwicklung profitiert. Seine Ausstellung 1942 in der Florentiner Galerie „Il Ponte" war in Italien offenbar unvergessen. 1944 nahm er in Florenz wieder seine künstlerische Arbeit auf, 1945 und 1946 konnte er im Sommer auch auf Ischia malen. Bereits in diesen Jahren begann eine Serie von Ausstellungen, die er nun in rascher Folge in Italien hatte. Schon 1945 erhielt er von der Stadt, in der er Dolmetscher gewesen war, den „Premio di La Spezia", verbunden mit dem Ankauf eines Werkes für die städtische Sammlung. 1946 folgten Ausstellungen in Mailand, in der „Galleria del Milione", und in Venedig, in der „Piccola Galleria – Arte moderna", für die ihm Heydenreich den Text des Katalogblattes schrieb. Da diese Ausstellungen offenbar auch Verkaufserfolge hatten – „Ich habe dort gut verkauft"[83] –, folgten nun schnell weitere Ausstellungen in Privatgalerien: 1948 in der Galerie „Al Blu di Prussia" in Neapel, 1949 in der „Galleria dell' Obelisco" in Rom, zu der Carlo Levi seinen eindrucksvollen Text beigesteuert hat. Das kleine Katalog-Blatt von 1949, das zu der Ausstellung in Rom erschienen ist, erweist sich über den Aufsatz von Levi hinaus als Dokument für die ungewöhnliche Ausstellungskarriere, die Bargheer zwi-

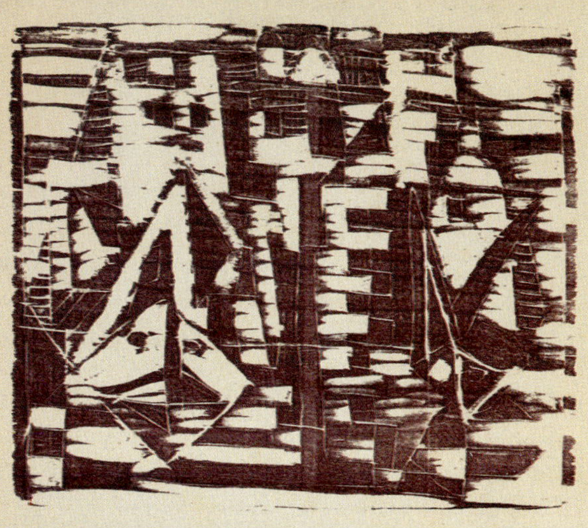

EDOARDO BARGHEER

GALLERIA DELL'OBELISCO

VIA SISTINA 146

ROMA, 1949

Faltblatt zur Bargheer-Ausstellung in der Galleria dell'Obelisco in Rom mit Text von Carlo Levi, 1949

schen 1945 und 1950 gemacht hat. In ihm werden nämlich vorherige Ausstellungen von Bargheer in „Firenze, Milano, Venezia, Trieste, Napoli, Madrid, Basilea, Mannheim, Heidelberg, Colonia, Wuppertal, Lubecca, St. Louis, Londra" genannt. Inzwischen war Bargheer von Italien aus also auch in Basel, Madrid, London und sogar St. Louis bekannt geworden, und es gab bereits Ausstellungen in Deutschland, in Mannheim, Heidelberg, Köln, Wuppertal und Lübeck. Die Ausstellung 1949 in Rom hatte sogar zur Folge, dass im selben Jahr sein Bild „Badende" für die Galleria Nazionale d'Arte Moderna in Rom angekauft wurde. Die Ausstellungsaktivitäten in Italien haben offenbar seinen Bekanntheitsgrad so gesteigert, dass seine Beteiligung an den großen Gemeinschaftsausstellungen auf den beiden ersten Biennalen in Venedig 1948 und 1950 und an der „Quadriennale" 1948 erklärbar wird. Als Bargheer 1947 ganz nach Ischia zog, war er schon ein in Italien erfolgreicher Maler der Moderne, und als er in Forio 1948 Ehrenbürger wurde, ehrte die Stadt nicht nur irgendeinen malenden Gast, sondern einen Biennale-Teilnehmer.

In diesen Jahren baute Bargheer in Italien, in Florenz und auf Ischia, die neue künstlerische Substanz seines weiterentwickelten Werkes auf, mit der er jene Ausstellungen beschicken konnte und die die Basis seines Erfolges nach dem Kriege wurde. Während seiner Italienreisen in den 1930er Jahren hatten sich die Motive seines anfangs noch dem expressionistischen „Sezessions-Stil" verpflichteten Werkes von schnell geschaffenen Aquarellen und sorgsamer ausgeführten Ölbildern, die bis dahin norddeutsche Motive waren, verändert. Das zeigte sich besonders seit dem zweiten Aufenthalt auf Ischia 1937. Dann aber wandelte sich auch die Farbigkeit unter dem Eindruck des mediterranen Lichts. Und schließlich entwickelte sich in den 1940er Jahren eine neue Bildstruktur, angestoßen von den kubischen Architekturformen des nun auftauchenden Bildmotives „Südliche Stadt". Bildstruktur und Farbigkeit seiner Malerei nahmen erstmals den Charakter an, den er darauf bis in die 1970er Jahre weiterentwickelt hat, einen Charakter, der Bargheers Kunst unverwechselbar gemacht hat. Seit den 1950er Jahren hat er auch Hamburger Motive in dieser Bildstruktur und Farbigkeit umgesetzt.[84]

Werner Haftmann hat bei der Auswahl von Bargheers drei Werken für die Documenta I, 1955, instinktsicher frühe Ölbilder dieser neuen Entwicklung präsentiert. Die Werke dieses Charakters waren es, die die Attraktivität von Bargheers Malerei und ihren Verkaufserfolg ausmachten. Nicht ohne Grund hat auch Carlo Levi in seinem Katalogtext für die Ausstellung in Rom 1949 gerade auf solche neuen Werke Bargheers hingewiesen.
Aus der Zeit zwischen der Würdigung durch Levi und der späteren von Haftmann ist uns ein Brief Bargheers vom 11. November 1949 erhalten mit einer denkwürdigen Selbsteinschätzung des Malers. Auf Drängen der Freundin und Sammlerin Susanne Schwalbach-Bonte schrieb er ihr: „Ich glaube, dass ich mich befreit habe vom Expressionismus." Er stellte für sich fest: „Die ‚Landschaft', wie sie in den letzten 50 Jahren u. früher aufgefasst wurde, kann nicht mehr für uns existieren; denn sie wurde zu einer Ansammlung von Häusern oder sonstiger ‚akademischer' Gebilde. Und auch das, was der Expressionismus daraus machte, war häufig nur die Deformierung dessen, was der Impressionismus daraus vorher machte. Im Grunde viel ‚Dekoration', auch im Bildbau." Zu seiner neuen Entwicklung erklärte er: „Dass bei Kriegsende nach mehrjähriger Arbeitspause ich da begann, wo ich 1942 stehen blieb, scheint mir nur zu verständlich, wenn auch die starken ‚menschlichen' Erlebnisse während der Arbeitspause mich rasch fortschreiten ließen im Suchen nach anderen Lösungen, da ich bald feststellte, dass es nötig war, ganz von vorne zu beginnen, da alles zuvor Angestrebte unbefriedigend blieb … Aus den Bemühungen der letzten Jahre könnte ich vor allem generell sagen, dass mir die Insel mit ihren ungeheuren Form-Spannungen wieder ein Maß gegeben hat, wobei ich stets die Formen und Dinge im Zusammenhang sah mit Himmel und Meer, die … in vielfachen statischen und dynamischen Beziehungen stehen, vertikal, horizontal, sodass ein ‚Gewebe' entsteht." „Das, was ich hier als ‚Gewebe' anspreche, ist eben etwas vollkommen Neues in meiner Arbeit im Vergleich zu dem, was ich vor 3–4 Jahren anstrebte. Es ist ein bloßes Wort, aber ich weiß kein besseres. Es meint bei Gott kein dekoratives Problem, sondern geradezu ein metaphysisches." Bargheer maß diesen Äußerungen so viel Wert bei, dass er sich eine Kopie des Briefes aufbewahrte, die in seinem Nachlass erhalten ist.

Die Teilnahme an der Biennale in Venedig 1948 ermöglichte Bargheer – anders als so manchem deutschen Künstler der Nachkriegszeit – eine frühe Begegnung mit der internationalen Moderne, die man in Deutschland erst viel später auf der ersten Documenta haben konnte. Bargheer hat diese Einblicke in die moderne Entwicklung sogleich intensiv genutzt. Sie müssen ein wichtiger Anstoß für seine künstlerische Entwicklung kurz vor 1950 gewesen sein. Er selbst hat später die Bedeutung jener Eindrücke besonders hervorgehoben.[85] Nicht ganz unwichtig für diese Entwicklung wurde aber auch seine Begegnung mit Gilles und Purrmann in dieser Zeit, die zu regelmäßigen gegenseitigen Korrekturen führte. Wenn nicht die Bildstruktur, so ist doch die Farbigkeit davon beeinflusst worden.
Wichtig für Bargheers Erfolg in Deutschland war eine Ausstellung, die Marie-Suzanne Feigel in der Galerie d'Art Moderne in Basel ausrichtete. Danach fanden dann die ersten deutschen Ausstellungen in Kunstvereinen und Galerien statt. Schon 1948 stellte ihn aber auch ein großes deutsches Museum aus, das Von der Heydt-Museum in Wuppertal, das vier Jahre später bereits eine weitere Ausstellung mit 50 Ölgemälden und 30 Aquarellen folgen ließ. Der internationale Erfolg nach zweimaliger Biennale-Teilnahme wurde durch Bargheers Einladung zu „The 1952 Pittsburgh International Exhibition of Contemporary Painting" in die Vereinigten Staaten bestätigt, die sich 1955 wiederholte. Die Ausstellungserfolge Bargheers in Deutschland sind dann vor allem fundiert worden von den beiden Ausstellungen im Württembergischen Kunstverein Stuttgart und im Städtischen Museum Mönchengladbach 1952, deren Kataloge Texte von Werner Haftmann enthielten; dieser hatte in Florenz die Entwicklung Bargheers aus nächster Nähe verfolgen können und ihn nicht mehr aus den Augen verloren. Die umfassende Retrospektive in der Kestner-Gesellschaft in Hannover von 1953 mit Jahresgabe, organisiert von Alfred Hentzen, stellte eine weitere Absicherung für längere Zeit dar. Der Deutsche Künstlerbund, auf ihn aufmerksam geworden, schrieb Bargheer nach Ischia und forderte ihn zur Teilnahme auf, sodass er seit 1950 mit ihm ausstellte und in seiner Jury saß. Die Documenta-Teilnahmen von 1955 und 1959 waren in den 1950er Jahren dann die Höhepunkte dieser Entwicklung.

Offenbar war Bargheers Verkaufserfolg auch in Deutschland so groß, dass in der Folgezeit nun alle namhaften Galerien Bargheer ausstellten: Vömel in Düsseldorf, Stangl in München, Hanna Bekker vom Rath in Frankfurt am Main, Günther Franke in München und schließlich Roman Norbert Ketterer in Stuttgart.

Welch bedeutende Rolle Haftmann für die ersten Documenta-Ausstellungen gespielt hat, geht schon daraus hervor, dass er die

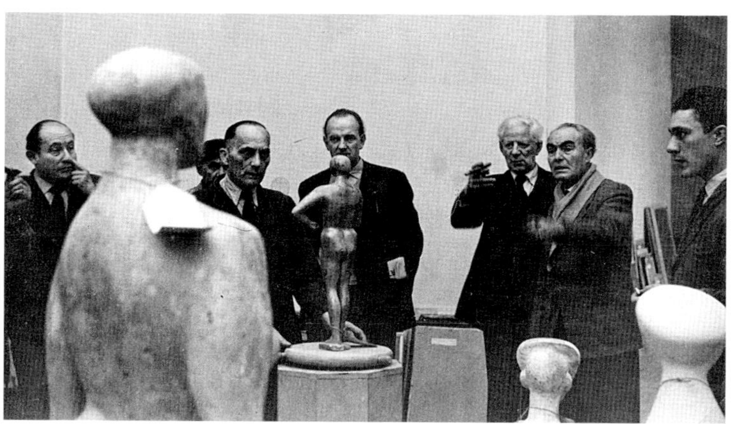

Eduard Bargheer (zweiter von rechts) und Werner Gilles (dritter von rechts) als Mitglieder der Jury des Deutschen Künstlerbundes, Foto, um 1955

Einleitungen zu deren Katalogen geschrieben hat. Für die erste Documenta 1955 gab es nur einen einzigen Katalogband für 130 Künstler in Malerei und Skulptur aus Westeuropa und den USA. Haftmann wies auf die reaktionären Argumente gegen eine internationale Ausstellung hin und sprach deutlich die Zeit der „Verfemung der modernen Kunst" und den Zustand der „kulturellen Isolierung" Deutschlands an. Die Moderne sei ein europäisches Phänomen und könne nur international dargestellt werden. Er erklärte noch einmal die Entwicklung der klassischen Moderne. Er machte auf die „Nahtstelle zwischen dem Gegenständlichen und Abstrakten" aufmerksam, vor der Künstler und Publikum immer noch eine Scheu hätten, nannte Künstler, die sich in diesem Bereich bewegten, und wies auch schon auf die Konstruktivisten sowie auf Hans Hartung, Wols und Ernst Wilhelm Nay hin, die die Nahtstelle überschritten hätten. Dabei legte er großen Wert auf die Überzeugung derer, die in jener Zeit die abstrakte Kunst noch „für eine Entwicklung … von Argumenten" hielten, „die scharfsinnige Künstlergehirne" erdacht hätten. Er setzte diesen den Satz entgegen, „dass dort, wo sogar ganze Nationen durch Befehl ihrer politischen Klans aus dieser Kontinuität (der Entwicklung der Moderne) heraustraten – Russland seit 1921, Deutschland seit 1933 –, trotz größter Förderung und Auftragserteilung nicht ein einziges erinnerungswürdiges Werk entstanden ist". Er schilderte die pädagogische Absicht der Ausstellung, die „Wegbereiter der modernen Kunst" an den Anfang zu stellen, und erklärte zu den jüngeren Künstlern: „Die Auswahl ist knapp und hart und richtet sich allein nach der Qualität im obersten Rang." Von Bargheer waren drei Ölgemälde ausgestellt: „Häuser auf Ischia, 1949/1950" (Forio d'Ischia, 1949–1950), „Netzträger, 1954" (Alte Häuser am Meer, 1949) „Fischer mit Netzen, 1954". In einer Bildserie, die die Entwicklung der deutschen Künstler vom Gegenständlichen zum Abstrakten imaginieren sollte, stand ein Bargheer-Bild in der Mitte zwischen diesen Kategorien; nach Hans Purrmann, Rolf Nesch, Werner Heldt und Werner Gilles, aber vor Ernst Wilhelm Nay. Battke war noch nicht dabei, wohl aber Emy Roeder.[86]

Für die zweite Documenta 1959 erschienen drei Kataloge für Malerei, Skulptur und Druckgrafik. Haftmann schrieb zur Malerei. Er stellte diesmal fest, dass die zeitgenössische bildende Kunst inzwischen „im Blickpunkt der Gesellschaft" stehe. Es bedurfte nun keines Nachhilfeunterrichts mehr. Aber es gab zwei vorgeschaltete Ausstellungsteile „Die Argumente der Kunst des XX. Jahrhunderts" und „Die Lehrmeister des XX. Jahrhunderts", bevor die zeitgenössische Kunst mit dem Titel „Malerei nach 1945" einsetzte. Allein in der Malerei waren 238 Künstler wieder aus Westeuropa und den USA ausgestellt. Aber nun hatte sich der Anteil gegenständlicher Kunst verringert zugunsten einer überwältigenden Mehrheit von Künstlern mit anderen Ansätzen. 1959 war bereits die Hoch-Zeit des Informel. Haftmanns Text konzentrierte sich auf die Erläuterung der neuen Ansätze. Letztlich war dies die Documenta, die

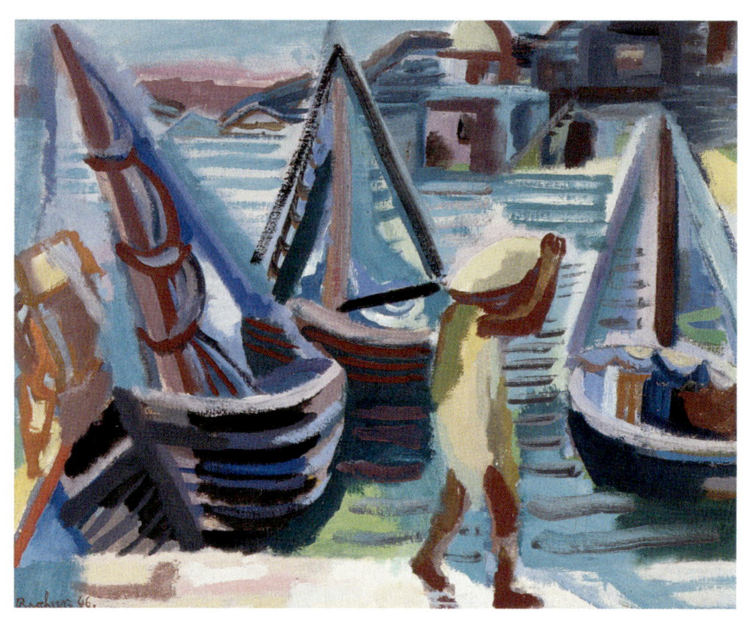

Nach der kriegsbedingten Arbeitspause hellte sich zuerst seine Palette auf:
Eduard Bargheer, „Molo di Forio“,
Öl, 1946

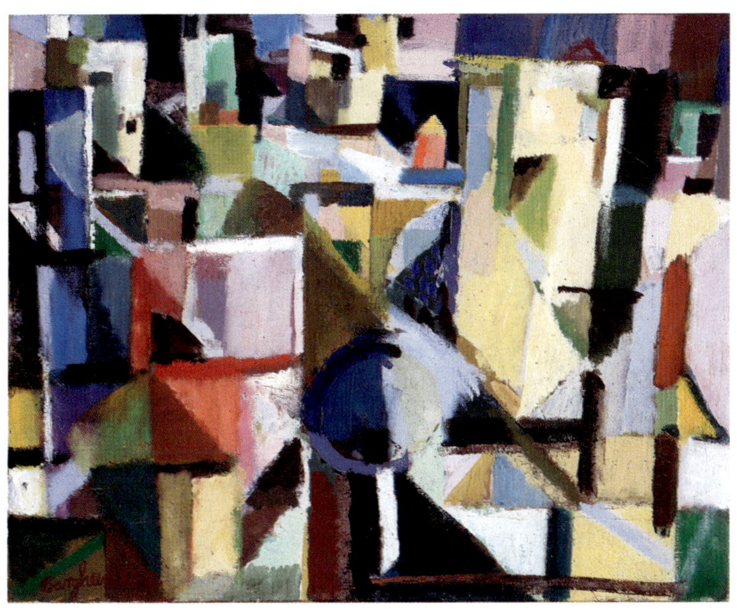

Dann änderte sich auch die Struktur der Werke:
Eduard Bargheer, „Case vecchie“, Öl, 1949–1950, zweite Version
des 1955 auf der Documenta I ausgestellten Bildes

auf höherem Niveau in die nicht als modern, sondern als „zeitgenössisch" bezeichnete Kunst einführte. Purrmann und Nesch waren nicht mehr dabei, wohl aber noch Heldt, Gilles und besonders umfangreich Nay und nun auch Battke. Bargheer war diesmal mit drei Aquarellen vertreten: „Terrassen, 1952", „Himmel und Hölle, 1956", und „Südliche Stadt, 1958". Die Bewertung seiner Malerei im Katalog von 1959 hatte sich also wenig gegenüber dem von 1955 geändert. Die Aquarelle aber wurden nun ausdrücklich den Ölgemälden vorgezogen.[87]
Bargheers allgemeine Ausstellungsakzeptanz in Westdeutschland spiegelt sich in einem Brief an seine jüngere Lieblingsschwester Elisabeth, in dem er bedauert, dass sie auf einer Ausstellungsfeier 1964 in Hannover nicht dabei war, „denn so eine Feier erlebt man nur einmal im Leben. – Es waren alle wichtigen Leute von weither gekommen + Heydenreich hat wunderbar gesprochen. – In der ersten Stunde nach der Rede wurden 23! Arbeiten verkauft! – So etwas hat's noch nie gegeben! – Ich saß in der ersten Reihe zwischen dem Oberbürgermeister + Ministerpräsidenten Dr. Diederichs."[88]
Bargheers Erfolg in Deutschland fand 1965 eine Abrundung besonderer Art: Ausstellungen und zuvorkommender Empfang in der DDR. Dazu erhielt Bargheer ein Schreiben von der Leipziger Galerie „Wort und Werk", einer der Form nach privaten Galerie, das ihn zu Ausstellungen in dieser Galerie, im Moritzburg-Museum in Halle sowie in der Kunsthalle und der Galerie Kühl in Dresden einlud. Es wurden Verkaufsausstellungen. Bargheer sagte 1974 von ihnen: „Ich habe einen wahnsinnigen Erfolg gehabt, auch im Verkauf", und erinnerte sich an die private Essenseinladung eines Ärztepaares in Leipzig, das mehrere Aquarelle erworben hatte. Aber auch die Museen kauften. Und zum Programm der Reise gehörte schließlich eine offizielle Essenseinladung des Leipziger Oberbürgermeisters, bei der Bargheer in seiner Rede ein Plädoyer für die Wiedervereinigung hielt. „Es wurde klatschend aufgenommen."[89]

Zwischen Blankenese und Ischia

Eine Einladung zu einer Ausstellung in Hamburg kam erst in den 1950er Jahren. Carl Georg Heise, seit 1946 Direktor der Kunsthalle, war es, der sich an Bargheer erinnerte. Es mag auch sein, dass Haftmann, seit 1950 Dozent für Kunstgeschichte an der Landeskunstschule am Lerchenfeld, auf ihn hingewiesen hat. So hatte Bargheer 1953 nun auch in Hamburg eine Ausstellung im Kunstverein. Im Jahr darauf wurde der neu eingerichtete Vortragssaal der Hamburger Kunsthalle eingeweiht. Dies bot den Anlass, Bargheer einzuladen. Nach einführenden Worten des Kultursenators Hans Harder Biermann-Ratjen und des Kunsthallendirektors hielt der nach Hamburg zurückgekehrte Künstler den Festvortrag über ein „Wiedersehen mit der Kunsthalle". Dessen Nachdruck gibt uns Einblicke in seine früheren und späteren Kunsthallenerfahrungen.[90] Bargheer war damit wieder in Deutschland akzeptiert und auch in das Hamburger Kunstleben aufgenommen.

Die Umstände seiner Rückkehr und Wiederansiedlung in Hamburg bieten einen Eindruck von den Kriegs- und Nachkriegsverhältnissen in Deutschland. Bargheer war einige Male zu Ausstellungen in der Schweiz und in Süd- und Westdeutschland mit der Bahn aus Italien gekommen. Er hatte auch briefliche Nachrichten über die Situation in Hamburg erhalten. Eine erste kurze Reise nach Hamburg trat er 1947 in einem Jeep an, den ein italienischer Bekannter aus seiner Zeit am Arsenal von La Spe-

zia aufgerüstet hatte. Später berichtete er, dass er sich amüsiert habe über die zuvorkommende Behandlung durch deutsche Polizisten und englische Soldaten beim Anblick des amerikanischen Jeeps.
In Hamburg war sein Atelier am Jungfernstieg, wo alle seine Bilder lagerten, von Bomben so beschädigt worden, dass sich dort über längere Zeit jedermann Zutritt verschaffen konnte. Dann war dort eine Bekannte mit einem Sohn eingezogen, die

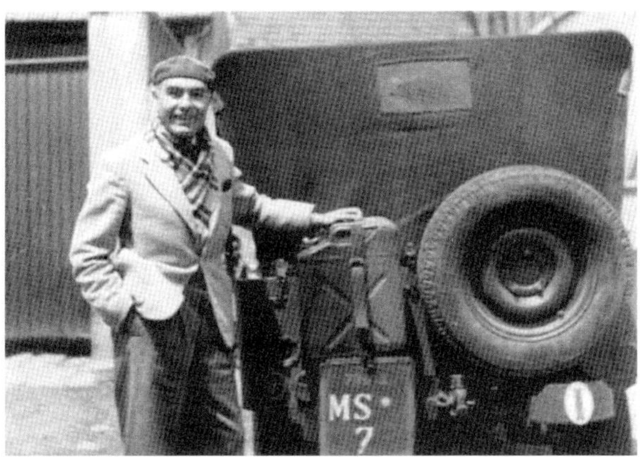

Die erste Fahrt nach Hamburg im Jeep, Foto, 1947

ihm dies nach Italien brieflich mitgeteilt hatte. Einrichtungsgegenstände, vor allem aber Werke waren inzwischen abhanden gekommen. Das Blankeneser Haus war noch in der Nazizeit enteignet worden und wurde seitdem von Einquartierten bewohnt, die die Einrichtung beschädigt und die Bäume auf dem Grundstück verheizt hatten. Sie verweigerten ihm den Zutritt. Nachdem er den Kunsthallendirektor Heise und Bürgermeister Max Brauer eingeschaltet hatte, wurde ihm das Haus 1953 aber wieder zugänglich gemacht und zurückerstattet. Er konnte danach an der Rutsch einziehen, das Atelier am Jungfernstieg dagegen gab er auf.
Seitdem er wieder in Blankenese wohnen und zu einem Teilnehmer des Hamburger Kulturlebens werden konnte, erweiterte er seinen alten Freundeskreis und nahm im Winter auch am Theater- und Musikleben der Hansestadt teil.

Vielleicht waren es aber die Umstände seines Ausweichens damals und nun die seiner späten Rückkehr, die ihn die inzwischen eingetretene Entfremdung nicht vergessen ließen und die ihm die Entscheidung leichter machten, doch Ischia als sein Zuhause zu empfinden und nur eine Hälfte des Jahres in Hamburg zu verbringen. So wie es zwischen 1938 und 1942 den Anschein hatte, als hätte er mehrere Identitäten gehabt, entwickelte sich jetzt über Jahrzehnte eine italienische und eine

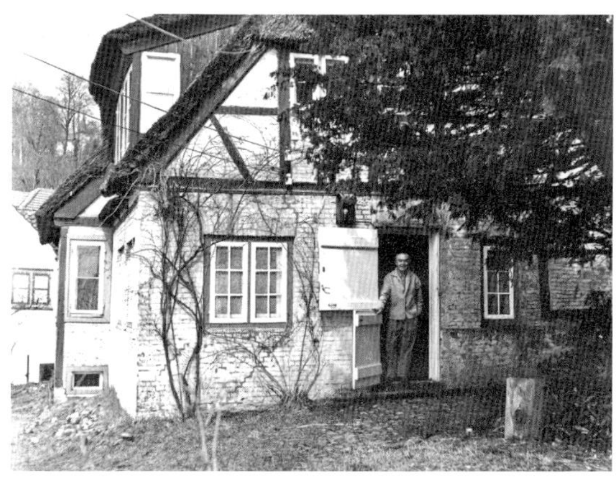

Nach der Rückerstattung wieder im eigenen
Haus an der Rutsch in Hamburg-Blankenese,
Foto von Ingeborg Sello, nach 1953

deutsche, hamburgische Identität Bargheers. Von nun an war er im Winter in Blankenese und im Sommer in Forio.
Unter den Künstlern in Hamburg hat Bargheer nach seiner Rückkehr eher eine Sonderrolle gespielt. 1955 trat er in den Berufsverband Bildender Künstler ein. Immerhin war er in den 1950er Jahren nach Ausstellungs-, Publikations- und Verkaufserfolg der renommierteste Hamburger Künstler. In diesem Verband aber hat nach dem Kriegsende durchgehend eine Mehrheit von konservativen und weniger erfolgreichen Künstlern den Ton angegeben. Jedenfalls fühlten sich die Fortschrittlicheren ständig so unterprivilegiert, dass sie opponierten und immer wieder dazu neigten, eigene Interessengemeinschaften zu bilden, wie dies schon 1919 zur Zeit der Sezessionsgründung

war. Auch 1958 bildete sich wieder einmal so eine Interessengruppe. Bargheer hat sich für die Jüngeren engagiert, nahm auch an ihren Sitzungen teil, wurde als ihr Vertreter in die Jury der Ausstellungen gewählt und erreichte, dass eine Zeit lang mehr Jüngere an den Ausstellungen teilnehmen konnten. Dies brachte ihm die Opposition der Mehrheit ein. Deren gewichtigste Folge war, dass er als Kandidat für den Edwin-Scharff-Preis, den staatlichen Preis für Hamburger Künstler, keine

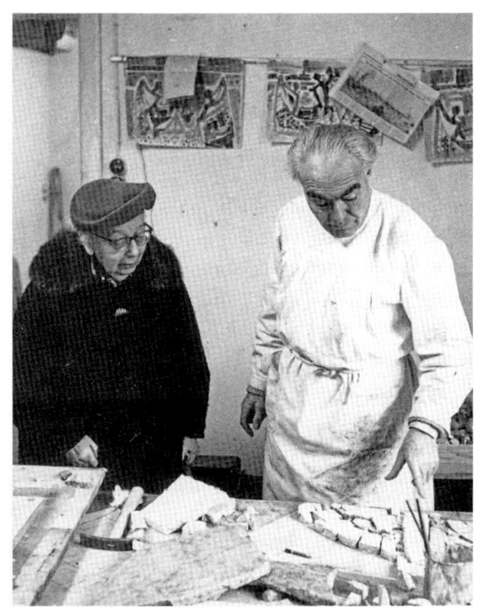

Nach der Rückkehr Gretchen Wohlwills aus dem Exil in Portugal, 1952, trafen sie und Bargheer sich wieder regelmäßig, Foto von Agathe Bunz, um 1960

Zustimmung erhielt, 1960 mit dem Hinweis, er sei kein Hamburger Künstler, 1961 mit dem Argument, er könne ja den anderen für überregionale Künstler bestimmten Preis erhalten, den Lichtwark-Preis. So ist eine Auszeichnung Bargheers mit einem Preis der Freien und Hansestadt Hamburg unterblieben. Auch diese Ausgrenzung hat Bargheers Neigung verstärkt, seine Heimat außerhalb Hamburgs zu suchen.

Ein Bericht, den wir über die von ihm veranstaltete Feier seines 60. Geburtstags am 2. Februar 1962 haben, zeigt aber, dass Bargheer sich auch in Hamburg in einem Kreis von Freunden bewegte. Er lud 60 Gäste auf den Seebäderdampfer „Bunte Kuh“ ein. Seine Freundin Gretchen Wohlwill, die noch im selben Jahr starb, war dabei. Unter den Künstlerinnen waren außerdem Ursula Querner, Gabriele Stock-Schmilinsky, unter den Künstlern Arnold Fiedler, Volker Detlef Heydorn, Karl Kluth, Alfred Mahlau, Jörn Pfab, Hans Martin Ruwoldt, Hans Hermann Steffens und Claus Wallner. Von der Kunsthalle kannte er Magdalena Pauli, die Witwe Gustav Paulis, und

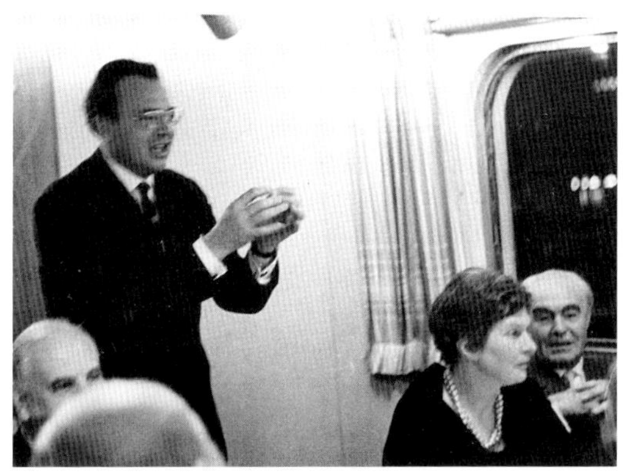

Feier des 60. Geburtstages von Eduard Bargheer in Hamburg,
Will Quadflieg spricht, Foto, 1962

Alfred Hentzen, der von 1955 bis 1969 als Direktor amtierte; unter den Kritikern waren Hanns Theodor Flemming und Gottfried Sello, unter den leitenden Beamten Hans Stock von der Kulturbehörde und Baudirektor Paul Seitz. Will Quadflieg, der Star des Schauspielhauses, ragte unter den Theaterleuten hervor. Aber es waren auch die Galeristen dabei. Von der Familie konnte nur die Nichte Linda Maar, Tochter des Bruders Ernst, teilnehmen. Hauptredner war Quadflieg, zu vorgerückter Stunde meldete sich jedoch manch anderer mit immer höherem Alkoholspiegel zu Wort.

Neben seiner Arbeit im Atelier an der Rutsch in Blankenese nahmen Bargheer in Deutschland aber auch seine Lehrtätigkeit und die Aufträge für monumentale Kunst in Anspruch. An der Hochschule für bildende Künste – so hieß seit 1955 die ehemalige Kunstgewerbe- bzw. Landeskunstschule – brachte die Ein-

führung von befristeten Gastdozenturen das internationale Niveau nach Hamburg. Bargheer erhielt 1957/1958 am Lerchenfeld eine solche Gastdozentur. 1963 bis 1965 war er Gastprofessor an der Berliner Hochschule der Künste.
Von Bargheers früheren Wandmalereien waren die in Finkenwerder entstandenen während der NS-Zeit beseitigt worden. Die „Landgewinnung“ in der Fritz-Schumacher-Schule in Langenhorn war beschädigt, sodass Bargheer sich 1956 an eine

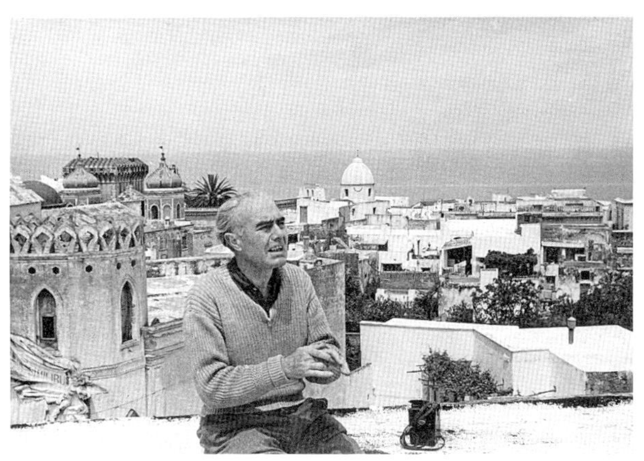

Wieder zurück auf Ischia:
Blick vom Dach von Bargheers Haus in Forio auf die Stadt und das Meer, Foto, um 1960

Restaurierung machen musste. Dazu kamen weitere Monumentalmalereien und Mosaiken, von denen er zwischen 1956 und 1965 in Hamburg 13 Projekte in öffentlichem, in einigen Fällen auch privatem Auftrag erhielt. Ebenso hat er in dieser Zeit solche Aufträge in Hannover, Köln, Düsseldorf, Bremen und Rendsburg ausgeführt.[91]
Auf Ischia tauchte Bargheer regelmäßig in eine andere Welt ein. Truman Capote hat die Atmosphäre in Forio in den 1950er Jahren geschildert. „Der Wagen rollte über einen Dorfplatz – es gab kein elektrisches Licht, und in den Cafès verräucherte das trügerische Licht von Kerzen und Petroleumlampen die Gesichter der dort versammelten Männer“, schrieb er 1950 in „Local Color“, als er das erste Mal nach Forio kam.[92] Bargheer wohn-

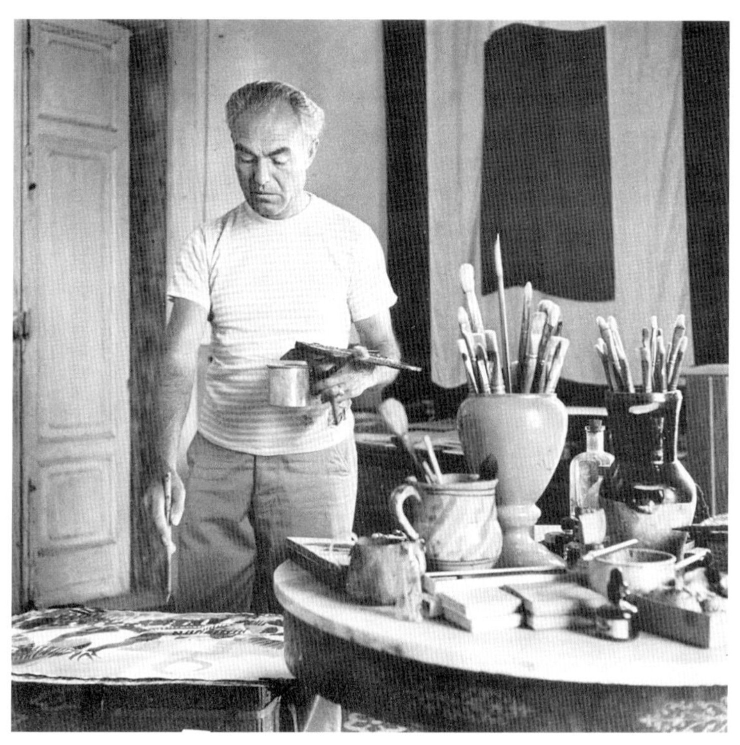

Bargheer im Atelier seines Hauses in Forio,
Foto von Herbert List, 1951

te dort, wie bisher, in dem gemieteten Haus. Ende der 1950er Jahre aber vererbte die Besitzerin das Haus an Klosterschwestern. Deshalb musste er sich beizeiten nach etwas anderem umsehen. „Ich hatte – Gott sei Dank – mir die Ruine erworben, die die Straßenecke bildete und habe das Haus allmählich aufgebaut." „Dann wurde mir der Garten, mein jetziger Garten, und ein kleines dazugehöriges Haus angeboten ... Und dann habe ich das jetzige Haus allmählich ausgebaut ... Ich habe das

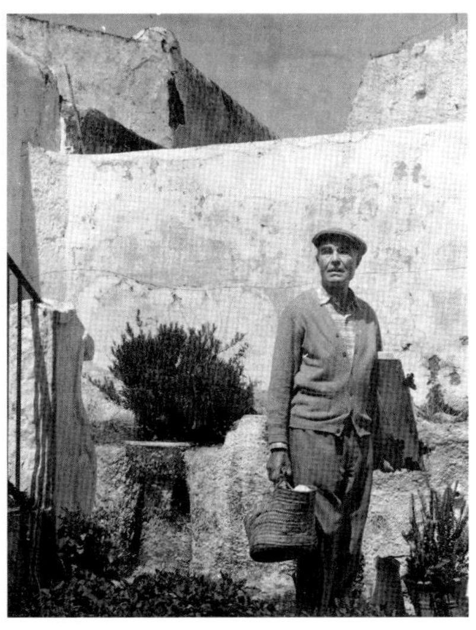

Bargheer in Forio auf dem Weg in die Landschaft,
Foto von Agathe Bunz, 1958

alte Haus drinnen stehen lassen ... und das neue Haus wie ein Passepartout rundherum bauen lassen." Dieses Ensemble ist dann noch einmal ergänzt worden um einen Garten mit Gästehaus. „Als ich das Gästehaus dazu bekam, da wollte ich ja eigentlich nur den Garten haben, ich musste aber das Haus mitnehmen."[93] Bargheer hat sich damit ein eigenes Haus mit Atelier, kleinem Gästehaus und Garten mitten in Forio geschaffen, das bis heute erhalten ist.

Forio war von 1940 bis an sein Lebensende der Lebensmittelpunkt des Künstlers, der Entstehungsort seiner Kunst. Seine Wohnungen und Ateliers, die Osterien und Cafès, in denen er gesessen, gegessen und getrunken hat, in denen er die Nachbarn, Freunde und Einwohner von Forio traf, in denen ihn seine Besucher von außerhalb aufsuchten oder in die er sie geführt hat, erst recht die Orte, die er auf der Insel wählte, um zu aquarellieren, gehörten zu dieser Heimat und diesem Umfeld.

Für Bargheer gehörten die einheimischen Freunde und Nachbarn, die italienischen und deutschen Künstler- und Kunsthistorikerfreunde, vor allem Gilles und Purrmann, zu seinem Umgang. Er lud aber auch Freunde und Bekannte aus Hamburg ein. Auf Fotos sehen wir die Schauspieler Maria Becker und Will Quadflieg, die ihn in Forio besuchten. Auch Gustaf Gründgens und später Ivan Nagel gehörten zu Bargheers Gästen. Von der Familie kam gelegentlich die Nichte Linda Maar zu Besuch.

Wir wissen, dass er Marion Gräfin Dönhoff, seit 1968 Chefredakteurin, seit 1973 Herausgeberin der ZEIT, nach Forio eingeladen hatte, ihr dort ein Haus vermittelte und ihr später viele Jahre auf Ischia immer wieder begegnet ist.[94] Ihr verdanken wir eine der lebendigsten Schilderungen seines Lebens in Forio: „Bargheer hatte nicht nur die subtile Antenne, die den Künstler auszeichnet, er war auch besessen von nie erlahmendem Arbeitseifer. Tagtäglich saß er Stunde für Stunde an der Staffelei in seinem Arbeitszimmer in Ischia. Nur abends gönnte er sich Zeit für ein gemeinsames Essen bei Franca oder im Epomeo. Er aß gerne gut und kannte alle Restaurants der umliegenden Orte. Eduardo, wie er allenthalben hieß, war ein wunderbarer Erzähler und ein glänzender Beobachter der Sitten, Gebräuche und sozialen Verhältnisse auf der Insel. Alles was ich darüber weiß, habe ich im Laufe der Jahre von ihm erfahren.

Oft saß er abends auf der Piazza bei Maria und spielte Karten mit den Fischern. Wenn wir gelegentlich zusammen nach Hause gingen, weil wir ein Stück weit den gleichen Heimweg hatten, dann war das ein ununterbrochenes Grüßen, denn er kannte jeden im Dorf, viele seit ihrer Kindheit. So ein Gang spielte sich immer nach einem ganz bestimmten Ritus ab: die rechte Hand, etwa in Augenhöhe erhoben, bringt ein leichtes Winken zum Ausdruck, das vom freudigen Kopfnicken begleitet wird, wobei der oder die Betreffende mit Vornamen gerufen wird: Francesco ... Paolo ... Angelina ... eine ganze Liste von Namen.

Hatte man auf diese Weise die abendlichen Flanierer hinter sich gebracht und war in die weniger bevölkerte Via Roma eingebogen, dann zog Eduardo die Tüte hervor, die er auf dem Gang zum Restaurant stets bei sich hatte, um die Reste des Mahls einzusammeln und sie unterwegs an die Katzen zu verteilen.
An einer bestimmten Stelle angelangt, erhob er dann seine durchdringende Stimme zu lautem Rufen: Miez, miez, miez ..., und dann spritzten sie herbei aus allen Häusern und Gassen.

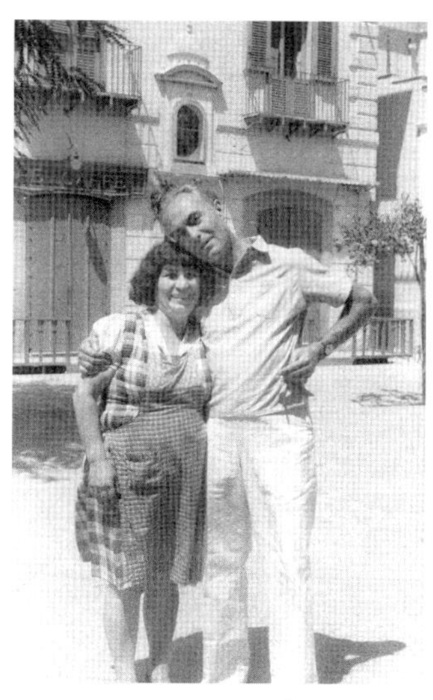

Bargheer mit der Wirtin Maria Senese
vor der „Bar Internazionale" in Forio,
Foto, nach 1950

Eine große Balgerei begann, in deren Mitte Eduardo stand und mit beseligtem Lächeln Hühnerbeine oder Fischskelette aus seiner Tüte zog. – Ach, Ischia ohne Eduardo ist nicht mehr, was es einmal war."[95]
Aus Briefen und Schilderungen erfahren wir von Gästen aus dem Kunstleben, was sie mit Bargheer auf Ischia erlebt haben. Herbert von Buttlar, Sekretär der Documenta I, Beiratsmitglied der Documenta II, seit 1964 Direktor der Hochschule für bildende Künste in Hamburg, schrieb: „Unvergesslich ist mir der 3. Oktober 1954. An diesem Tage wurde die Madonna von

Casamicciola durch einen von Pius XII. delegierten Kardinal (er war auf einem Zerstörer gekommen, der am Horizont des Meeres sichtbar wurde) mit einer goldenen Krone ausgezeichnet. Die Statue dieser Madonna hattest Du neu gefasst – man hatte sich dieses wichtigen Auftrages wegen an den hoch geachteten Mitbürger und Künstler Bargheer gewandt im Vertrauen darauf, er würde die ehrwürdige alte Statue der Muttergottes wieder in einen festlichen Zustand versetzen, und mit aller Dir zu

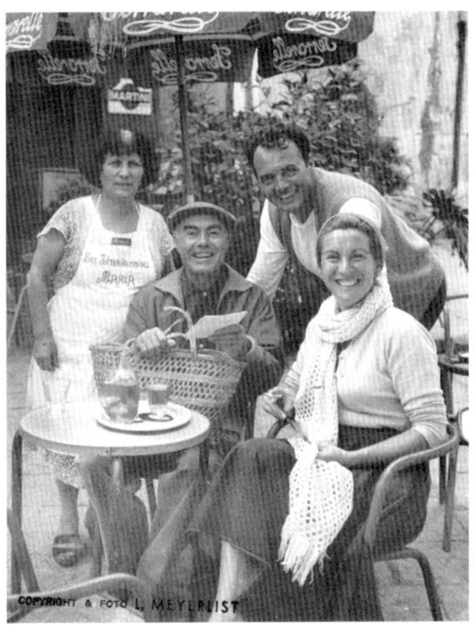

Bargheer mit Maria Senese und seinen Gästen, den Schauspielern Maria Becker und Will Quadflieg, vor der „Bar Internazionale", Foto von Lisa Meyerlist, um 1955

Gebote stehenden Sorgfalt und Hingebung hattest Du diese Aufgabe erfüllt, als Maler schwelgend im Blau des Mantels, im Rot der Wangen, im Gold des Haares."[96]

Werner Bunz, 1955 bis 1989 Professor an der Hochschule für bildende Künste in Hamburg, schrieb nach einem Besuch von 1958:[97] „Eduard war von Blankenese, wo sich über ihm der Süllberg erhob und davor die weite Elbe floss, nach Forio gezogen, dort, wo über ihm der Epomeo aufragte, davor das Mittelmeer Afrika ahnen ließ, und wie oft sprach er davon, dass der Schirokko Wüstensand herüberwehe, überhaupt, dass Ischia Afrika sei.

Der schlafende Vulkan war sein Schicksalsberg … Wer Eduard Bargheer wirklich kennenlernen wollte, brauchte nur den Künstler spielen und sich nonchalant an seinen Tisch zu setzen … Eduards Bar in den frühen sechziger Jahren hieß nicht nur ‚Bar Internazionale', sie war ein internationaler Treffpunkt, und wir Deutsche stellten neben der vorrangig amerikanischen Schriftsteller-Prominenz die noch richtig proportionierte schmächtige Minderheit, wobei das Gewicht durch den Ehrenbürger von Forio, Signor Eduardo, bestimmt war … Was für eine Auszeichnung, mit Eduard in den Schluchten spazieren zu gehen, an seinen Plätzen mit ihm zu zeichnen, eine bessere Lehre gibt es nicht."

Bunz deutete bereits die Atmosphäre der „Bar Internazionale" in Forio an. Bargheer gab der Bar das charakteristische Ambiente mit einer Deckendekoration, die aus einer Collage von internationalen Journalen bestand, die Gäste in der Bar hatten liegen lassen. Sie schwebte über den Wänden, die mit geschenkten Werken der Künstlergäste bedeckt waren. Unter ihr fand sich ein illustres Publikum ein, von dem im Prospekt einer Gedächtnisveranstaltung 1995 „Bargheer, Auden, Moravia, la Morante, Pasolini, de Libero, Andres, Henze, Capote e tanti altri" aufgezählt wurden.

Seit 1948 gehörten Wystan Hugh Auden, Verfasser von „The Age of Anxiety", und sein Freund Chester Kallman zu den internationalen Gästen in Forio; sie wohnten zuerst im „Nettuno", dann vermittelte Bargheer ihnen ein Haus, in dem sie in den 1950er Jahren von Patricia Highsmith besucht wurden. Beide schrieben am Libretto für Igor Strawinskys Oper „The Rake's Progress", die 1951 im Teatro La Fenice in Venedig uraufgeführt wurde. Die berühmte Wirtin Maria Senese wurde von Auden – vermutlich ohne ihr Wissen – „Baba la turca" genannt; Baba ist ein in Sirup und Alkohol getränktes neapolitanisches Gebäck arabischen Ursprungs. Maria gab Auden das Vorbild ab für „Baba the Turk" in Strawinskys Oper, eine Puffmutter, die der Held in „The Rake's Progress" schließlich ehelicht. 1977, nach Marias Tod, schrieb eine römische Zeitschrift „È morta l'Ispiratrice di Baba la Turca", die Inspiratorin der Baba the Turk ist tot.

Auden und Kallman arbeiteten in Forio als Librettisten auch für den Komponisten Hans Werner Henze. Dieser erinnerte sich in seiner Autobiografie klatschhaft: „Eines Abends vor dem Cafè Maria Internazionale sehen wir von Audens/Kallmans Stammtischrunde aus hinüber, wo Gustaf Gründgens sich erfrischte als Gast des Malers Bargheer. Gründgens war von 1926 bis 1929 mit Erika Mann in einer Scheinehe verheiratet gewesen, und Wystan hatte sie später aus Passgründen zum Altar geführt." Als Auden aber „das gleiche Weib", wie Henze ihn zitierte, zum Anlass für eine Bekanntschaft mit Gründgens nehmen wollte,

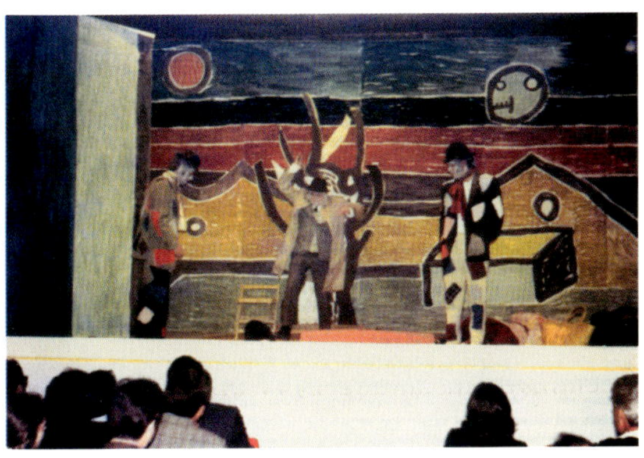

Aufführung von Samuel Becketts „Warten auf Godot" auf Ischia, 1970, in der Inszenierung und mit Bühnenbild von Eduard Bargheer, er selbst in der Mitte als „Pozzo", Foto, 1970

ließ dieser ihn abblitzen.[98] Im Übrigen ranken sich um die spätere, für Bargheer siegreiche Auseinandersetzung mit Auden als Platzhirsch in der „Bar Internazionale" weitere Legenden.
Erzählungen über jene Zeit sind bis heute in Forio im Gedächtnis mancher geblieben, die sie miterlebt haben: Nino d'Ambra, Verfasser einer dicken Garibaldi-Monografie,[99] 1975–1980 Vicepresidente der Provinz Neapel, Anwalt und Freund Bargheers, kannte diesen seit dem kirchlichen Fest von Bargheers Konversion 1941, die er als Kind miterlebt hatte. 1948 sei Bargheer auf Initiative seines Onkels, des Bürgermeisters von Forio, Giovanni d'Ambra, Ehrenbürger geworden. Er sei „un grande attore", ein großer Schauspieler, und „un grande oratore", ein großer Redner, gewesen, „un ambasciatore della cultura tedesca", ein Botschafter der deutschen Kultur. Zusammen

mit anderen Künstlern habe er in Forio die „orizzonti culturali“, die kulturellen Horizonte, von der provinziellen Ebene auf europäisches Niveau gebracht. Der Wirt des „Epomeo“, unweit der ehemaligen „Bar Maria“, Camillo Calise, der alle jene Künstler erlebt hat, nennt es einen Irrweg, dass man seitdem auf Massentourismus gesetzt habe. Auf der Straße begegnet man älteren Forianern, die davon sprechen, dass es zu Bargheers Zeiten in Forio „un personaggio unico“, einmalige Gäste, gegeben habe und die „Bar Internazionale“ ein „salotto literario“, ein literarischer Salon, gewesen sei. 2007 fanden aus Anlass einer Buchvorstellung „Bar Maria“[100] neben einer Ausstellung mit den Porträts der Wirtin Maria, Lesungen, Vorträge und ein Henze-Konzert statt, bei denen immer wieder der Name Bargheer fiel.

Wie lange Bargheer seine Rolle im Kulturleben von Forio noch gespielt hat, zeigt ein Bühnenfoto der Aufführung von Becketts „Warten auf Godot“ in Forio aus dem Jahre 1970, die im Nachbarort Pilastri, im sogenannten „Teatro dei Pilastri“ stattgefunden hat. Bargheer hatte das Bühnenbild entworfen, Regie geführt und stand neben den Forianern Calise, Capuano, dem Englischlehrer Zivelli und dem amerikanischen Wirt des „Saturnino“, Dakin, selbst als „Pozzo“ auf der Bühne.

Auftragskunst

Bargheer hatte sich als junger freier Maler in einer Zeit entwickelt, in der Künstler in den traditionellen Aufgaben der Malerei, der Landschaft, dem Porträt und dem Stillleben, zu eigenen Kunstformen kamen, mit denen sie sich vom Darzustellenden lösten und zu neuen Bildstrukturen vordrangen. Er reflektierte seine ersten Beobachtungen an Werken der Modernen mit Beunruhigung: Von frühen Kunsthallenbesuchen erinnerte er sich, dass ihn „die ganz Modernen aber ebenso sehr anzogen wie beunruhigten". Und er vollzog die Entwicklung mit langem Atem in seinem eigenen, thematisch und formal selbstbestimmten malerischen Werk nach. Dabei wandelten sich sowohl die gewählten Themen wie die daraus entwickelten Bildstrukturen hin zu jenen Positionen, wie sie in den Documenta-Ausstellungen gezeigt wurden und wie sie 1954 Haftmann, 1959 Schmalenbach, 1972 Vogt formuliert haben.[101]

Bargheer sah sich aber auch mit einem ihn von Anfang an in Anspruch nehmenden Arbeitsfeld von Auftragskunst konfrontiert. Porträts betrachtete er als in den Rahmen seiner künstlerischen Entwicklung gehörend. Alle seine Kollegen übten sich stetig im Porträtieren. So hat auch er in Porträts stets eine seiner künstlerischen Aufgaben gesehen, auch wenn sein Werk sich daneben selbstständig entwickelte.

Aber auch bei anderen Aufträgen zögerte er nicht, seine künstlerische Arbeit für sie einzusetzen. Die frühen Entwürfe für

Geldscheine waren sicherlich eine Sache eigener Art. In Bargheers Jugend entstanden besondere Vorstellungen von einer staatlichen Auftragskunst. Unter dem Einfluss von Museumsdirektoren wie Pauli und Sauerlandt, dem Oberbaudirektor Schumacher und dem malenden Baurat Emil Maetzel bildeten sich die Meinungen über eine Kunst, die durch den neuen kulturpolitischen Auftrag der Weimarer Verfassung ausgelöst wurden. Artikel 142, Absatz 1 bestimmte: „Die Kunst, die Wissenschaft und ihre Lehre sind frei. Der Staat gewährt ihnen Schutz und nimmt an ihrer Pflege teil.“ Das Land Hamburg wurde zur Teilnahme „an ihrer Pflege“ verpflichtet, eine dafür eingesetzte „Kunstpflegekommission“ beriet die Maßnahmen, und Schumacher veranlasste sie: baugebundene Aufträge an bildende Künstler, die unter dem Gesichtspunkt der Qualität ausgewählt wurden. Bargheer war einer der ersten Künstler, die in der Zeit bis 1933 dafür eingesetzt wurden und davon profitiert haben. Das mag seine Bereitschaft gefördert haben, auch nach 1952 solche Auftragsarbeiten auszuführen. Bei dieser Auftragskunst wurde die Gebundenheit an staatliche Bauprojekte und die Themenstellung meist durch deren Zweckbestimmung hingenommen – das entsprach ganz Schumachers Vorstellungen von der Architektur als Mutter der Künste.

Bargheer hat auch später offenbar kein Problem darin gesehen, dass es in seiner künstlerischen Arbeit einerseits die selbstbestimmte Entwicklung seiner Malerei und andererseits Arbeiten mit vorgegebenen Themen gab.

In der Zeit vor 1933 brauchte er Zweifel an der Fremdbestimmung kaum aufkommen zu lassen. In dieser Zeit malte er auch in seinen freien Werken themengebunden. Und – nehmen wir die wiederhergestellten Bilder von 1930 in der Gorch-Fock-Halle in Finkenwerder – die beiden Malereien mit den Themen „Segeln der Fischer“ und „Segelsport“ waren Darstellungen, die thematisch und in der malerischen Ausführung ganz seinem übrigen Werk der damaligen Zeit entsprachen.

Bargheer nahm von diesen frühen Erfahrungen mit, dass Auftragswerke vorgegebene Inhalte und Botschaften auszudrücken hätten. Andere Inhalte von Auftragswerken hat er später nie als Problem gesehen, sondern sich geradezu zur Aufgabe gemacht, ob bei Illustrationen, Bühnenbildern, themenbezogenen druck-

grafischen Suiten, religiösen Werken oder den monumentalen Malereien und Mosaiken mit dem Höhepunkt der großen Darstellung „Der Sport" für das Niedersachsenstadion in Hannover.
Bestimmend für ihn musste anfänglich sein, dass die Aufträge in der frühen Zeit den neuesten kulturpolitischen Überzeugungen entsprachen. Die Ausführung solcher Aufträge nach den ersten Ausstellungsanerkennungen war für sein Renommee als junger Maler von Bedeutung. Dabei wurde für ihn das Verhalten derjenigen wichtig, die seine Kunst beurteilten, Stipendien, Ateliers oder Aufträge vergaben, wie Pauli oder Schumacher. Aber auch später ist auffällig, dass er bei den Nachkriegs-Museumsdirektoren Heise und Hentzen, bei dem Kulturbehördenleiter Stock oder dem Baudirektor Seitz um beinahe freundschaftliche Kontakte bemüht war: Das waren diejenigen, die über staatliche Aufträge entschieden. Seitz, der später das Hamburger Kunsthaus gebaut hat, wohnte sogar vorübergehend in Bargheers Haus in Blankenese, während sein Privathaus entstand; für dieses Haus hat Bargheer ein Glasfenster ausgeführt.
Einmalig in seinem Werk sind die Illustrationen zu „Pinocchio" von 1945. Dafür hat er sich ganz der Geschichte von Carlo Collodi untergeordnet und Illustrationsformen mit einer eigenen Strichtechnik entwickelt.
Religiöse Themen kamen seit 1940 in Bargheers Werk vor. Sie begannen mit einem Passionszyklus in großformatigen Aquarellen. Zu dieser Zeit ließ sein noch von Themen bestimmtes freies Werk Motive von Prozessionen oder Campo-Santo-Darstellungen zu. Erst später, mit den Mosaiken „S. Vito", 1959 am eigenen Haus in Forio, und „St. Georg", 1959/1960 in Bremen, übernahm er auch angewandte Arbeiten, die eine religiöse Botschaft vermittelten. Dazu gehörten 1966 die Glasfenster für die katholische Kirche St. Martin in Rendsburg und schließlich 1972 das Mosaik „S. Vito", das Bargheer für die Fassade der Kirche S. Maria di Loreto in Forio gestiftet hat.[102]
Das bundesdeutsche „Kunst am Bau"-Programm nach 1952 sah künstlerische Arbeiten an öffentlichen Gebäuden vor. Es sollte die Künstler an der Entwicklung des deutschen Wiederaufbaus beteiligen. In dessen Rahmen erhielt Bargheer, nachdem er nach Hamburg zurückgekehrt war, neue Aufträge.

Natürlich versuchte dieses Programm an die Vorstellungen der Zeit der „Kunstpflege“ in der Weimarer Republik anzuknüpfen. Bargheer selbst hat diese Absicht offenbar deutlich empfunden. Aber weder Auftraggeber noch Künstler machten sich klar, dass die Entwicklung der Kunst inzwischen weitergegangen war. Baugebundenheit und thematische Fremdbestimmung mussten als Einschränkungen der Künstler und ihrer Kunst empfunden werden.

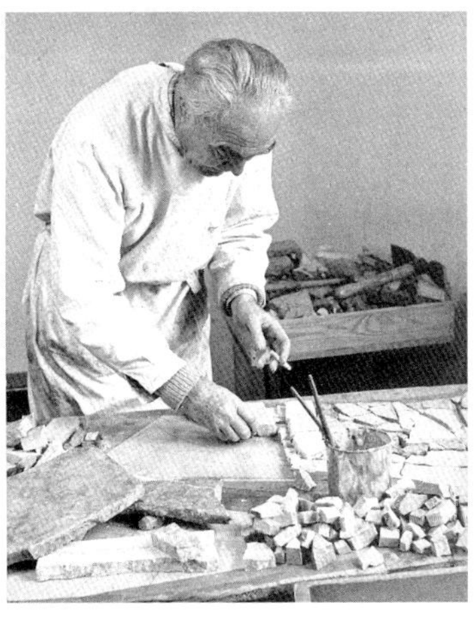

Eduard Bargheer im Atelier
beim Legen von Mosaiksteinen,
Foto von Agathe Bunz, um 1960

Gleich bei seinem ersten Auftrag 1956 „Der barmherzige Samariter“ setzte er – in seinem Werk ein Novum – die Mosaiktechnik ein, in der er sich – von den historischen Beispielen angeregt – in Italien hatte unterrichten lassen. Mit dem Thema und seiner die Botschaft betonenden figürlichen Ausführung gehört das Mosaik im Allgemeinen Krankenhaus Eilbek, heute im Foyer des Klinikneubaus N 7, beinahe in die Reihe angewandter sakraler Kunstwerke Bargheers. An seinem „Hauptwerk moderner Wandgestaltung“,[103] dem großflächigen Mosaik „Der Sport“ am Niedersachsenstadion in Hannover, bestimmen die Figuren der Sportler den Eindruck so sehr, dass die Ausführung des fein strukturierten und farbig angelegten Hintergrundes kaum wahrgenommen werden kann. Sehr späte Auftragsmosaiken sind die für die Thermenanlage „Poseidon“ in Forio von 1971/1972. Zu Recht hat der Kunsthistoriker Roland Jaeger darauf hingewiesen, dass sich in Bargheers Mosaiken eine eigene Entwicklung der Steinlegung beobachten lässt, die in den Spätwerken einen Höhepunkt in der Steinstruktur wie in der Formgebung erreicht.[104]

In anderen Wandmalereien oder Mosaiken gelang es Bargheer stärker, der thematischen Fremdbestimmung zu entgehen und

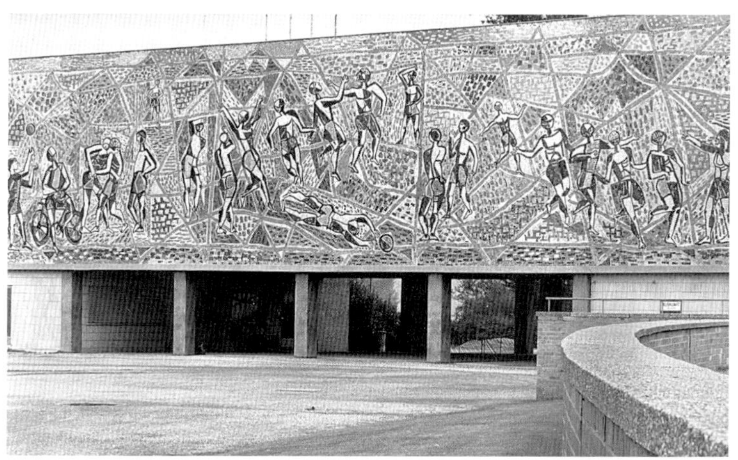

Eduard Bargheers Mosaik „Der Sport“ in der ursprünglichen Anbringung über dem Haupteingang des Niedersachsenstadions in Hannover, Foto von Agathe Bunz, 1963

bei den Themen und Gestaltungsprinzipien seiner Aquarelle und Ölbilder zu bleiben. Unter den Wandmalereien ist dies besonders der Fall 1957/1958 bei „Frühlingsgarten“, „Nächtlicher Garten“ und „Südlicher Garten“ in der Schule Rhiemsweg in Hamburg-Horn oder 1958/1959 bei „Marschlandschaft“, „Nächtliche Werft“ und „Blick von der Lombardsbrücke“ im Neubau des Gymnasiums Rahlstedt. Dort war der Kunsterzieher Heinrich Wriede aus Finkenwerder sein Partner bei der auftraggebenden Schule; Wriede, dessen Malerei unter dem Einfluss Bargheers stand, hat ihn vermutlich darin bestärkt, bei seinen eigenen künstlerischen Vorstellungen zu bleiben.

Eine letzte Form von Auftragskunst lässt sich in druckgrafischen Spätwerken von Bargheer beobachten. Diese sind in den 1960er und 1970er Jahren offenbar unter dem Einfluss von Verlegern und Galeristen entstanden; aus Bargheers Interview von 1974 ist herauszuhören, dass er auf deren Wünsche eingegangen ist.[105] Bargheer kehrte darin zu themenbezogenen Darstellungen zurück, die sich in den freien Aquarellen und Ölbildern der gleichen Zeit nicht finden.

Späte Reisen

Bargheers Gastprofessuren in Hamburg, 1957–1958, Rom, 1958, und Berlin, 1963–1965, konnten ihn ebenso wenig wie seine Monumentalaufträge davon abhalten, seiner Sehnsucht nach der Sonne nachzugeben und dem „Wunschtraum des Südens, der sich deckt mit jener blendenden Lichtfülle, die, alle Lokalfarben zerstörend, ein neues Farbmedium schafft“, zu folgen. An die Stimulierung seines Werkes durch Reiseeindrücke, die Bargheer auf seinen frühen Fahrten bis 1939 begonnen hatte, knüpfte er mit seinen späten Reisen nach Afrika an.

Über seine erste Afrikareise, nach Tunesien 1960, schrieb er: „Dieses Lichterlebnis … nährte immer von neuem den starken Wunsch, ja, eine schwelende Begierde, zu erkunden, ob es denn wirklich in Afrika noch eine Steigerung der mediterranen Lichtfülle geben könne.“ Er wies auch auf die Vorbildhaftigkeit der Tunisreise Paul Klees, August Mackes und Louis Moilliets im Jahr 1914 hin: „Klee selbst hat es immer wieder gesagt, dass er durch die Tunisreise überhaupt erst zur Farbe gekommen sei.“[106]

Auf seinen Reisen nach Afrika hat Bargheer neue Erkenntnisse gesucht, die sehr unterschiedlich in sein Werk eingegangen sind. In einer Skizze hat er die Route seiner ersten Rundreise durch Tunesien 1960 festgehalten.[??] Besonders hat ihn die Oase Tozeur – tief in der tunesischen Wüste – beeindruckt, sodass er dort eine Unterkunft nahm. Auf einer zweiten, gezielten Fahrt noch im selben Jahr blieb er dann zwei Monate in dieser Oase, um seine Eindrücke in Aquarellen festzuhalten. Vor allem in der Bildstruktur und Farbigkeit seiner Aquarelle, die während der Afrikareisen und danach entstanden sind, wird spürbar, wie diese Erfahrungen noch einmal eine neue Phase in seiner künstlerischen Entwicklung ausgelöst haben.

Von der zweiten Tunesienreise im Jahr 1960 ist in Bargheers eigenen Erzählungen eine Anekdote überliefert:[108] In einer Töp-

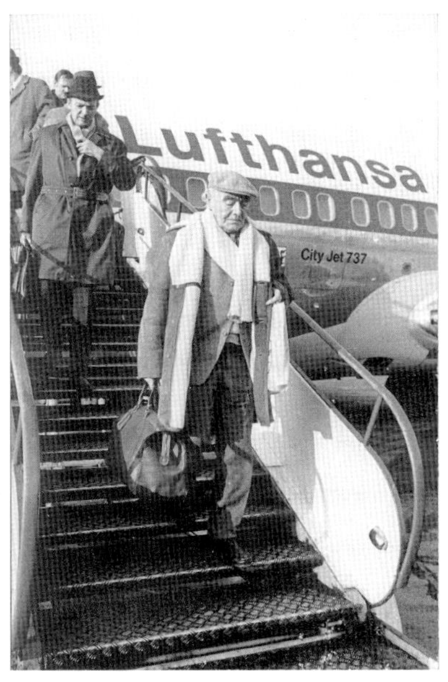

Späte Reisen nach Afrika, Foto, um 1962

ferei hatten ihm die tunesischen Töpfer bereitwillig ermöglicht, einen Teller zu entwerfen und auch zu signieren; er hatte dessen Brand aber nicht mehr abgewartet und war weitergezogen. Will Quadflieg, der auf Bargheers Empfehlung später in der gleichen Gegend war, hat diesen Teller mit Bargheers Signatur in jener Töpferei entdeckt, gekauft und ihm – als Geburtstagstorte verpackt – ein Jahr später zum Geschenk gemacht.[109]

Im Jahr 1961 hat Bargheer mit der Sammlerin Sybille Blumenfeld und dem Bildhauer Jörn Pfab von Spanien aus eine Fahrt durch Marokko unternommen, auf der Zeichnungen und

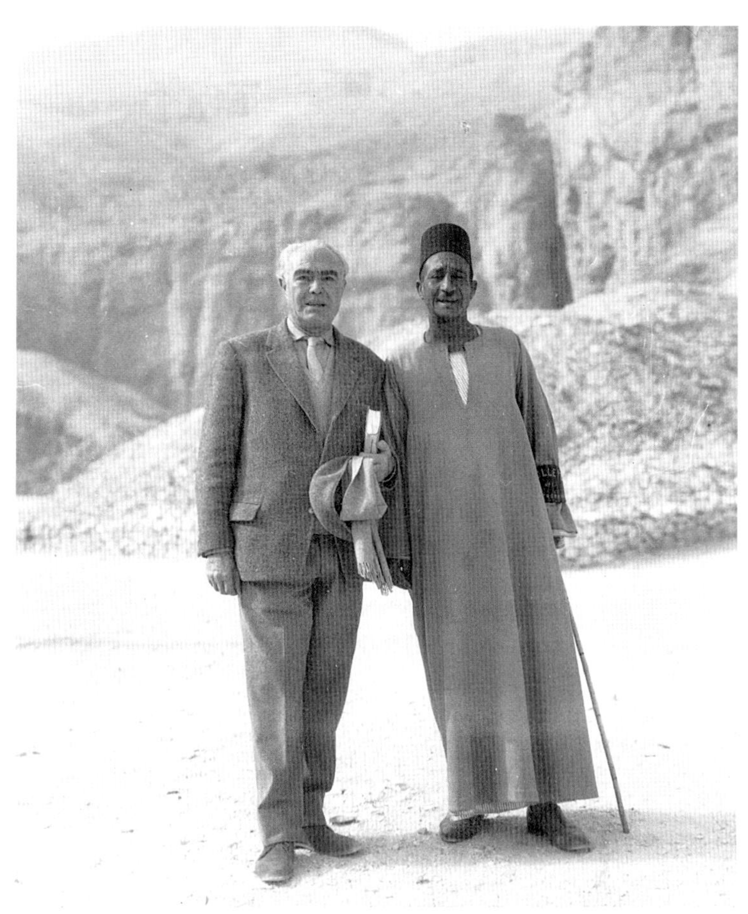

Eduard Bargheer in Nordafrika, Foto, 1961

Aquarelle entstanden sind. 1961 und 1962 ist er mit Aniello Verde, einem Freund aus Forio, zu einer Reise nach Ägypten aufgebrochen, die zu seinem „Ägyptischen Skizzenbuch" geführt hat. In noch stärkerem Maße Reisen des Augenerlebnisses waren die nach Zentralafrika, 1967 nach Mali und Senegal, 1968 nach Senegal und Mauretanien. Vor allem der Flug über die Sahara hat ihn beeindruckt und zu zahlreichen späteren Arbeiten in Forio inspiriert. Auch die Fahrt auf dem Senegalfluss, drei Tage flussauf und zwei Tage flussab, hat ihn stark bewegt und an Ort und Stelle in verschiedenen Arbeiten ihren Niederschlag gefunden. Alle Afrikareisen haben ihn angeregt und ihn zu motivischen und farblichen Innovationen für ein malerisches Spätwerk bewegt, in dem seine Kunst des Aquarellierens ihren Höhepunkt erreicht.
Die letzten Fahrten 1970 und 1971 nach Süditalien, Sizilien und Griechenland führten ihn zwar auch in „Länder des Lichts", aber dahinter stand vor allem das Interesse an antiken Motiven. Bargheer hatte schon vorher im Nationalmuseum von Neapel nach pompejanischen Originalen gezeichnet. Nachdem er in den späten 1960er Jahren mit Erfolg druckgrafische Suiten herausgebracht hatte, sind nach diesen Reisen die Mappen „Magna Graecia", „Klassische Stätten Griechenlands", „Hellas I" und „Hellas II" entstanden. Dies entsprach dem Interesse der Verlage und Galerien an solchen Motiven, mit denen größere Auflagen zu erzielen waren: „Weil in den ‚Klassischen Stätten Italiens' manche (Käufer) Blätter gern hatten, die nur das Landschaftliche oder Architektonische darstellten, während andere für die figürlichen Darstellungen waren. Und das hat dann den Rosenbach ... auf zwei verschiedene Suiten gebracht: ‚Wir machen zwei Suiten Hellas!'"[110] Detlev Rosenbach war der Verleger der druckgrafischen Folgen. Bargheers eigene Worte lassen dessen Einfluss auf den alternden Künstler erkennen.

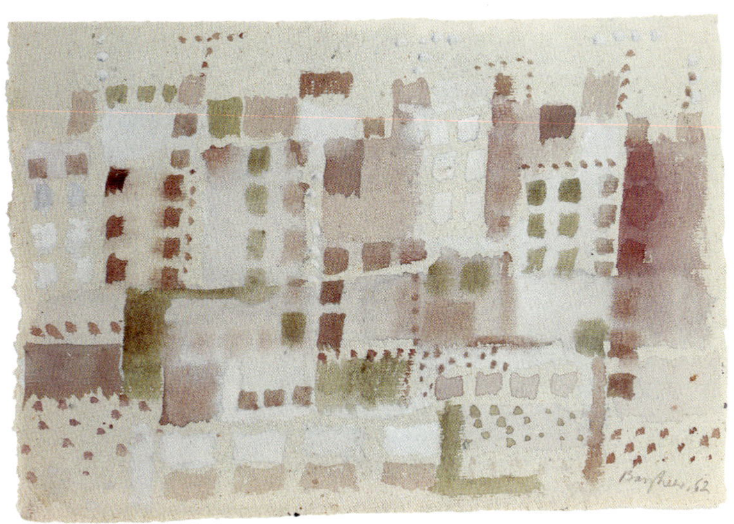

Eduard Bargheer, „Casablanca“, Aquarell, 1962

Am Ende des Lebens

Eduard Bargheer scheint ursprünglich mit einer unverwüstlichen Gesundheit ausgestattet gewesen zu sein. Vater und Familie hatten ihm Bildungsstreben mitgegeben und ihn zu künstlerischem Ehrgeiz bewegt. Er hat sein ganzes Leben lang mit Begeisterung und Disziplin gearbeitet. In seiner Jugend im Fischerdorf hat er sich vermutlich die soziale Fähigkeit angeeignet, die es ihm ermöglichte, leicht Kontakte zu finden und auch zu pflegen. Die Umgebung von Mutter und mehreren älteren Schwestern mag seine Neigung, Vertrauen bei älteren Frauen zu suchen, verstärkt haben; vor allem sein lang anhaltendes künstlerisches Vertrauensverhältnis zu Gretchen Wohlwill gründete darauf. Er muss aber auch ein Frauentyp gewesen sein, trotz seiner homoerotischen Neigungen; die Freundschaften der Malerin Gretchen Wohlwill, der Mäzenin Valentine Tietgens, der Kunstschulleiterin Gabriele Stock-Schmilinsky oder der Baseler Galeristin Marie-Suzanne Feigel mit ihm waren sicherlich auch dadurch angeregt. Ein besonderer Charme, ein selbst in Italien auffallendes Temperament, ein spezifisches Charisma müssen dies noch verstärkt haben. Verfolgt man sein Leben, so setzt es in Erstaunen, wessen Bekanntschaft er gesucht hat, von wem er gefördert wurde, mit wem er befreundet war, von wem er geschätzt wurde. Seine Porträts führen die große Zahl der Bekannten und Freunde vor, die er im Laufe seines Lebens gewonnen hat.

Schon die frühe Zugewandtheit der Ehepaare Pauli und Panofsky und die dann lebenslange Freundschaft mit Heydenreich versetzen in Erstaunen. Aber auch die Vertrautheit mit Quadflieg und der hamburgischen Schauspielerszene, mit Schriftstellern wie Beckett oder Musikern wie Kirkpatrick, mit den Tänzerinnen Mary Wigman und Valeska Gert lässt erkennen, dass Bargheer hohe Maßstäbe anlegte bei der Auswahl seiner Bekannten. Außerdem muss er ein beliebter Lehrer an der Kunstschule Koppel gewesen sein, bei den Damen und – wie die Verehrung Heydorns bezeugt – bei den Herren. Die dortige Tätigkeit hat ihn auf seine späteren Gastprofessuren in Hamburg, Rom und Berlin vorbereitet. Die öffentlichen Auftraggeber wie Fritz Schumacher, die frühen Galeristen und die anfänglichen Förderer müssen ihm seit 1927 viel zugetraut haben. Auch die schwierigste Zeit unter den Nazis, das Ausweichen nach Italien und die Kriegszeit dort hat er mithilfe seiner menschlichen Kontakte gemeistert. Erstaunlich gut war sein Verhältnis zu den Kunsthistorikern am Florentiner Institut und zu dem Kunstgelehrten Bernard Berenson. Er verstand sich aber auch mit den Künstlern in der Pensione Bandini, mit den Konsuln Wolf und Steinhäuslin in Florenz, mit dem Arsenalkommandanten in La Spezia, dem Florentiner Kardinal und den späteren alliierten Besatzern. Beeindruckend ist der Text, den ein Schriftsteller wie Carlo Levi über ihn geschrieben hat. Aber auch der Kontakt zu den Emigranten Levy oder Andres und später zu den Künstlerfreunden Gilles und Purrmann zeigt, wie er respektiert wurde. In Forio hatte er ein internationales Forum und war auch bei der Bevölkerung beliebt.
Die Biennale-Ausstellungen und die Documenta-Teilnahme gaben Bargheer den höchsten Segen des Ausstellungsbetriebes. Auch wenn er nach seiner Rückkehr nach Hamburg 1953 dem Konkurrenzneid der Hamburger Künstler ausgesetzt war, die Eingewöhnung in das Hamburger Kunstleben und Kulturleben gelang ihm mühelos. Dass er es war, der den ihm bekannten Gustaf Gründgens im Auftrag des Kultursenators wegen der Leitung des Schauspielhauses anrufen sollte, dass Quadflieg die Rede zu seinem 60. Geburtstag hielt, dass er die Gräfin Dönhoff zum Hauskauf auf Ischia anregte, dass diese unter vielen anderen auf Ischia seine Gäste waren, zeigt, auf welcher Ebene er in Hamburg geschätzt wurde.

Er hat – auch wenn er gern gut aß und trank – durchgehend eine bescheidene Lebensführung beibehalten. Seine finanziellen Erfolge auf dem Kunstmarkt ließen sich aber an der Entwicklung der Fahrzeuge ablesen, die er sich leistete. 1931 konnte er sich ein Segelboot nach seinen Plänen bauen lassen. 1936 kaufte er sich ein Motorrad mit Beiwagen, in dem er mit Gretchen Wohlwill nach Dänemark brauste. 1938 leistete er sich den Ford, der ihm als „Fluchtauto" diente. Nach dem Krieg hatte er einen Jeep. Danach fuhr er einen MG, schließlich einen Porsche und zum Schluss einen Mercedes 300 SL.
In den 1960er Jahren hätte man über Bargheer sagen können: Er hat an beiden Documenta-Ausstellungen teilgenommen, er hat ein Haus in Blankenese und eines auf Ischia, er hat ein Konto in der Schweiz, er fährt einen Porsche, er isst und trinkt nur noch im Restaurant, er reist monatelang in die entlegensten Länder und in seinem Freundeskreis spielen Gründgens, Quadflieg und die Gräfin Dönhoff eine Rolle.
Dass aber auch schon in den späten 1950er Jahren der Gesundheitszustand Bargheers nicht mehr unerschütterlich war, können wir aus einer Bemerkung des Hamburger Kunstprofessors Werner Bunz entnehmen, die er anlässlich der Ankunft Bargheers auf Ischia 1958 nach der Gastprofessur in Hamburg geschrieben hat. „Eduard stand an Bord, mit müdem Blick, schweigsam. Bestimmt nicht allein die Folge des auskurierten Magengeschwürs, der Mitgift des verlorenen Semesters und der Reisestrapazen."[111] In den 1960er Jahren spürte Bargheer dann auch Beschwerden des Alters. Nachdem er 1960 noch zwei Monate allein in der Oase Tozeur in der tunesischen Sahara gearbeitet hatte, wollte er, wie er 1974 sagte, nicht mehr alleine reisen.[112] Am 29. Mai 1964 schrieb er an seine Schwester Elisabeth aus Forio, dass er nach Reisen zu einer Ausstellungseröffnung in Hannover und seiner Gastprofessorentätigkeit in Berlin erschöpft sei: „Dieses viele Fliegen ist unerträglich und muss ein Ende haben".[113] Er, der ein Leben lang alles selbst organisiert hatte, sehnte sich nach Ruhe und Unterstützung.
Um ihn herum lichteten sich die Reihen der Freunde. 1962 starb Gretchen Wohlwill. In den folgenden Jahren verlor Bargheer auch seine ständigen Künstlerfreunde auf Ischia, Gilles und Purrmann. Gilles kam 1963 ins Hospital nach Neapel und

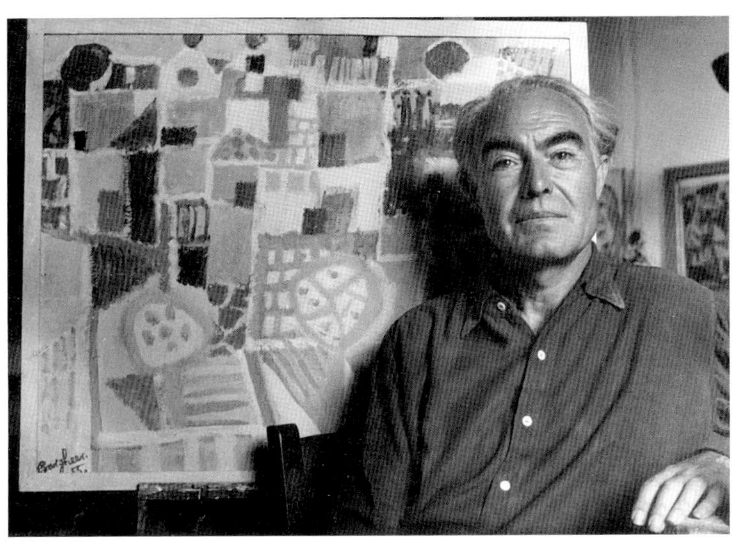

Eduard Bargheer mit „Paese primaverile“,
Frühlingslandschaft, Öl, 1955,
Foto von Anni Breer, nach 1955

starb dann in München. Purrmann hatte schon 1959 in Florenz einen Schlaganfall erlitten, war aber auch danach noch zu gemeinsamen Treffen auf Ischia erschienen; noch über Jahre malte er im Rollstuhl. Aber 1966 starb auch er. Danach waren alle näheren Malerfreunde tot. Ähnlich enge Kontakte hat Bargheer nicht mehr geknüpft. Es gab Schülerverhältnisse wie zu Heydorn in Hamburg auch auf Ischia. Von ihnen ist einzig Luigi Coppa, genannt Gino, ein Künstler geworden, der heute noch auf Ischia ausstellt.

1968 ließen unerträgliche Schmerzen Bargheer keine andere Wahl, als sich einer damals noch ungewöhnlichen Hüftgelenksoperation zu unterziehen. Die Reisen 1970 und 1971 ertrug er bereits mit einem künstlichen Hüftgelenk. 1974 folgte die Operation der anderen Seite.

1971 veranstaltete das Goethe-Institut in Neapel mit ihm noch eine große Ausstellung zum 70. Geburtstag. Danach war Bargheer auch auf Ischia weniger aktiv. Er ließ sich aber noch von einem Weinbauern mit dessen Eselskarren an die Orte seiner Motive fahren. Mittags und abends aß er in den Osterien „Epomeo“, „Don Giovanni“, „Romantica“, „Bologna“ oder „Il Sarturnino“, abends erschien er in der „Bar Maria“.

Immer deutlicher äußerte er seinen Widerwillen gegen den zunehmenden Massentourismus. Die Zahl auch deutscher Badetouristen stieg ständig an. Und am Wochenende fielen die Neapolitaner ein. Bargheers Verhältnis zu Neapel wurde dadurch so gestört, dass er die Stadt kaum mehr besuchte. Dennoch war er bis 1978 regelmäßig auf Ischia. Er stellte sich gegen Ende seines Lebens sogar vor, auf Ischia begraben zu sein, und kaufte sich ein Grab auf dem Campo Santo in Forio, das später allerdings nicht genutzt wurde.

Nachdem viele Künstler der klassischen Moderne, die auf dem Kunstmarkt gefragt waren, gestorben waren, gehörte Bargheer zu den wenigen, die noch weiter arbeiteten. Viele deutsche und internationale Galerien profitierten von seiner reichen Produktion, stellten seine Arbeiten aus und boten sie zum Verkauf an. Seit den späten 1960er Jahren lässt sich beobachten, dass er von Galerien und Verlagen dazu bewegt wurde, druckgrafische Suiten herzustellen, damit sie Bargheers Arbeiten zahlreich vorrätig hatten.

Zu den Altersüberlegungen Bargheers gehörte auch der Wunsch nach Dokumentation seines Werkes. Zeitlebens hatte er sich ganz auf die künstlerische Produktion konzentriert, nun merkte er, dass er nie etwas verzeichnet hatte. Nichts lag näher, als den Freund Heydenreich, der die Entstehung seines Werkes begleitet und zahlreiche Katalogtexte geschrieben hatte, für Werkverzeichnis und Biografie zu gewinnen. Aber Heydenreich verstarb über diesem Projekt.
Hinter den Verzeichnissen, die dann noch realisiert werden konnten, stand auch das Interesse der Galerien. Als Erster erarbeitete Detlev Rosenbach einen Werkkatalog des übersehbaren druckgrafischen Werkes, der 1974 abgeschlossen wurde. Als Zweites entstand im Auftrage und mit Finanzierung durch Bargheer eine Monografie mit einem Verzeichnis der Gemälde, die Wolfgang Henze, promovierter Kunsthistoriker und Schwiegersohn Roman Norbert Ketterers, 1979 vorlegte. Henze war der Sohn des in Rom lebenden Kunsthistorikers Anton Henze, den Bargheer gut kannte. Ihm gelang der ungewöhnliche Versuch, die Lebensgeschichte eines Künstlers in einem tagelangen Interview zu erfassen. Das dabei entstandene Tonband stellt eine unvergleichliche Quelle mit den Lebenserinnerungen eines alternden, sich nicht immer ganz zuverlässig erinnernden Künstlers dar.[114]
In Blankenese blieb Bargheer häufig in seinem Haus und begab sich nur zum Essen in das benachbarte Restaurant „Zum Bäcker“ und zuletzt in das „Restaurant von Appen“. Seine künstlerische Arbeit wurde weniger produktiv. Bemerkenswert ist, dass seine Gemälde in den 1970er Jahren deutlicher als in den Vorjahren abwechselnd nur noch Ischia und Blankenese zum Thema hatten.
Eine Zeit lang fand Bargheer die Unterstützung seiner Schwestern. Lilly half ihm im Haus. Mimi assistierte ihm gelegentlich bei der Steuererklärung. Elisabeth, die Krankenschwester, die einen Arzt geheiratet hatte, und deren Tochter und Schwiegersohn, beide Ärzte, berieten ihn in Gesundheitsfragen. Denn es stellten sich nun auch Kreislaufprobleme und Herzbeschwerden ein. Offenbar ließ Bargheer sich aber nicht immer regelmäßig ärztlich betreuen.[115] Leider ist dabei ein kleiner Schlaganfall, den er wenige Jahre vor seinem Tode hatte, nicht ernst genug

genommen worden. Im Laufe der 1970er Jahre starben auch die älteren Geschwister Bargheers. Überlebt haben ihn schließlich nur kurz die ältere Schwester Mimi und die jüngere Elisabeth. Von Neffen und Nichten trennte den Künstler die Altersdistanz. In der Verwandtschaft in Hamburg wurde es einsam um ihn.

Unterstützung im Alter fand Bargheer in dieser Zeit bei zwei jüngeren Nachbarn, mit denen er sich in den letzten Lebensjahren anfreundete: Dirk Justus, geboren 1939, leitender Mitarbeiter einer internationalen Werbeagentur, und Peter Silze, geboren 1946, Bankkaufmann und Leiter einer Blankeneser Bankfiliale, gewannen die Aufmerksamkeit Bargheers 1976, als sie in der Nähe seines Hauses ein ebenfalls reetgedecktes Gebäude restaurierten. Beide, die nicht aus der Kunst- und Künstlerszene oder dem Galeriebetrieb stammten, lernten sein Haus, ihn selbst, sein Werk und seine Geschichte kennen. Sie merkten schnell, dass der 75-jährige Künstler die Übersicht über seine Beziehungen zu zahlreichen Galerien, ihnen überlassene Kunstwerke, Preise, Einnahmen und Außenstände verloren hatte. Sie übernahmen in den folgenden Jahren Aufgaben von Privatsekretären Bargheers, brachten nicht nur seine Buchhaltung und die Organisation seines Geschäftswesens in Ordnung, sondern auch die Restaurierung seines Hauses und die Magazinierung seiner Kunstwerke. Sie wurden dabei nicht nur Experten für sein Werk, sondern lernten langsam auch den Freundeskreis Bargheers in Hamburg und Ischia kennen.

Zusammen mit Bargheer stellten sie fest, dass in Hamburg eine Galerie fehle, „die sich seinem Werk permanent widmete“. Deshalb reifte unter den dreien der Plan, „in Hamburg eine Galerie zu eröffnen, die Freunden seiner Kunst die Gelegenheit zu einer lebendigen Begegnung mit dem Werk ermöglichen sollte“.[116] Am 1. Mai 1979 gründeten Justus und Silze deshalb die Galerie „Pro Arte“.[117] Sie fanden dafür Räume in einem Stadtpalais des klassizistischen Architekten Christian Frederik Hansen in der Ehrenbergstraße 68 in Altona. Dort planten sie eine große Eröffnung für den Herbst 1979.

Vorher wollte Bargheer mit ihnen gemeinsam noch eine Reise nach Florenz und Ischia unternehmen. Sie sollte ihm Sicherheit über eine Kiste mit Werken bringen, die er nach seinen Aufent-

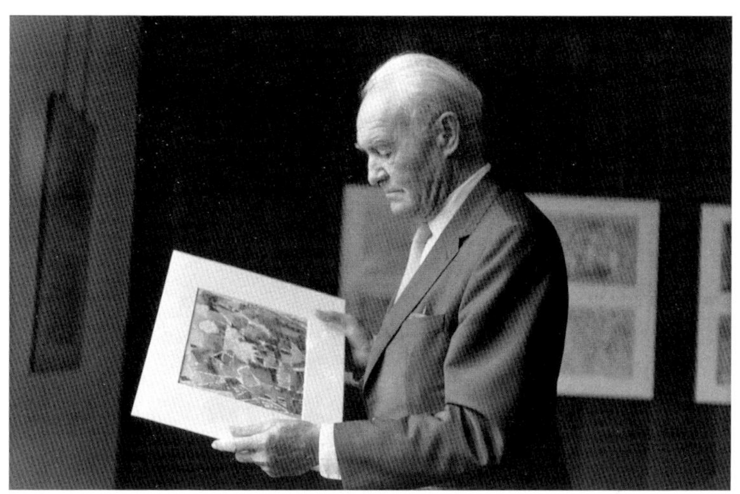

Eduard Bargheer mit einem Aquarell der 1970er Jahre,
Foto von Hans Kinkel, um 1975

halten von 1939 bis 1947 in der Pensione Bandini zurückgelassen hatte. Denn ihm war klar geworden, dass ihm in Italien Arbeiten abhanden gekommen waren.
Aber Bargheer hat weder die Italienreise noch die Ausstellungseröffnung erlebt, denn am Morgen der geplanten Abreise, am 1. Juli 1979, starb er in seinem Haus an der Rutsch an Herzversagen.[118]
Der alleinstehende Künstler hatte für eine solche Situation keine Vorsorge getroffen. Die Nichte Elisabeth Meier, Tochter der jüngeren Schwester, und die Herren Justus und Silze übernahmen die Organisation der Beerdigung. Eduard Bargheer wurde im Grab der Familie auf dem Friedhof in Finkenwerder zur letzten Ruhe gelegt. Auf dem mittleren Grabstein wurde der Name Eduard Bargheers unter die Namen seiner beiden Eltern gesetzt. Von der Grabstelle auf dem Campo Santo in Forio wusste niemand etwas.
Die Hamburger wurden durch ausführliche Nachrufe von Hanns Theodor Flemming und Eberhard von Wiese, Freunden Bargheers, am 3. Juli 1979 in „Die Welt“ und im „Hamburger Abendblatt“ an seine und seines Werkes Bedeutung für die hamburgische und die internationale Kunstgeschichte erinnert.

Würdigung des Werkes

Für die Würdigung und Bewertung der Malerei Eduard Bargheers liegen seit einem halben Jahrhundert Äußerungen so gewichtiger Autoren vor, dass es geboten ist, diese in einer Biografie Bargheers auch zu Wort und zur Wirkung kommen zu lassen.

Allerdings bedurfte es für wertende Texte wie bei jedem Künstler auch im Falle Bargheers einer Anlaufzeit. Über die ermunternden Aufsätze von Palitzsch und Pauli in den Jahren 1927 und 1930 hinaus ist das Werk vor Bargheers Weggang nach Italien zwar geschätzt und gefördert, aber noch kaum gewürdigt und bewertet worden. Beschreibungen, immer nur in kürzerem Umfang, hat es erst in den 1940er Jahren zu den Ausstellungen in Italien gegeben. Darunter ragt die Würdigung der Person Bargheers durch den Schriftsteller Carlo Levi 1949 hervor.

Unter den Katalogtexten in Deutschland fallen die aus dem Jahre 1952 von Werner Haftmann auf, der Bargheer aus Florenz kannte, als Kunstgeschichtsdozent in Hamburg dessen Einbettung in die hamburgische Kunstgeschichte kennenlernte und seine weitere Entwicklung bewerten konnte. Wahrscheinlich hat sich ihm auch die Selbsteinschätzung mitgeteilt, die Bargheer in jenem Brief an Susanne Schwalbach-Bonte von 1949 preisgab. Später, als er die beiden ersten Documenta-Ausstellungen maßgebend bestimmte, war seine Aufmerksamkeit ungebrochen. Er schrieb schon 1952 zu den jüngsten Arbeiten:

„... so sind die schönsten dieser neuen Bilder Bargheers wie Fenster in eine zweite dichterische Wirklichkeit aus farbigem Licht, das sich zu Kristallen fügt, in deren Brechungen wir fern hinten noch das Bild der sichtbaren Natur gewahren ...“[119] Dies war die erste deutliche Bewertung der seit den späten 1940er Jahren aus dem expressionistischen „Sezessions-Stil“ heraustretenden „neuen Bilder Bargheers“.
Kurz darauf kam dann 1954 Haftmanns Grundsatzwerk als früher großer Wurf der Zusammensicht der „Malerei im 20. Jahrhundert“ heraus, das es in besonderer Weise verstand, die Kunst Bargheers, die sich gerade erst neu entfaltet hatte, in ein kunsthistorisches Gesamtkonzept der malerischen Moderne einzuordnen: „Einzig im Norden gelang eine Verdichtung der zerflackernden expressionistischen Naturdeutung zum gegenstandsetzenden Formzeichen. Schon vor 1933 hatte sich in Hamburg eine Malergruppe zusammengeschlossen, die in dieser Richtung arbeitete. Sie wurde bestimmt durch Rolf Nesch und Karl Kluth. Ihre Tradition fand sie in Kirchner und Munch.“[120] Haftmann charakterisierte damit den „Sezessions-Stil“, in den der jüngere Bargheer hineingewachsen war. Er nannte in diesem Zusammenhang auch Heldt und Gilles, die Bargheer kurz darauf auf Ischia getroffen hatte. „Delaunay und die lange Kette der orphischen Kubisten in Frankreich, Marc, Macke und Klee in Deutschland hatten diesen Verwebungsprozess gegenständlicher Zeichen und abstrakter Farb-Form-Klänge zum Ausdruck einer gegenständlich gebundenen Ergriffenheit gefunden und durchgeprobt.“[121] Neben den innerhamburgischen Entwicklungen erwähnte er damit die überregionalen Anregungen. „Der gegenständliche Hermetismus“ – so nannte er die Position der Kunst, die sich noch nicht ganz vom Gegenstand gelöst hatte – „war nun die letzte Position, an der sich die Tragkraft des Gegenständlichen in der Gegenwart noch erweisen konnte.“[122] Direkt auf Bargheer bezogen schrieb er: „Für Deutschland mag man an Bargheer denken, der im Zusammentreffen mit der apollinischen Formklarheit der mittelmeerischen Inselwelt über seinen anfänglichen furiosen Expressionismus zu einem kristallinischen Hermetismus kam.“ Und zu Bargheers künstlerischem Vorgehen erklärte er. „Von der gegenständlichen Seite her gesehen ist das Verfahren so, dass aus dem

Gegenständlichen, Motivischen ein formales Muster gezogen wird, dass dieses Motivische in seine Hermetik hinein nimmt und es formal und dichterisch deutet."[123] Damit war erstmals beschrieben, was sich im Werk Bargheers zu dieser Zeit andeutete und im folgenden Jahrzehnt weiterentwickeln sollte.

Danach konnte nicht ausbleiben, dass Haftmann Bargheer 1955 und 1959 zur Documenta holte. Im Katalog der ersten Documenta ordnete Haftmann die Bilder Bargheers auf halbem Weg zwischen Naturwiedergabe und bildlicher Abstraktion ein. Bargheer hatte in dieser Zeit bereits die italienische und deutsche, die europäische Kunstgeschichte mitbestimmt. Dies – ohne dass der Maler selbst und viele, die über ihn geschrieben haben, es sich so ausdrücklich bewusst gemacht hätten – mit dem Werk, das sich in Aquarellen und Ölbildern manifestierte! Nicht ohne Grund schrieb Haftmann später noch einmal, 1986, in „Verfemte Kunst": „Er setzte bei Klees Tunis-Aquarellen an und entwickelte daraus jenen zauberischen Raster aus Farblicht und konstruktivem Gitterwerk, in den man hineinsehen konnte und von dessen Grund das Motiv zurückleuchtete in der verwandelten Dimension des poetischen Gegenbildes – ‚abstrakt mit Erinnerungen', hatte Klee diese Weise genannt." Er betonte: „Das Aquarell wurde auch sein bevorzugtes Material." Und er stellte fest: „Es ist die große Reihe schöner lyrischer Aquarelle, die er in die deutsche Malerei der Nachkriegszeit einbrachte."[124]

Bis zu dieser Einsicht und Pointierung Haftmanns von 1986 zieht sich durch die Bewertung der Rolle Bargheers die Hochschätzung seiner Aquarelle und seiner Ölbilder. Mit beiden trat er auf den Biennalen 1948 und 1950, nur mit Ölbildern auf der Documenta 1955, nur mit Aquarellen auf der Documenta 1959 vor die Weltöffentlichkeit, und mit ihnen ist er in deren Bewusstsein geblieben.

Die weitere intensive Beurteilung der Kunst Bargheers durch Werner Schmalenbach 1959 wies ebenfalls auf die mediterranen Anregungen hin: „Das Arkadien seiner Sehnsucht ging auf jener Insel Ischia in Erfüllung, die er nicht nur schließlich zum Wohnsitz nahm, sondern die er in vielen Bildern und Aquarellen besungen hat ..." Auch er führte die Reise von Klee und Macke 1914 und den „Orphismus" Delaunays als Vorläufer an, noch bevor Bargheer nach Afrika gefahren war. Die Konzentration auf Bargheers Malerei setzte er fort: „Ihre Bildhaftigkeit drängt stärker nach vorn als der Gegenstand ihrer Darstellungen … Ihr Fleisch und Blut ist das des Bildes, nicht das der Landschaft … Es wird darum nicht schwer fallen, die Aquarelle … als bloße Formgewebe zu sehen und das Landschaftliche, das dennoch zu ihrem Wesen gehört, hintanzustellen … Das Bild als solches hat seinen Rhythmus bloßgelegt und lässt erkennen, in welchem Maße es sich aus sich selbst heraus behauptet …“ Auch Schmalenbach legte Wert auf die Zwischenposition der Malerei Bargheers zwischen anregender Natur und abstrakter Bildhaftigkeit. „Mit all diesen Eigenschaften steht Bargheers Kunst in einem eigentümlichen und sehr lebendigen Spannungsverhältnis gleichzeitig zur Natur und zur Autonomie des Bildes.“[125]

Paul Vogt führte 1972 in seiner „Geschichte der deutschen Malerei im 20. Jahrhundert“, nun in Kenntnis von Bargheers weiterer Entwicklung, die Konzentration auf dessen Aquarell- und Ölmalerei fort. Für Bargheer fasste er zusammen: „Das Vorbild der Natur blieb für den Maler stets der Ausgangspunkt des schöpferischen Tuns, das Erlebnis, aus denen sich die Wandlung der Form wie eine Variation des Grundthemas ergibt. Das Dingliche wurde zum lyrischen Gegenbild der Welt umgeschmolzen; der Klang der Farben und das abstrahierte Gefüge der Komposition erlaubten es dem Maler, trotz der Veränderung der ‚objektiven‘ Naturform die Atmosphäre des Erscheinungsbildes zu erhalten, ja zu verdichten.“[126]

So fand Bargheers Malerei in der Literatur, die eine Zusammenschau der Kunst des 20. Jahrhunderts suchte, eine Verortung, die ihr stets einen hohen Rang zusprach.

Eine Bestätigung dieser Bedeutung geschah 1973 noch einmal durch den Ankauf seines Aquarells „Der Epomeo“ für die Nationalgalerie zu Berlin, für den der inzwischen dort als Direktor amtierende Werner Haftmann verantwortlich war. Aquarelltechnik und Ischia-Motiv wurden dadurch erneut in der öffentlichen Wahrnehmung Bargheers herausgehoben.

Nach 1974 folgte eine ähnliche Anerkennung durch die Politik. In der Zeit der Bundeskanzlerschaft von Helmut Schmidt ließ dieser ein frühes Ölbild mit einer norddeutschen „Wattland-

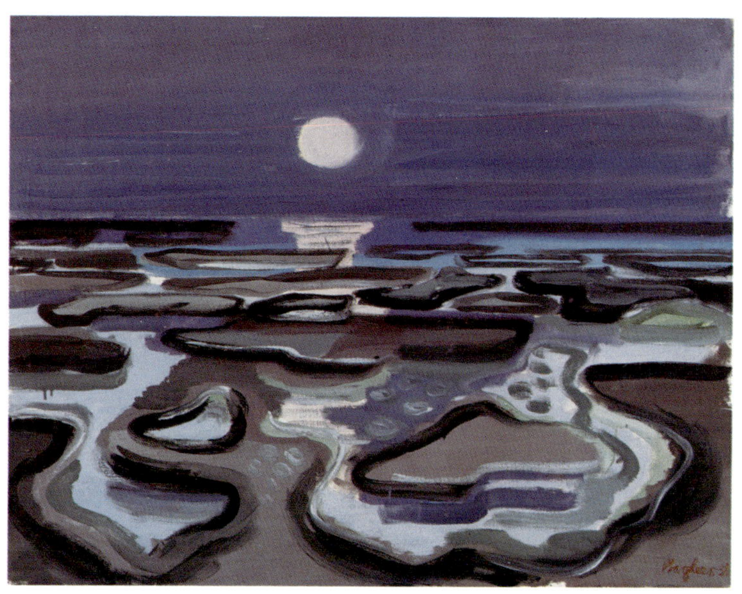

Helmut Schmidt ließ 1977 eines von Bargheers Frühwerken im Bundeskanzleramt in Bonn aufhängen: Eduard Bargheer, „Wattlandschaft", Öl, 1938

schaft“ im Bonner Kanzleramt aufhängen. Der Kanzler, der Bargheers Werk nicht nur von der „Landgewinnung“ in der Schule Langenhorn unweit seines Hauses in Hamburg-Langenhorn kannte, hat die Auswahl Bargheers und dieses hamburgischen Motivs selbst veranlasst. „... Sein künstlerisches Werk, vor allem seine Art, mit bezaubernder Leichtigkeit Landschaften zu vermitteln, haben mich immer fasziniert. Mit Freude haben wir deshalb im August 1977 ein Beispiel seines Empfindens und seines Könnens hier im Bundeskanzleramt in die Auswahl von Werken der bedeutenden deutschen Maler seiner Generation eingereiht.“[127] Damit wurde Bargheers Herkunft aus dem Expressionismus der Sezession in Hamburg, den schon Haftmann erwähnt hatte, und ein in Hamburg entstandenes Bild durch den Kanzler aus Hamburg in den Vordergrund gerückt.

In der ausführlichen Monografie von Wolfgang Henze, die im Todesjahr Bargheers 1979 erschien, wurde die Hochschätzung des Aquarells noch einmal bestätigt mit dem Satz: „Die Begriffe ‚Aquarell‘ und ‚Bargheer‘ scheinen fast synonym.“ Das Aquarell sei die Technik der Kunst Bargheers, die mehr als die übrigen Techniken bekannt und geschätzt worden sei. Die Aquarelle stellten allein schon in ihrer Zahl gegenüber den über 700 Gemälden das größte Kontingent im Werk Bargheers. Henze ging aber ausdrücklich auch auf die Frage ein: „Wann drängt es den Aquarellisten, ein Gemälde zu malen?“ und arbeitete den Unterschied der Gemälde gegenüber den Aquarellen – in den größeren Kompositionszusammenhängen, aber auch in der Farbgebung – heraus. Er wollte damit „die landläufige Meinung, Bargheer sei ausschließlich Aquarellist“, korrigieren und ein Wort Bargheers erläutern, der formuliert hatte, dass er „zum Gemälde Sie“ sage.

In seiner Gesamtwürdigung kam Henze zu der Einschätzung: „Die Landschaft ist sein eigentliches und zentrales Anliegen, die große und allgemeine südliche Landschaft in ihrer besonderen italienischen Verwirklichung auf der Insel Ischia.“ Damit hob er implizit die Leistungen Bargheers im Aquarell und im Gemälde gegenüber anderen hervor. Zwar würdigte er Porträts und vor allem Selbstporträts, auch beharrte er auf einer Gleichwertigkeit des druckgrafischen Werkes mit dem malerischen. Aber

durch die separate Darstellung wurde doch klar, dass Porträt, Druckgrafik, Monumentalmalerei, Mosaike und Illustration Schaffensbereiche Bargheers waren, die nicht ohne Grund bei einer Wertung und Würdigung seiner Kunst nicht an erster Stelle beachtet worden sind. Die Malerei im Aquarell und im Gemälde – mit der Landschaft „als eigentlichem und zentralem Anliegen" (Henze) – war es, in der Bargheer „jenen zauberischen Raster aus Farblicht und konstruktivem Gitterwerk" (Haftmann), den „Klang der Farben und das abstrahierte Gefüge der Komposition" (Vogt) entwickelte, die für seine Kunst charakteristisch erschienen. Hinzugefügt werden muss aber, dass auch ein später Wandteppich, der nach seinem Entwurf entstand, diesen Charakter repräsentiert.
Die Monumentalmalereien sind erst sehr spät separat behandelt worden. Roland Jaeger stellte für das Buch „Das Mosaikschaffen von Eduard Bargheer" von 2007 ein Werkverzeichnis seiner „baugebundenen Kunst" zusammen, konzentrierte sich im Text aber auf die Mosaiken. Allerdings hatte bereits Gerhard Händler 1953 vom „bunten Mosaik" seiner Bildarchitektur geschrieben und Schmalenbach 1959 ein „flächenmäßiges, teppichhaftes Mosaik" in seinen Bildern gesehen. Jaeger leitete daraus eine „Wahlverwandtschaft zwischen der Gestaltungsweise des Künstlers und der Technik des Mosaik" ab.
Bildnisse und Selbstbildnisse sind 1989 noch einmal mit biografischen Texten und mit der separaten Würdigung Henzes von Dirk Justus und Peter Silze im Ellert & Richter Verlag veröffentlicht worden. Zusammen mit dem Werkverzeichnis Rosenbachs von 1974, das die radierten Bildnisse wiedergibt, erhält man einen Überblick über die Entwicklung der Bildniskunst im Werk Bargheers.
Die Vielzahl der Aquarelle Bargheers und das Interesse der Galerien und Käufer spiegeln sich in zahlreichen Galerie- und Museumskatalogen. 2005 erschien über die Aquarelle noch einmal ein Ausstellungskatalog des Von der Heydt-Museums in Wuppertal, der Arbeiten von 1925 bis 1973 farbig abbildete und damit für diese Werkgattung einen sehr guten Überblick gab. Zwei feinsinnige Abhandlungen von Günther Aust über „Brüche oder Kontinuität? – Zur deutschen Malerei 1930–1950" und von Antje Birthälmer zu „Aquarelle 1925–1973. In

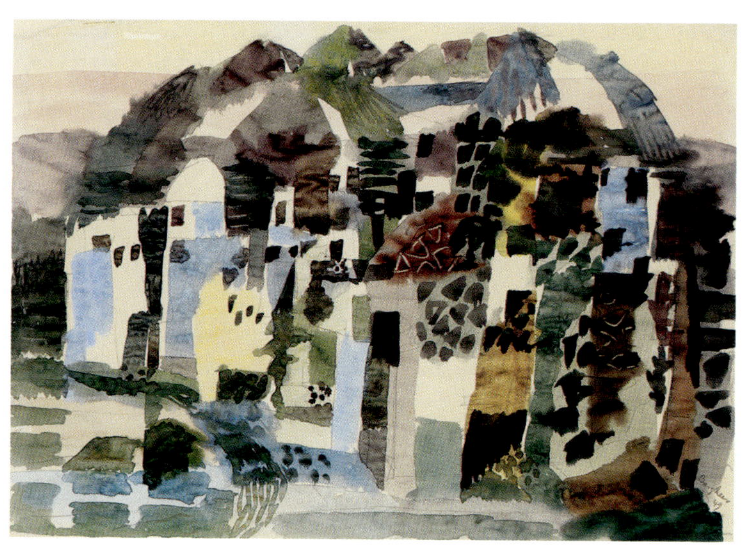

Erwerbung der Nationalgalerie in Berlin von 1974,
unter Direktor Werner Haftmann:
Eduard Bargheer, „Forio und der Epomeo“
Aquarell, 1949

Einklang mit Wasser, Farbe, Licht" gaben dazu die Erläuterungen. Aust kam dabei zu einer eindrucksvollen Gesamtschau der in Deutschland von NS-Kulturpolitik und Krieg bestimmten Zeit, in der die Kunst Bargheers sich zu entfalten gezwungen war. Das erstaunliche Fazit lautete: „Die Frage nach der Kontinuität der Strömungen in der deutschen Malerei zwischen 1930 und 1950 ist jedenfalls für den Bereich der Malerei positiv zu beantworten. Die nationalsozialistische Kulturpolitik und der Krieg haben sich zwar auf das Leben der Künstler und den Umfang ihrer Produktion verheerend ausgewirkt, die künstlerische Substanz der Malerei und die Richtung ihrer Entwicklung jedoch nicht verändern können." Gerade wer den Zugang zu Bargheers Werk über seine Aquarelle gewinnen möchte, sollte zu diesem Katalog greifen.

Die Ausstellung des Von der Heydt-Museums hat der „Spiegel" zum Anlass genommen, die Bedeutung Bargheers unter der Überschrift „Der Magier im Zwischenreich" zu reflektieren. Mit Zwischenreich ist Bargheers Position zwischen Gegenständlichkeit und Abstraktion gemeint.[128] Auch die „Frankfurter Allgemeine Zeitung" widmete Bargheer im Jahr 2005 die nachdrückliche Würdigung eines biografischen Essays.[129] Bargheers ungebrochene Bedeutung und Wertschätzung auch in der Gegenwart ist damit noch einmal deutlich geworden.

Hervorragende wissenschaftliche Leistungen haben für die Zeit von 1933 bis 1945 Bargheers Wirken vor seinem politischen Hintergrund dargestellt: Klaus Voigts Buch „Zuflucht auf Widerruf. Exil in Italien 1933 – 1945" behandelte die Bewegung der Emigranten nach Italien. Maike Bruhns' zwei Bände über „Kunst in der Krise" schilderten die Situation der Künstler in Hamburg. Ihre Ausstellung mit Katalogbuch „Geflohen aus Deutschland, Hamburger Künstler im Exil 1933–1945" stellte in einer einzigartigen Fallstudie für die Stadt Hamburg dar, in welche verschiedenen Länder als „nichtarisch" verfolgte und als „entartet" verfemte Künstler geflohen sind, wie einsam sie bei dieser Entscheidung waren und wie allein sie meist in ihrer weiteren Lebenssituation und künstlerischen Entwicklung blieben.[130]

Künstlerischer Nachlass

Bargheer war als produzierender Künstler immer großzügig gewesen. In der Zeit seiner künstlerischen Anfänge verschenkte er Arbeiten an seine Geschwister und deren Kinder. Noch heute freuen sich seine Nichten und Neffen über Bilder und Blätter, die er ihnen im Laufe der Zeit verehrt hat. Darunter nehmen Porträts eine besondere Rolle ein. Aber auch Freunde oder Förderer und Auftraggeber hat er beschenkt.

In bestimmten Phasen seines Lebens, in der Anfängerzeit der 1920er Jahre und in der Kriegszeit in Italien, mag er in finanziell klammen Situationen gewesen sein, sodass er mit künstlerischen Arbeiten in Pensionen und Restaurants „bezahlt" hat. Ganz sicher war er aber auch großzügig im Verschenken, als er längst bezahlen konnte.

Im Alter, in den 1970er Jahren, wurde der Gedanke an ihn herangetragen, in einem Testament zu regeln, wie die konventionellen Fragen nach einer Erbschaft beantwortet werden sollten. Diese Fragen stellten sich vor allem Verwandten und Nahestehenden, die ein Interesse an seinem Vermögen hatten, das aus den beiden Häusern, Kunstwerken, Verwertungsrechten und Barschaften bestand. Da seine Werke auf dem Kunstmarkt einen Wert darstellten, gehörten zu diesen Interessenten auch die Galeristen. In den 1960er Jahren war es offenbar Roman Norbert Ketterer gelungen, seinen Einfluss auf Bargheer zu verstärken und ein freundschaftliches Verhältnis zu ihm aufzubauen. Bargheer sah ihn eine Zeit lang als Verwalter des künstlerischen Nachlasses vor. Am 1. Mai 1970 und am 30. Juli 1975 entstanden jedenfalls erste Testamentsentwürfe, in denen die Vergabe von materiellen Werten an Verwandte und Nahestehende und des künstlerischen Nachlasses und der Verwertungsrechte an Ketterers Galerie bedacht wurde. Allerdings tauchten die Gedanken der Förderung Bedürftiger und der Nutzung der Häuser Bargheers nach seinem Tode für die Pflege seines Werkes auch in diesen Entwürfen schon auf.[131]

Der Entwurf von 1970 nannte die jüngste Schwester Elisabeth als Testamentsvollstreckerin „für alle unbeweglichen Güter" sowie neben ihr die Schwestern Mimi, Lilly und deren Kinder, außerdem nahestehende Personen in Forio als Erben, den Galeristen Ketterer als Testamentsvollstrecker für den künstlerischen Nachlass, der gegen 30 Prozent für die Verwaltung sowohl „Erfassung und Bewertung" vornehmen, als auch „eine gute Sammlung meiner Werke aus Gemälden, Aquarellen, Zeichnungen plus Grafik zusammenstellen" sollte, „welche in einer ständigen Ausstellung in meinem Hause in Forio gezeigt werden" sollte. 50 Prozent des Nachlasses, soweit er verwertet würde, sollten den genannten Erben, 50 Prozent der „Ausbildung armer junger Menschen" in Forio zugute kommen.

Der Entwurf von 1975 folgte dem vorausgehenden im Grundsätzlichen. Nun aber wurde die Bestimmung zugunsten junger Menschen konkretisiert. Bargheer wollte eine „Eduard Bargheer-Stiftung" mit „Geldbeträgen" ausstatten, deren Gremium einmal jährlich Zinsen zugunsten „begabter junger Menschen" auszahlen sollte.

Bargheer nahm dann aber 1976 noch einmal einen neuen Anlauf, als ihm zu seinem 75. Geburtstag eine umfangreiche Retrospektive auf sein Werk im Hamburger Kunsthaus, dem Ausstellungshaus der Hamburger Künstlerschaft, gewidmet wurde. Bargheer ergriff die Gelegenheit der Eröffnung der Ausstellung, um öffentlich zu erklären, dass er seinen Nachlass vollständig in eine Stiftung zur Künstlerförderung einbringen wolle. Er bezeugte in einem am 28. Juni 1976 geschlossenen Erbvertrag mit der Dresdner Bank, dass er bisher „letztwillig nicht gebunden" sei, und setzte „die in Hamburg in Gründung befindliche Eduard Bargheer-Stiftung" zu seiner „alleinigen

Erbin" ein. Von seinen Verwandten wurde nur die Schwester Elisabeth noch erwähnt. Außerdem sollten Gemälde an einzelne Empfänger gehen, die auf der Rückseite der Bilder vermerkt seien. Der Galerist Roman Norbert Ketterer wurde nicht mehr genannt.[132]

Die juristischen Berater der Dresdner Bank empfahlen Bargheer, die Stiftung mit einem bestimmten Vermögensbetrag sofort zu errichten, sodass sie ihre Aufgaben der Künstlerförderung bereits aufnehmen könne. Der Erbvertrag mit der Bank solle im Übrigen vorsehen, dass der Bank nach seinem Ableben die Verwertung sämtlicher Vermögensbestandteile übertragen würde, deren finanzieller Wert dann der Stiftung zur Verfügung gestellt werden würde. Bargheer folgte dieser Empfehlung. Die Stiftung, mit einem Vermögen von anfangs 50 000 DM ausgestattet, wurde errichtet. Eduard Bargheer hatte sich mit dieser Entscheidung gebunden. Der Erbvertrag berücksichtigte nun anderweitige Interessenten an einer Erbschaft nur noch am Rande.

Die Eduard Bargheer-Stiftung gewährt „seit 1978 Stipendien an junge bildende Künstler". Die Stiftung hat einen Vorstand und einen Beirat. Sie fordert junge bildende Künstler aus Deutschland zu einer Bewerbung auf. Der Beirat schlägt dem Vorstand aus den Bewerbungen die Empfänger von Förderleistungen vor. Dieser vergibt jährlich Förderstipendien in Höhe von derzeit 12 000 Euro (ursprünglich 15 000 DM) sowie Beihilfen zu konkreten Projekten. Seit 1978 sind bereits 29 Künstlerinnen und Künstler in den Genuss von Fördermaßnahmen der Eduard Bargheer-Stiftung gekommen. Die Stiftung ist nach dem hamburgischen Stiftungsgesetz auf Dauer angelegt und wird ihre Aktivitäten der Künstlerförderung fortsetzen.

Wäre der Erbvertrag nach Bargheers Tod zustande gekommen, wäre sein gesamter übriger Nachlass der Stiftung der Finanzierung dieser Aufgaben zugefallen. Das hätte vor allem auch bedeutet, dass seine Häuser verkauft und sein Archiv sowie sein gesamter künstlerischer Nachlass aufgelöst und veräußert worden wären, anders als er es sich in den ersten Testamentsentwürfen vorgestellt hatte.

In seiner letzten Lebenszeit hat Bargheer diese Entscheidung offenbar bedauert. Er dachte nun immer mehr auch an den Fortbestand seines künstlerischen Nachlasses und die Präsentation seines Werkes. Dies ging einher mit seiner Bemühung um die Dokumentation seiner Arbeiten. Dadurch wurde ihm offenbar vor Augen geführt, wie wichtig die Erhaltung der Erinnerung an sein Werk sei. Auch die Retrospektive 1976 hat in Richtung auf eine Rückbesinnung gewirkt. Bargheers Absichten richteten sich nun wieder auf die Erhaltung seiner Häuser, seines Archives und der Sammlung eigener Werke. Mit der Vorstellung, seine Stiftung noch wieder zu ändern, schrieb er am 26. März 1979: „Der Stiftungszweck muss erweitert werden um den Punkt der Pflege meines künstlerischen Werkes. Dieser Punkt liegt mir mehr am Herzen als die finanzielle Förderung junger Künstler." Als weitere Aufgaben betrachtete er „Buchherausgaben, sonstige Publikationen, Ausstellungen, Rückkauf meiner Bilder" und fügte hinzu: „Ferner soll angestrebt werden, dass es zu einem Bargheer-Haus in Deutschland kommt ... für die ständige Ausstellung einer durch mich noch zu bezeichnenden Sammlung meiner Bilder. Verkäufe aus dieser Sammlung sollen nur möglich sein, sofern die Bilder der Öffentlichkeit zugänglich bleiben."[133] Damit wurden Absichten festgehalten, die später auch weiter verfolgt worden sind.

Bargheer stellte den Erbvertrag mit der Bank aus dem Jahr 1976, der die Veräußerung all dieser Werte zum Ziel hatte, in Zweifel, bemühte sich, zu deren Erhaltung den Erbvertrag wieder außer Kraft zu setzen, und erteilte am 16. Mai 1979 seinen Anwälten die Vollmacht zur Aufhebung des Vertrages.[134]

Am 17. Juni 1979 schrieb Bargheer ein letztes Mal „Mein letzter Wille" über einen Testamentsentwurf, den er am 27. Juni noch mit einer Ergänzung versah. Darin wurde geregelt, dass nun die Herren Justus und Silze zu gleichen Teilen sein Vermögen erhalten sollten. Er verfolgte damit die Absicht, seinen künstlerischen Nachlass zusammenzuhalten im Sinne des Schreibens vom 26. März 1979. Die Bemühungen von Justus und Silze um die Einrichtung der Galerie „Pro Arte" hatten ihn offenbar davon überzeugt, dass sie diese Absicht mit der angemessenen Konsequenz und Kompetenz wahrnehmen würden. Dieses letzte Testament Bargheers konnte in Kraft treten, als die Dresdner Bank ihm am 26. Juni 1979 die Aufhebung des Erbvertrages zugunsten der Eduard Bargheer-Stiftung bestätigte. Am 27. Juni 1979 wurde es notariell beglaubigt. In diesem

Zusammenhang ließ Bargheer dann auch das Vermögen der Stiftung von anfangs 50 000 DM auf 200 000 DM aufstocken, damit die Absicht der Künstlerförderung nicht zu kurz käme.[135]
Hatte schon die Entscheidung für den Erbvertrag von 1976 ausschließlich zugunsten der Künstlerförderung die Interessenten an einer konventionellen Vergabe von Erbteilen und künstlerischen Hinterlassenschaften enttäuscht, so stieß das neue Testament zugunsten der Künstlerförderung und der Einsetzung von Justus und Silze als Erben zugunsten der Erhaltung des künstlerischen und archivalischen Nachlasses, gar zugunsten eines „Bargheer-Hauses", zunächst auf Unverständnis bei Verwandten und Interessenten. Denn neben Justus und Silze wurden nur eine Nichte und ein Neffe sowie verschiedene Freunde und Nachbarn in Forio mit einzelnen Dingen bedacht.
Die Herren Justus und Silze sahen sich ihrerseits nach dem plötzlichen Tode Bargheers als Nachlasserben und mit der Aufgabe konfrontiert, nicht nur die Galerie „Pro Arte" in kurzer Zeit allein zu eröffnen, sondern auch die viel weitergehende des Zusammenhaltes des künstlerischen Nachlasses und des Archives von Eduard Bargheer zu übernehmen, obwohl dies gar nicht ihr Metier war. Aber Eduard Bargheers hat es ihnen in seinem letzten Willen zugetraut.
Die Eröffnung der ersten Ausstellung der Galerie „Pro Arte" am 20. Oktober 1979 zog damals die Hamburger Kunstwelt an. Die Räumlichkeiten konnten den Andrang nicht fassen. Die Galerie brachte in der Kunstszene und in den überschwänglichen Pressebesprechungen auch eine neue Aufmerksamkeit für die Person Eduard Bargheers, sein Werk und seine Nachlassregelung. In seinem Artikel „Blick auf ein Lebenswerk: Gedächtnisausstellung für Eduard Bargheer in der Galerie ‚Pro Arte'" resümierte Hanns Theodor Flemming am 27. Oktober 1979 in „Die Welt": „Dirk Justus und Peter Silze, die beiden Erben und Nachlassbetreuer, haben die Galerie allein zu dem Zweck gegründet, in ihr während der nächsten Jahre das Werk von Bargheer in seinen vielfältigen Aspekten zu zeigen."
Nach Bargheers Tode hatte sich die vorgesehene Aufgabe der Galerie „Pro Arte" aber gewandelt. Zu seinen Lebzeiten war sie als Ausstellungs- und durchaus auch als Verkaufsgalerie gedacht gewesen. Der Wandel zeigte sich noch zurückhaltend im Text

des ersten kleinen Kataloges: „Jetzt, da Eduard Bargheer nicht mehr lebt, empfinden wir die Aufgabe umso stärker, seine beglückenden Bilder möglichst vielen Menschen zugänglich zu machen“, hieß es darin. Dann aber trat die Bewahrung des Nachlasses deutlicher in den Vordergrund und wurde zur Aufgabe der bis heute bestehenden Galerie: „So ist es denn auch unsere Absicht, wichtige Arbeiten aller Perioden und Disziplinen zusammenzuhalten und – unser größter Wunsch – einem zukünftigen Bargheer-Haus zur Verfügung zu stellen“,[136] erklärten Justus und Silze, damals schon mit dem Ziel vor Augen, ein eigenes Bargheer-Museum ins Leben zu rufen und dafür die vorhandenen Sammlungen auszubauen. Sie stellten sich vor, die beiden Häuser zu bewahren, das Archiv zu ordnen und auszuwerten, die Sammlung zu vermehren und zu konzentrieren sowie die Künstlerförderung der Stiftung zu begleiten. Ein umfangreiches Programm. Für das Bargheer-Haus wollten sie anfangs die Galerie in der Ehrenbergstraße nutzen, in der sie noch weitere fünf Jahre nach der Eröffnung wechselnde Ausstellungen von Bargheers Werken und denen seiner Zeitgenossen zeigten.
Justus und Silze hatten sich um die Unterstützung des bejahrten Künstlers bis zu seinem Tode und um seine Beisetzung in Finkenwerder verdient gemacht. Nun, als Nachlassverwalter und -vermehrer, gingen sie auch verschwundenen Beständen nach und führten Prozesse um beiseitegeschaffte, gestohlene und auf dem Kunstmarkt verkaufte Werkgruppen. Sie pflegten Bargheers Häuser und deren Einrichtungen, Archivalien und die Sammlung der hinterlassenen Werke. Sie bemühten sich um Ausstellungen und Publikationen und – wie im Katalog von 1979 angekündigt – um ein eigenes Museum für Bargheer. Bereits 1982 erschienen sie mit diesen Projekten zu Verhandlungen in der Kulturbehörde.[137] Sie sahen fortan die Bestrebungen um die Erschließung seines Archives und den Zusammenhalt seines Werkes sowie um dessen weitere Vermittlung in Ausstellungen und Publikationen als Lebensaufgabe.
Resümiert man drei Jahrzehnte nach Bargheers Tod als wichtigste Ziele der letzten Willensäußerungen die Förderung junger bildender Künstler, den Zusammenhalt seines Nachlasses in Form der beiden Häuser, des Archives und der Sammlung seiner Werke, ferner die Betreuung von Ausstellungen und Publikatio-

nen, so lässt sich erkennen, dass diese Ziele mit seinen Regelungen erreicht worden sind und noch weiter verfolgt werden.
Für die Einschätzung von Bargheers künstlerischem Nachlass ist von Wichtigkeit, dass der Künstler zu allen Zeiten äußerst aktiv gewesen ist und unübersehbar viel hervorgebracht hat. Sein Werk ist kaum erfassbar, weil es von Beginn an Abnehmer gefunden hat und international verstreut ist.
Gleich nach dem Studium und dann mit dem Einsetzen der ersten Ausstellungen seit 1927 hat Bargheer Aquarelle und Bilder verkauft. Seit den Ausstellungserfolgen ab 1946 ist erneut das meiste durch Verkäufe verbreitet worden. Allerdings haben auch viele öffentliche Sammlungen Bilder oder Blätter von ihm. Die Arbeiten des Jugendlichen hat allerdings niemand aufbewahrt. Aus Studienzeiten ist nur noch weniges vorhanden. Vieles von dem, was bis zum Krieg entstanden und in Deutschland gesammelt worden ist, wurde vernichtet. Bilder, die im ausgebombten Atelier und im Blankeneser Haus aufbewahrt waren, sind in den letzten Kriegsjahren und unmittelbar danach verschwunden. Einzelne Bilder und eine Kiste mit Aquarellen, die Bargheer in der Pensione Bandini in Florenz gelassen hatte, konnten erst nach seinem Tode unvollzählig wiedergefunden werden. Zahlreiche Bilder und Blätter sind zudem aus den Häusern Bargheers auf Ischia während seiner Abwesenheit gestohlen worden; einige davon erschienen dann im Kunsthandel. Auch wenn Bargheer 1976 einmal einen Aushilfskellner des „Epomeo“, der den alternden Künstler überfallen hatte, stellen konnte und dieser verurteilt wurde, blieben Diebstähle an der Tagesordnung. Bis heute werden zudem gefälschte Bargheers, neben schwachen Nachahmungen, auf Ischia angeboten.
Bei dieser Zerstreutheit des Werkes von Bargheer und der nur teilweisen Erfassung dessen, was er geschaffen hat, ist es umso gewichtiger, dass er einen Teil seiner Arbeiten bewahrt und mit seinem letzten Willen als seinen künstlerischen Nachlass zusammengehalten hat. Dieser ist nun schon über Jahrzehnte von den Nachlassbetreuern konzentriert, vermehrt und in Ausstellungen und Publikationen präsentiert worden. Nicht auszudenken, wenn das alles zusammen mit den beiden Häusern, deren Ausstattung und dem Archiv unter Finanzgesichtspunkten verkauft worden wäre.

Ischia ist heute eine vom Badetourismus und Autoverkehr veränderte Welt, unter der nur Kundige die alten Strukturen zur Zeit Bargheers wahrnehmen. Aber im Städtchen Forio hat sich abseits von Strandpromenaden, Thermenanlagen und Touristenshops besonders viel der alten Bausubstanz erhalten. Die „Bar Internazionale“ an der Piazza ist verändert, aber für die Wirtin Maria gibt es Gedenkveranstaltungen. Das Ristorante „Epomeo“ daneben ist erhalten, und der Raum, in dem Eduardo zu essen pflegte, ist mit Arbeiten von ihm ausgestattet. Mosaiken von ihm begegnet man an der Fassade der Kirche S. Maria di Loreto und sogar in der Thermenanlage „Poseidon“. Wer sich auf Bargheers Spuren begibt, findet alle Baulichkeiten, in denen er gewohnt hat. Sein erstes selbstgebautes Haus trägt noch die Inschrift „E. B. 1958“ im Portal. Gegenüber liegt das ehemalige Gästehaus, in dem auch Gründgens und Quadflieg gewohnt haben. Bargheers Haus enthält noch die alte Einrichtung. Im Atelier sind seine Malutensilien aufbewahrt, und ein Schrank enthält seine Bücher.
Auch das Blankeneser Haus ist kaum verändert. Dort werden seit 1985 Ausstellungen aus Beständen des Nachlasses und neu hinzugekommene Kunstwerke gezeigt. Um für die Nachlass-Sammlung wichtige Arbeiten hinzuerwerben zu können, wurden Teile des Nachlasses auch verkauft, vorwiegend an Museen und öffentliche Institutionen, wo sie der Öffentlichkeit weiter zugänglich sind. Das war möglich, weil Bargheer von bestimmten Motiven zahlreiche Varianten geschaffen hat, sodass der Nachlass sich von einigen trennen konnte.
Der „Bargheer-Nachlass“, den Justus und Silze mit der Galerie „Pro Arte“ betreiben, stellt heute die umfangreichste Sammlung von Werken Eduard Bargheers dar. Sie enthält über 200 Gemälde aller Schaffensperioden, Hunderte von Aquarellen ebenfalls verschiedener Perioden und den gesamten Bestand der 341 Katalognummern umfassenden Druckgrafik. Archiv und Sammlung bilden heute den wesentlichen Informations- und Leihgeber für alle Bargheer betreffenden Ausstellungen und Publikationen.
Seit dem 1. Juli 1999 gibt es dazu die „Eduard Bargheer-Gesellschaft“, „eine Vereinigung von Freunden und Sammlern der Kunst Eduard Bargheers“, die in ihrer Satzung ähnliche Ziele

verankert hat, wie sie die Galerie „Pro Arte“ bis dahin verfolgt hatte: Förderung des Andenkens, der Ausstellungen, der kunstwissenschaftlichen Bearbeitung, des Aufbaus der Sammlung und des Archives. Sie strebt wie jene das noch nicht durchgesetzte Eduard Bargheer-Haus an und gibt seit 2007 eine eigene Zeitschrift „Beiträge“ heraus. Die Arbeit der Gesellschaft wird durch ihre Beiratsmitgliedschaft auch von Ingeborg Henze-Ketterer und Wolfgang Henze unterstützt, die heute die ehemalige Galerie Ketterer leiten.
Eindrucksvolle Denkmäler der Kunst Eduard Bargheers werden seine Häuser in Blankenese und auf Ischia bleiben. Beide verweisen auf die künstlerischen Welten Bargheers – die eine, aus der er kam und in der er sein künstlerisches Werk begonnen hat, die er aber unter dem Druck der Nazis verlassen musste, die andere, in die er ging und in der er neue Eindrücke empfing, unter denen er dieses Werk zu dem weiterentwickelt hat, das dann in die Geschichte der Moderne eingegangen ist.

Danksagung

Ich gedenke meines Kunsterziehers Heinrich Wriede, vor allem weil er mich schon als Schüler auf Bargheers Malerei aufmerksam gemacht hat, sowie meines Freundes Helmut R. Leppien, ehemaliger Hauptkustos der Hamburger Kunsthalle, auch weil er 1996 eine schöne Bargheer-Ausstellung organisiert hat. Dirk Justus' und Peter Silzes Aktivitäten für die Präsentation und Dokumentation des Werkes von Eduard Bargheer kenne ich seit 1982; ihnen danke ich besonders dafür, dass sie alle Nachforschungen zur Biografie Bargheers ermöglicht und begleitet haben sowie in Blankenese und auf Ischia zuvorkommende Gastgeber waren. Freundliche Auskünfte haben mir Nachfahren Eduard Bargheers gegeben: Ich danke Linda Maar, Elisabeth Meier und Heinz Vater. Meine Frau, Christine Krause, hat mich nach Finkenwerder, Blankenese, Florenz und Ischia begleitet und mich – wie immer – kunsthistorisch und literarisch beraten. Annette Krüger war eine verständnisvolle Lektorin.

Anmerkungen

1 Rosenbach 1974, ohne Seitenzahlen, Textseite 1.
2 Nähere Erläuterung im Kapitel S. XX 16–19.
3 Nähere Erläuterung im Kapitel S. XX 16–19.
4 Haftmann 1986, S. 144.
5 Vogt 1972, S. 465.
6 Henze 1979, S. 143.
7 Bargheer-Nachlass, zitiert nach Henze 1979, 143.
8 Henze 1979, S. 139–142.
9 Zu Wriede siehe Martens 2006, S. 165.
10 Erinnerung der Tochter der jüngsten Schwester, Elisabeth Meier, 2008.
11 Fischer 1922, S. 80–91.
12 Henze 1979, S. 139f. Die von Bargheer genannten Bilder von Kokoschka und Picasso sind 1937 als „entartet" beschlagnahmt und aus der Kunsthalle entfernt worden.
13 Interview 1974, Bargheer-Nachlass.
14 Zitate nach Heydorn 1976, S. 24f.
15 Heydorn 1976, S. 10–13.
16 Ausst.-Kat. Ritzebüttel 1998.
17 Justus/Silze (Hg.) 1989, S. 9.
18 Alle folgenden Zitate nach Heydorn 1976, S. 10–13.
19 Bargheer-Nachlass.
20 Heydorn 1976, S. 10–13.
21 Bargheer-Nachlass.
22 Heydorn 1976, S. 10–13.
23 Heydorn 1976, S. 15.
24 Interview 1974, Bargheer-Nachlass.
25 Ahlers-Hestermann 1949, S. 274.
26 Bargheer-Nachlass.
27 Interview 1974, Bargheer-Nachlass.
28 Bargheer-Nachlass.
29 Alle weiteren Wohlwill-Zitate nach Heydorn 1976, S. 10–13.
30 Bargheer-Nachlass.
31 Bargheer-Nachlass.
32 Annika Schulze, Dorothea Maetzel-Johannsen (1886–1930), Mag.-Arbeit Universität Hamburg 2008, S. 62f., Abb. 89, 90)
33 Bargheer-Nachlass.
34 Alle Briefe an Wohlwill im Bargheer-Nachlass.
35 Bargheer-Nachlass.
36 Bargheer-Nachlass.
37 Interview 1974, Bargheer-Nachlass.
38 Wohlwill-Zitate bei Heydorn 1976, S. 10–13.
39 Voigt 2004, S. 23.
40 Kalender im Bargheer-Nachlass.
41 Bruhns 2007.
42 Schreiben im Bargheer-Nachlass.
43 Originalmanuskript einer Darstellung von Johannes Böse, dem Gründer der „Griffelkunstvereinigung" 1952, Hamburger Kunsthalle; Ausst.-Kat. 2002, S. 28–32.
44 Voigt 2004, S. 24.
45 Grundlegende Literatur: Voigt 1989.
46 Richter 2005, S. 244–247.
47 Zitiert nach Richter 2005, S. 247.
48 Bargheer-Nachlass.
49 Bruhns 2001 Bd. 2, S. 424.
50 Interview 1974, Bargheer-Nachlass.
51 Deutsche Version: Vasco Pratolini, Chronik armer Liebesleute, München 1949.
52 Craemer 1965.
53 Zitate nach Justus/Silze (Hg.) 1989, S. 37–42.
54 Bargheer-Nachlass.

55 Craemer 1965, S. 115f.
56 Nachdruck von Auszügen und Erläuterung in Ausst.-Kat. 2002, S. 16–25.
57 Heydorn 1976, S. 14–32.
58 Interview 1974, Bargheer-Nachlass.
59 Interview 1974, Bargheer-Nachlass.
60 Interview 1974, Bargheer-Nachlass.
61 Craemer 1965, S. 140.
62 Interview 1974, Bargheer-Nachlass.
63 Interview 1974, Bargheer-Nachlass.
64 Originalbrief im Besitz von Elisabeth Meier, Tochter der Schwester Elisabeth.
65 Interview 1974, Bargheer-Nachlass.
66 Ausst.-Kat. Firenze 2004, S. 8–21.
67 Interview 1974, Bargheer-Nachlass.
68 Im Ausst.-Kat. Firenze 2004, einem Katalog mit Darstellungen von Florenz in dieser Zeit, sind sie unter andere eingereiht.
69 Interview 1974, Bargheer-Nachlass.
70 Briefe im Bargheer-Nachlass.
71 Zitiert nach Henze 1979, S. 129–137.
72 Briefe im Bargheer-Nachlass.
73 Buchner 3. Auflage 1977, S. 13.
74 Buchner 1977, S. 353.
75 Zitiert nach Buchner 1977, S. 429.
76 Interview 1974, Bargheer-Nachlass.
77 Richter 2005, S. 247–251, 250.
78 Stefan Andres: Positano. Geschichten aus einer kleinen Stadt am Meer, Frankfurt a. M. 1957, S. 186.
79 Eschienen in Casamicciola.
80 Interview 1974, Bargheer-Nachlass.
81 Justus/Silze (Hg.) 1989, S. 87.
82 Interview 1974, Bargheer-Nachlass.
83 Interview 1974, Bargheer-Nachlass.
84 Siehe „Blankeneser Häuser“ im Titel.
85 Interview 1974, Bargheer-Nachlass.
86 Alle Zitate nach Ausst.-Kat. Documenta, München 1955.
87 Alle Zitate nach Ausst.-Kat. II. Documenta, Band Malerei, Köln 1959.
88 Brief im Besitz von Elisabeth Meier, der Tochter der Adressatin.
89 Interview 1974, Bargheer-Nachlass.
90 Henze 1979, S.139–142.
91 Werkverzeichnis, Mosaiken und andere baugebundene Kunst, 1928–1972, bei Jaeger 2007, S. 199–204.
92 Truman Capote: Lokalkolorit, Wiesbaden 1960, S. 83.
93 Interview 1974, Bargheer-Nachlass.
94 Dazu auch Friedrich Dönhoff: „Die Welt ist so, wie man sie sieht“. Erinnerungen an Marion Dönhoff, Hamburg 2002, S. 109–146: „Marions zweite Heimat“. Danach hatte Marion Dönhoffs ältere Schwester Yvonne ein Haus in Forio (S. 109).
95 Zitiert nach Justus/Silze (Hg.) 1989, S. 75f.
96 Zitiert nach Justus/Silze (Hg.) 1989, S. 66.
97 Zitiert nach Justus/Silze (Hg.) 1989, S. 61–64.
98 Zitiert nach Justus 2007, S. 25.
99 Nino d’Ambra: Giuseppe Garibaldi, Cento vite in una, Napoli 1983.
100 Nino Masiello: Bar Maria, Neapel 2007.
101 Zu den „baugebundenen Kunstwerken“ Jaeger 2007.
102 „A Devozione di Eduardo Bargheer“ steht unter dem Mosaik.

[103] Jaeger 2007, S. 89.
[104] Jaeger 2007, S. 30–32.
[105] Siehe S. XX: Interview 1974, Bargheer-Nachlass.
[106] Zitate nach „einem Text des Künstlers über seine erste Afrika-Reise“ in: Ausst.-Kat. Hamburg 1988, ohne Seitenzahlen, 1 Textseite.
[107] Abb. in Ausst.-Kat. Siegburg 1997, S. 10.
[108] Interview 1974, Bargheer-Nachlass.
[109] Bargheer-Nachlass.
[110] Interview 1974, Bargheer-Nachlass.
[111] Zitiert nach Justus/Silze (Hg.) 1989, S. 64.
[112] Interview 1974, Bargheer-Nachlass.
[113] Brief im Besitz von Elisabeth Meier, Tochter der Schwester Elisabeth.
[114] Interview 1974, Bargheer-Nachlass.
[115] Erinnerung der Nichte Elisabeth Meier, Ärztin.
[116] Zitate aus dem Ausst.-Kat. der Galerie „Pro Arte“, Hamburg 1979, S. 1.
[117] Bescheinigung durch das Bezirksamt Altona im Bargheer-Nachlass.
[118] Erinnerung der Nichte Elisabeth Meier, Ärztin; Obduktionsbericht im Nachlass.
[119] Zitiert nach Ausst.-Kat. 1979, ohne Seitenzahlen, letzte Seite.
[120] Haftmann 1954, S. 447.
[121] Haftmann 1954, S. 451.
[122] Haftmann 1954, S. 451.
[123] Haftmann 1954, S. 453.
[124] Haftmann 1954, S. 144f.
[125] Zitiert nach dem Nachdruck im Ausst.-Kat. Vömel, 1992, ohne Seitenzahlen.
[126] Vogt 1972, S. 465f.
[127] Aus einem Kondulenzschreiben Juli 1979 an die jüngere Schwester Elisabeth, zitiert nach Ausst.-Kat. 1979.
[128] Joachim Kronsbein, in: Der Spiegel Nr. 1, 2005, S. 144.
[129] Dirk Schümer: Blutkreislauf der Farben, in: FAZ 26. August 2005, S. 98.
[130] Ausstellung 2007 im Museum für Hamburgische Geschichte.
[131] Testamentsentwürfe im Bargheer-Nachlass.
[132] Schreiben an Karl-Ludwig Heuer, Direktor der Dresdner Bank, vom 26. März 1979; Bargheer-Nachlass.

Literatur

in chronologischer Reihenfolge

Falke, Gustav, Hamburg. Mit acht Vollbildern von Hamburger Künstlern, Hamburg o. J. (1908).

Fischer, Hans W.: Hamburger Kulturbilderbogen. Eine Kulturgeschichte 1909–1922, Hamburg 1922, neu hg. und kommentiert von Kai-Uwe Scholz, Hamburg 1998.

Palitzsch, Otto Alfred: Eduard Bargheer, in: Der Kreis 4. Jg., Heft 4, Hamburg 1927, S. 198ff.

Pauli, Gustav: Eduard Bargheer – ein Werdender, in: Der Kreis 7. Jg., Heft 2, Hamburg 1930, S. 30ff.

Schumacher, Fritz: 24 Wandbilder in Hamburger Schulen, Hamburg 1932, S. 9, 10, 29, 30 und Frontispiz.

Heydenreich, Ludwig H.: Ausst.-Kat. Eduard Bargheer, Kunstverein Heidelberg, 1948.

Ahlers-Hestermann, Friedrich: Pause vor dem dritten Akt, Hamburg 1949.

Haftmann, Werner: Ausst.-Kat. Eduard Bargheer, Württembergischer Kunstverein, Stuttgart 1952.

Haftmann, Werner: Ausst.-Kat. Eduard Bargheer, Städtisches Museum Mönchengladbach, 1952.

Händler, Gerhard: Ausst.-Kat. Kestner-Gesellschaft, Hannover 1953.

Haftmann, Werner: Malerei im 20. Jahrhundert, München 1954.

Baumgart, Fritz: Der Maler Eduard Bargheer, Stuttgart 1955.

Hentzen, Alfred: Ausst.-Kat. Eduard Bargheer, Kunstverein Hamburg, Kunsthalle Bremen, Museum am Ostwall Dortmund 1957/1958.

Schmalenbach, Werner: Eduard Bargheer – Mediterranea, Baden-Baden 1959, Nachdruck im Ausst.-Kat. Vömel, 1992.

Hentzen, Alfred: Werner Gilles, Köln 1960.

Craemer, Kurt: Mein Panoptikum, hg. von Rudolf Hagelstange, Hamburg 1965.

Buchner, Paul: Gast auf Ischia, München 1968, 3. Aufl. 1977.

Detti, Edoardo e Tommaso: Firenze scomparsa, Florenz 1970.

Wesendonk, Aladar von: Bella Ischia, München 1970.

Vogt, Paul: Geschichte der deutschen Malerei im 20. Jahrhundert, Köln 1972.

Bucci, Mario und Bencini, Raffaello: Palazzi di Firenze, Quartiere di Santo Spirito, Florenz 1974.

Rosenbach, Detlev: Eduard Bargheer, Werkverzeichnis der Druckgrafik 1930 bis 1974, Hannover 1974.

Heydorn, Volker Detlef: Eduard Bargheer. Mit einem Beitrag von Gretchen Wohlwill aus ihren Lebenserinnerungen, Hamburg 1976.

Henze, Wolfgang: Eduard Bargheer. Leben und Werk mit einem Verzeichnis der Gemälde, Campione d'Italia 1979.

Ausst.-Kat.: Eduard Bargheer, Galerie Pro Arte, Hamburg 1979.

Meyer-Tönnesmann, Carsten: Der Hamburgische Künstlerclub von 1897, Hamburg 1985.

Haftmann, Werner: Verfemte Kunst. Malerei der inneren und äußeren Emigration, Köln 1986.

Ausst.-Kat.: Eduard Bargheer. Ein anderes Afrika, Eduard Bargheer-Haus, Hamburg 1988.

Justus, Dirk und Silze, Peter (Hg.): Eduard Bargheer. Bildnisse und Selbstbildnisse, Hamburg 1989.

Frank, Hartmut (Hg.): Nordlicht. 222 Jahre. Die Hamburger Hochschule für bildende Künste am Lerchenfeld und ihre Vorgeschichte, Hamburg 1989.

Voigt, Klaus: Zuflucht auf Widerruf. Exil in Italien, 2 Bde., Stuttgart 1989.

Ausst.-Kat.: Eduard Bargheer, Galerie Vömel, Düsseldorf 1992.

Justus, Dirk: Ausst.-Kat. Eduard Bargheer – Florenz 1944/45. Aquarelle aus der Pensione Sorelle Bandini, Hamburg 1994.

Gädecke, Thomas, Justus, Dirk und Spielmann, Heinz: Eduard Bargheer. Norddeutsche Landschaftsbilder 1929–1939, Ausst.-Kat. Kloster Cismar, 1996.

Leppien, Helmut R.: Ausst.-Kat. Eduard Bargheer. Aquarelle 1935–1949, Hamburger Kunsthalle, Köln 1996.

Ausst.-Kat.: Eduard Bargheer. Afrikanische Reisen, Stadtmuseum Siegburg, 1997.

Ausst.-Kat.: Der Hamburgische Künstlerclub von 1897, Hamburger Kunsthalle, Hamburg 1997.

Schneede, Uwe M. und Leppien, Helmut R. (Hg.): Die Hamburger Kunsthalle, Leipzig 1997.

Schmidt, Anja: Ausst.-Kat. Eduard Bargheer und seine Zeit in Cuxhaven, 1920–1935, Schloss Ritzebüttel, Cuxhaven 1998.

Bruhns, Maike: Kunst in der Krise, 2 Bde., Hamburg 2001.

Ausst.-Kat.: Der Hamburgische Künstlerclub von 1897 und seine Nachfolger. Die Kunstsammlung der Hamburger Sparkasse, Hamburg 2002.

Guratzsch, Herwig (Hg.): Ausst.-Kat. Eduard Bargheer, Retrospektive zum 100. Geburtstag, Köln 2001.

Voigt, Klaus: Ausst.-Kat. Klaus Mann – Eduard Bargheer. Zwei deutsche Emigranten im befreiten Florenz 1944–1945, Florenz 2004.

Ausst.-Kat.: Firenze Ferita. 4. Agosto 1944. Disegni e Dipinti, Florenz 2004.

Ausst.-Kat.: Eduard Bargheer (1901–1979). Aquarelle. Mit Beiträgen von Günther Aust, Antje Birthälmer und Sabine Fehlemann, Wuppertal 2005.

Richter, Dieter: Neapel. Biographie einer Stadt, Berlin 2005.

Glaser, Hermann: Wie Hitler den deutschen Geist zerstörte. Kulturpolitik im Dritten Reich, Hamburg 2005.

Lenz, Christian: Hans Purrmann. Im Kräftespiel der Farben. Gemälde, Aquarelle, München 2006.

Martens, Holger: Künstler auf Finkenwerder. Maritimkultur in Literatur und Malerei im 20. Jahrhundert, in: Land am Fluss. Beiträge zur Regionalgeschichte der Niederelbe. Hg. von Hans-Eckhard Dannenberg, Norbert Fischer, Franklin Kopitzsch. Unter Mitarbeit von Michael Ehrhardt und Sebastian Pranghofer, Stade 2006, S. 85–95.

Bruhns, Maike: Geflohen aus Deutschland. Hamburger Künstler im Exil 1933–1945, Ausst.-Kat. Museum für Hamburgische Geschichte, Bremen 2007.

Jaeger, Roland: Malerei in Glas und Stein. Das Mosaikschaffen von Eduard Bargheer, Hamburg 2007.

Justus, Dirk (Hg.): Beiträge, Zeitschrift der Eduard Bargheer-Gesellschaft e. V., Heft 1, Hamburg 2007.

Zeittafel

1901 Am 25. Dezember wird Eduard Bargheer als sechstes von sieben Kindern des Lehrers Adolf Otto August Bargheer und seiner Frau Rebecka Marie von Staden in Finkenwerder geboren.

Nach 1897
Die Mitglieder des Hamburgischen Künstlerclubs von 1897 verlegen sich auf Pleinairmalerei in der Hamburger Umgebung. Sie nehmen auch die Finkenwerder Landschaft, Katen und Fischkutter zu Motiven.

Nach 1910
Bargheer lernt den Kunststudenten Harry Reuß-Löwenstein kennen, der in einer Finkenwerder Kate malt und ihn dort sein Atelier nutzen lässt.

1912 Nach dem Besuch der Finkenwerder Norderschule, in der die Familie wohnt, fährt Bargheer täglich zu Schiff nach St. Pauli, wo er die Realschule an der Seilerstraße, einer Parallelstraße der Reeperbahn, besucht. Dort werden abends angehende Zeichenlehrer im „Malen und Zeichnen“ unterrichtet.

1912 Bargheer besucht zum ersten Mal mit dem Vater die Hamburger Kunsthalle.

1913 Der Finkenwerder Schiffersohn Johann Wilhelm Kinau mit dem Künstlernamen Gorch Fock veröffentlicht seinen Roman „Seefahrt ist not“.

1914 Bargheers Vater stirbt, 1919 auch die Mutter.

1918 Bargheer schließt die Realschule ab und beginnt ein Zeichenlehrerstudium am Lehrerseminar. Die Ausbildung im „Malen und Zeichnen“ findet in der Kunstgewerbeschule am Lerchenfeld statt.
Bargheer besucht während seines Studiums Vorträge der Kunsthalle, des Museums für Kunst und Gewerbe, seit 1920 „Vorträge der Bibliothek Warburg“, seit 1921 Vorlesungen des Kunstgeschichtsprofessors Erwin Panofsky an der Universität. Er gewinnt Kontakte zu den Kunstgeschichtsstudenten Ludwig H. Heydenreich, Heinrich Brauer und Herbert List, dem späteren Fotografen. Bargheer lernt über den Schauspielerfreund Friedrich Siems die Hamburger Schauspielerszene, darunter Gustaf Gründgens, kennen.

1924 Bargheer schließt seine Zeichenlehrerausbildung ab. Er will nun freier Maler werden und richtet sich ein Atelier in einer Finkenwerder Kate ein.

1924–1925
Bargheer wählt sich Friedrich Ahlers-Hestermann und Paul Kayser zu Lehrern, die an der privaten Kunstschule von Gerda Koppel am Glockengießerwall unterrichten.

1925 Bargheer unternimmt seine erste Italienreise, der nun jährlich Reisen folgen, darunter nach Paris, immer öfter aber wieder nach Italien.

1927–1940
Bargheer ist selbst Lehrer an der Kunstschule von Gerda Koppel.

1927 Beginn der Freundschaft mit Gretchen Wohlwill, die bis zu deren Lebensende 1962 dauert.
Erste Ausstellungen in privaten Galerien, der weitere folgen. Bargheer verkauft gut.
Er wird Mitglied der Hamburgischen Sezession und stellt bis 1933 regelmäßig mit ihr aus.

1927 Die Hamburger Kunsthalle unter ihrem Direktor Gustav Pauli kauft ein Bild von Bargheer, das sie später gegen das Selbstporträt von 1929 tauscht.

1929 Bargheer erhält bis 1933 vom Hamburger Oberbaudirektor Fritz Schumacher Wandmalereiaufträge unter anderem im Finkenwerder Wasserturm und in der Finkenwerder Gorch-Fock-Halle.

1931 Bargheer erhält ein Atelier im Bankhaus Warburg an der Ferdinandstraße.

1932 Bargheer erhält von der Stadt Hamburg ein Paris-Stipendium.

1933 Bargheer und Gretchen Wohlwill erleben mit Gustav Pauli und Ludwig H. Heydenreich von Paris aus die sogenannte Machtergreifung der Nazis.
Es folgen die Schließung der Sezessions-Ausstellung, die Entlassung von Gretchen Wohlwill als Zeichenlehrerin sowie die Entlassung der Förderer Erwin Panofsky, Gustav Pauli, Max Sauerlandt, Fritz Schumacher aus ihren Ämtern.
Das Ehepaar Erwin und Dora Panofsky vermittelt Bargheer ein Atelier am Jungfernstieg.

1934 Bargheer begleitet die Panofskys an das Schiff nach Southampton, mit dem diese in die Emigration nach Nordamerika fahren.

1935 Nach Aufkündigung der Pacht im Zusammenhang mit den Hafenaufrüstungsarbeiten muss Bargheer Finkenwerder verlassen und kauft sich in Blankenese ein reetgedecktes Fischerhaus.
Er lernt die Mittelmeerinsel Ischia kennen, deren Eindruck ihn nicht mehr loslässt.

1936 Bargheer führt ein letztes Mal einen Wandmalereiauftrag aus, das Bild „Landgewinnung“ in der Langenhorner Siedlungsschule, der heutigen Fritz-Schumacher-Schule.

1936–1938
Bargheers Wandmalereien in Finkenwerder werden übermalt, seine Arbeiten in der Kunsthalle 1937 als „entartet“ beseitigt.
Jährlich besucht Bargheer Italien, um Ausweichmöglichkeiten vor den Nazis zu erkunden.

1939 Bargheer übersiedelt nach Italien.
Sein bis zu dieser Zeit entstandenes Frühwerk ist das bedeutendste des expressionistischen Hamburger „Sezessions-Stils“.

1936–1942
Bargheer hält sich abwechselnd auf Ischia und im Winter in Florenz auf.

1942 Ausstellung in der Galerie „Il Ponte“ in Florenz.

1942–1943
Bargheer wird vom deutschen Konsul in Florenz als Dolmetscher an den Arsenal-Kommandanten in La Spezia vermittelt und entgeht dadurch einem andersartigen Kriegsdienst.

1943 Bargheer wird Kunstschutzbeauftragter in Florenz.

1944 Bargheer taucht unter und lässt sich von Kardinal Elia dalla Costa, Erzbischof von Florenz, verstecken, um nicht von den Deutschen nach Mailand evakuiert zu werden. In eindrucksvollen Aquarellen hält er die Kriegsszenen in Florenz fest.

1944–1945
Nach der Einnahme von Florenz durch die Alliierten wird Bargheer wieder die künstlerische Arbeit ermöglicht.

1947 Bargheer kann von jetzt an wieder ganzjährig nach Ischia und wird 1948 dort Ehrenbürger von Forio.
Von nun an entsteht hier sein reifes Werk.

1948–1950
Bargheer ist an Gemeinschaftsausstellungen auf den Biennalen in Venedig 1948 und 1950 beteiligt. Galerien in den größeren italienischen Städten stellen ihn aus. 1949 schreibt der Schriftsteller Carlo Levi das Katalogvorwort für eine Bargheer-Ausstellung in Rom.

1948 Bargheer stellt in der Galerie Suzanne Feigel in Basel aus. Nun beginnen deutsche Kunstvereine, dann auch Museen, Bargheer auszustellen. Schließlich verkaufen auch alle großen Privatgalerien seine Arbeiten.

1953 Bargheer kehrt nach Hamburg zurück und beschließt, von nun an im Winterhalbjahr in Blankenese, im Sommerhalbjahr auf Ischia zu leben und zu arbeiten.

1955/1959

Bargheer ist an den beiden ersten Documenta-Ausstellungen in Kassel beteiligt.

1950er–1960er Jahre

Bargheer erlebt eine Phase produktiver Arbeit und künstlerische Anerkennung. Auf Ischia ist er Mitglied eines Kreises von international renommierten Künstlern. Regelmäßig trifft er sich mit seinen Malerfreunden Werner Gilles und Hans Purrmann. Auf Ischia empfängt er auch seine Freunde aus Hamburg, darunter Gustaf Gründgens, Will Quadflieg und Marion Gräfin Dönhoff.

In Deutschland führt er eine Reihe künstlerischer Auftragsarbeiten aus.

1960er Jahre

Bargheer setzt seine „Reise ins Licht", wie er seine Bewegung nach Italien genannt hat, in mehreren Reisen nach Afrika fort.

Die Aquarelle und Ölbilder seines Spätwerkes erhalten unter dem Eindruck dieser Reisen neue Anstöße.

1965 Bargheer wird zu einer Ausstellungsreise in die DDR eingeladen.

Nach 1970

Der überaus vitale, für seine Arbeitskraft und Produktivität bekannte Künstler erlebt ein Nachlassen seiner Kräfte. Er erkennt, dass er zu wenig Wert auf die Dokumentation seines Werkes gelegt hat. 1974 erscheint ein Verzeichnis seines druckgrafischen Werkes, 1979 ein Verzeichnis seiner Gemälde. Nicht erfasst sind seine Aquarelle.

1976 Bargheer gründet die Eduard Bargheer-Stiftung zur Förderung junger Künstler.

1976 Bargheer lernt Dirk Justus und Peter Silze kennen. Mit ihnen gründet er die Galerie „Pro Arte", die sein Werk vermitteln soll. Er setzt die beiden zu seinen Nachlassverwaltern und Erben ein.

1979 Am 1. Juli stirbt Bargheer in seinem Blankeneser Haus an Herzversagen.

Nachwort

Geschichte wird von Menschen gemacht. Die Geschichte meiner Vaterstadt haben Menschen aller Schichten gemacht. Sie kamen aus der Fischerei, aus Handwerk und Gewerbe, aus Handel und Schifffahrt. Einige wohnten großartig an der Elbchaussee oder an der Alster, andere wohnten in Ottensen, in Barmbek, Eimsbüttel oder Hammerbrook. Manche kamen vom platten Lande, andere aus der Arbeiterbewegung. Im Laufe der Generationen haben sich immer wieder einige der Hamburger Bürger ein großes Verdienst um Hamburg erworben. Die jetzigen Generationen an jene Leistungen zu erinnern, auch an die Fehlschläge, erscheint mir wünschenswert, um den heute lebenden Nachfahren ihre mitbürgerliche Verantwortung ins Bewusstsein zu heben.

Nicht ganz zu Unrecht hat Alfred Lichtwark Hamburg einmal als geschichtsvergessen gescholten. Auch heutzutage ist unser Geschichtsbewusstsein nur dürftig, es reicht zumeist nicht weiter zurück als bis zur Nazi-Zeit, zum Krieg und zur Bombenkatastrophe. Zwar ist gewiss auch für morgen vieles und Wichtiges aus jenen Jahrzehnten zu lernen – aber wie steht es mit den Lehren und den Konsequenzen aus dem vorangegangenen Fehlschlag des ersten deutschen Demokratie-Versuches? Haben damals die Hamburger Politiker, die Abgeordneten und Senatoren der Weimarer Zeit, ihre Aufgaben gegenüber dem demokratisch verfassten Deutschen Reich gut genug erfüllt? Wer eigentlich hat damals in Hamburg regiert? Warum kam die dringend nötige Vereinigung mit Altona, Harburg und Wandsbek nicht zustande? Wie gut haben damals die „Bürgerlichen“ und die Sozialdemokraten im Rathaus zusammengearbeitet? Worin bestand die Leistung von Carl Petersen und Otto Stolten, wer ist heute bereit, aus ihrer gemeinsamen Leistung zu lernen – und aus deren Ende? Wer weiß überhaupt etwas darüber?

Eine Generation zuvor haben zwei hamburgische Geschäftsleute und ein Arbeiterführer herausgeragt: der Reeder Albert Ballin, der Bankier Max Warburg und der Drechslermeister August Bebel. Wer aber weiß noch, dass auch sehr viele Hamburger in den letzten beiden Jahrzehnten vor dem Ersten Weltkrieg der Großmannssucht des Wilhelminismus verfallen sind – bleibt daraus etwas zu lernen? Wer weiß noch, dass Bebel, der fast ein Vierteljahrhundert Hamburg im Reichstag vertreten hat, im 19. Jahrhundert insgesamt fünf Jahre im Gefängnis war – bleibt aus Bebels Leben etwas zu lernen?

In der mehr als ein Jahrtausend überspannenden hamburgischen Geschichte war die Stadt nie Residenz von Herzögen, Fürstbischöfen, Kurfürsten oder Königen. Keine Potentaten haben der Stadt große Prachtstraßen und Paläste gebaut, weder Staatsopern noch große Gemäldegalerien, kein Fürst hat eine Universität oder eine Kathedrale errichtet. Vielmehr ist Hamburg trotz der Abwesenheit von Potentaten eine bedeutende Stadt geworden – nämlich wegen der opferwilligen Tatkraft vieler seiner Bürger. Hier gibt es über eintausend gemeinnützige Stiftungen. Hinter manchen stehen große Namen wie Laeisz, Siemers, Sieveking, Warburg, Toepfer, Körber, Otto, Greve oder Bucerius. Andere Stifter sind bescheiden im Hintergrund geblieben, und wieder andere Gründungen sind mühsam aus Arbeitergroschen finanziert worden.

Aber immer wieder, das sollten die heutigen Hamburger wissen, stoßen wir auf einzelne Personen, die einen dringenden Bedarf ihrer Stadt erkannt und sodann als Bürger die Initiative ergriffen haben. Das gilt gleichermaßen für die Kunst, für die Musik, für das Theater, für die Schulen und für die Wissenschaften. Dabei sind viele der selbstbewussten Hamburger gar keine waschechten Hanseaten, sondern sie stammen ursprünglich aus anderen Landschaften. Die liberale, offene, ja weltoffene

Atmosphäre der Stadt hat manche bedeutende Menschen von außerhalb angezogen – und die Stadt hat sie sodann vereinnahmt. Das gilt für Herbert Weichmann, für Ida Ehre und Marion Dönhoff, für Rolf Liebermann oder Rudolf Augstein. Zwar sind Händel, Lessing oder Brahms später wieder gegangen, manche Genies sind nun einmal nicht sesshaft; jedoch haben sie die Stadt ebenso beeinflusst wie manche dänische, holländische, türkische oder spanische Kaufleute, wie die Hugenotten aus Frankreich oder die sephardischen Juden von der Iberischen Halbinsel, die hiergeblieben sind. Sie alle haben beigetragen zu der hamburgischen Lebensphilosophie des „Leben und leben lassen".

Auch in Zukunft wird aber diese Stadt sich nicht einfach ihrem Wohlstand hingeben dürfen. Denn in selbstgenügsamer Behaglichkeit könnte sie zum Spießbürgertum herabsinken. Vielmehr braucht Hamburg auch morgen und übermorgen immer wieder Personen mit Perspektive, mit Urteilskraft und mit Energie. Dafür bietet die hamburgische Geschichte hervorragende Beispiele. Um diese Vorbilder ins Bewusstsein der Heutigen zu heben, gibt die ZEIT-Stiftung Ebelin und Gerd Bucerius eine Buchreihe *Hamburger Köpfe* heraus. Wir stellen darin knappe Biografien vor, welche die dargestellten Personen in ihrer Zeit, in ihrem historischen Zusammenhang zeigen sollen. Dabei werden einige Personen fehlen, weil über sie bereits gute, in wissenschaftlich-kritischer Distanz geschriebene Biografien vorliegen.

Bei aller Vitalität der Gegenwart müssen wir uns des menschlichen Versagens und der Katastrophen in der Vergangenheit bewusst bleiben. Wenn die Hamburger damals rechtzeitig die Gefährdungen erkannt und wenn sie vorbeugend gehandelt hätten, so hätten weder in der Mitte des 19. Jahrhunderts der Hamburger Brand noch am Ende des gleichen Saeculums die Cholera-Epidemie zu solch umfassender Zerstörung sich ausgeweitet. Ein Gleiches gilt für die Flutkatastrophe in der Mitte des 20. Jahrhunderts.

In vielen Hamburger Familien sind schlimme Wunden aus der Nazi-Zeit und aus dem Kriege nicht vergessen. Es ist auch notwendig, dass Narben zurückbleiben. Denn aus den Schäden der Vergangenheit müssen wir klüger werden für die Zukunft. Wie mein Freund Eric Warburg es gesagt hat: „Wir Deutschen haben dafür zu sorgen, dass wir niemals wieder so tief fallen, aber auch dafür, dass wir nicht allzu hoch steigen." Er war ein in Hamburg geborener Jude, der aus deutschem Patriotismus nach Hamburg zurückgekehrt ist.

Helmut Schmidt (†)
Mitglied des Kuratoriums der
ZEIT-Stiftung Ebelin und Gerd Bucerius
von 1984 bis zu seinem Tod im November 2015

Die *Hamburger Köpfe* werden von der ZEIT-Stiftung Ebelin und Gerd Bucerius herausgegeben. Die Förderaktivitäten der Stiftung richten sich auf Wissenschaft und Bildung sowie auf Kunst und Kultur. Beredte Einmischung, eine streitbare Haltung und aktives bürgerschaftliches Engagement kennzeichneten Gerd Bucerius und haben die von ihm gegründete Wochenzeitung DIE ZEIT geprägt. In dieser Tradition sieht sich auch die 1971 von ihm gegründete Stiftung, die seinen und den Namen seiner Frau trägt.

Namenregister

Bildnachweis
Stiftung Historische Museen Hamburg, Altonaer Museum: Umschlag Hintergrund/Vor- und Nachsatz
Eduard Bargheer Nachlass, Hamburg: Umschlag Porträt, S. 26, 28, 41, 46, 48, 54 (beide), 55, 56, 57, 61 (beide), 63, 67, 73, 78, 81, 83, 85, 86, 96, 103, 113, 117, 127, 132, 136, 140, 142, 146, 147, 148, 149, 150, 151, 152, 154, 155, 157, 162, 163, 166, 167, 169, 173, 177
Kunstmuseum Basel, Martin P. Bühler: S. 35
bpk Staatliche Museen zu Berlin (SMB), Kupferstichkabinett: S. 186
Kunsthalle Bremen: S. 143
Duisburg, Wilhelm-Lehmbruck-Museum: S. 65
bpk Hamburger Kunsthalle: S. 25, 34, 43, 52, 101
Sammlung Hamburger Sparkasse (Fotostudio Grünke, Hamburg): S. 13, 17, 19, 39
hamburgmuseum (Museum für Hamburgische Geschichte): S. 15
Koblenz, Privatsammlung: S. 76
Linda Maar: S. 59 (Foto: Michael Zapf, Hamburg)
Elisabeth Meier: S. 20, 22
Petzow, Privatsammlung: S. 49
Schleswig, Schleswig-Holsteinisches Landesmuseum Schloss Gottorf: S. 183
Sowie aus: Bucci/Bentini 1974: S. 102; Detti 1974: S. 115; Frank 1989: S. 36; Heydorn 1976: S. 93; Voigt, Ausst.-Kat. 2004: S. 118

Umschlag Porträt: Eduard Bargheer, „Selbstbildnis", Lithografie, 1965
Umschlag Hintergrund/Vor- und Nachsatz: Eduard Bargheer, „Blankenese", Aquarell, 1956

Bibliografische Information der Deutschen Bibliothek
Die Deutsche Bibliothek verzeichnet diese Publikation in der Deutschen Nationalbibliografie; detaillierte bibliografische Daten sind im Internet über <http://dnb.ddb.de> abrufbar.

ISBN 978-3-8319-0324-5

Fachbeirat:
Franklin Kopitzsch, Hamburg
Hans-Dieter Loose, Hamburg
Theo Sommer, Hamburg
Ernst-Peter Wieckenberg, München

Text und Bildlegenden:
Volker Plagemann, Bremen
Lektorat: Annette Krüger, Hamburg
Gestaltung: BrücknerAping Büro für Gestaltung GbR, Bremen
Lithografie: Griebel-Repro, Hamburg
Gesamtherstellung: Opolgraf S.A., Opole, Polen